Pour ma mère,
qui n'aime pas la bière

SYLVAIN BEAUCHAMP

Et la bière fut!

Ales et Lagers racontées par un brasseur

BERGER

Catalogage avant publication de Bibliothèque et Archives nationales du Québec
et Bibliothèque et Archives Canada

Beauchamp, Sylvain, 1971-
    Et la bière fut! : Ales et Lagers racontées par un brasseur
    Comprend des réf. bibliogr. et un index.
    ISBN : 978-2-921416-88-7
    1. Bière. 2. Brassage. 3. Brasseurs. I. Titre.

TP577.B422 2012   641.2'3   C2012-942070-0

    Pour l'ensemble de nos activités d'édition, nous reconnaissons recevoir l'aide financière du gouvernement du Canada (Fonds du livre du Canada) et du Québec (Programme d'aide aux entreprises du livre et à l'édition spécialisée, et programme de crédit d'impôt).

Et la bière fut!
Ales et Lagers racontées par un brasseur
Responsabilité d'édition : Aline Côté
Photographie de la couverture : Jacques Courtemanche
Photographies d'installations brassicoles par Jacques Courtemanche avec l'accord de Brasserie McAuslan, Les brasseurs du Nord, Les brasseurs RJ, Brasseurs illimités, Brasseur de Montréal et Microbrasserie Dieu du ciel!
Maquette, dessins et mise en pages : Danny Casavant

© Éditions Berger A.C. inc.
Tous droits réservés
1233, route 112, Austin (Québec) J0B 1B0
Téléphone : (450) 297-1344 • Télécopie : (450) 297-2020 • (877) 276-8855
info@editionsberger.com • www.editionsberger.com

Dépôts légaux : 2012
Bibliothèque et Archives nationales du Québec et Bibliothèque et Archives Canada
Bibliothèque nationale de France et Ministère de l'Intérieur de France

ISBN papier :   978-2-921416-88-7
ISBN PDF :   978-2-923786-71-1

Canada : Prologue, 1650, boulevard Lionel-Bertrand, Boisbriand (Québec) Canada J7H 1N7
Téléphone : (450) 434-0306 • Télécopie : (450) 434-2627 • (800) 363-2864 • www.prologue.ca
France, Belgique et Luxembourg : D.G. Diffusion Livres, ZI de Bogues, 31750 Escalquens, France • Téléphone : (05) 61-000-999 • Télécopie : (05) 61-00-23-12 • www.dgdiffusion.com
Suisse : Servidis, Chemin des Chalets, CH-1279, Chavennes-de-Bogis, Suisse
Téléphone : (022) 960-95-25 • Télécopie : (022) 776-63-64 • www.servidis.ch
Afrique française : Action pédagogique pour l'éducation et la formation **(APEF),**
Angle rue El Ghadfa & rue Jilali Tajeddine, Mâarif 2070, Casablanca, Maroc
Téléphone : 212 (0) 22-23-12-22 • Télécopie : 212 (0) 22-23-15-19 • www.actionpedagogique.com

Imprimé au Canada
1 2 3 4 5 HLN 2016 2015 2014 2013 2012

Une science et un art joyeux

Préface de Peter McAuslan

Le Québec, le Canada, l'Amérique du Nord, en fait le monde entier vit une révolution de la bière. Des consommateurs qui, il y a à peine 25 ans, n'avaient que des Lagers blondes et des Ales à boire (le plus souvent après avoir tondu leur pelouse) font maintenant face à une surabondance. Jamais auparavant a-t-on joui d'un pareil éventail de choix. Des centaines de variétés et des centaines de styles de bière s'offrent désormais à notre contemplation, à notre admiration et à notre dégustation. Ah, mais par où commencer !

Comme on a coutume de dire dans le monde de la bière : la meilleure bière est celle qu'on a dans la main. Mais il semble que vous, les consommateurs, voulez davantage : vous voulez connaître l'histoire de la bière, ses matières premières, ses techniques de fabrication, ses styles, comment les servir et les apprécier, et pas seulement pour votre plaisir, mais aussi pour celui de vos amis et de votre famille.

La bière, c'est social, c'est communautaire, ça nourrit tout en amusant. C'est aussi ancestral, biologique, complexe et plus que tout, humain.

La bière a beau tenir de la magie, en faire de la bonne et en faire *régulièrement* de la bonne exige des connaissances scientifiques et une très grande minutie.

Vous trouverez dans ce livre un humour et un esprit d'aventure qui convient tout à fait à l'art et à la science de la bière. Il est rempli de surprises, de faits et de petits faits, d'anecdotes et de personnalité, ce qui définit parfaitement la bière. Ce livre n'est pas un manuel de fabrication pour brasseurs professionnels, ni même pour brasseurs amateurs sérieux (quoique les deux éprouveront du plaisir à le lire). C'est un livre pour toute personne qui souhaite en savoir davantage sur la bière qu'il boit, sa nature, sa provenance, son caractère, sa science, son âme. Il a été écrit pour être savouré, afin que la connaissance s'échafaude sans que jamais se perde le bonheur, ni de la lecture ni de la bière. Un véritable livre pour les amoureux de la bière et de la vie !

Peter McAuslan

Par-delà le blé et le malt

Avant-propos

Normalement, on attend d'un livre comme celui-ci qu'il soit objectif et impersonnel. Le mot « je » n'est pas censé apparaître. Le mot « vous » non plus, d'ailleurs. Quelqu'un a déjà dit qu'un essai, un guide ou un manuel, c'est comme Dieu qui s'adresse à l'Infini… J'ai des petites nouvelles pour vous, cher lecteur : vous n'êtes pas l'Infini et, au risque de vous décevoir davantage, je ne suis pas Dieu. Mon nom est Sylvain Beauchamp, et j'ai été brasseur professionnel pendant près de dix ans.

Ce n'est pas beaucoup, dix ans, mais quand j'y repense, c'est quand même surprenant le nombre de techniciens que j'ai eu l'occasion de former. En effet, j'ai occupé le poste de « brasseur senior » dans une brasserie régionale québécoise et, au-delà de la production elle-même, de la rédaction des procédures de travail, de l'amélioration continue et de la promotion générale

des bonnes pratiques manufacturières, j'étais chargé de la formation des nouveaux brasseurs, filtreurs et techniciens en assainissement. Bref, j'ai vu passer plusieurs employés au fil de ma courte carrière. Plusieurs. Ces formations furent pendant quelques années la partie la plus importante de mon travail, *et* la plus agréable, *et* la plus gratifiante.

Imaginez-le comme une formation en milieu de travail, ce livre. C'est comme ça que j'ai voulu l'écrire, comme si nous étions face à face, seul à seul. Voilà pourquoi le ton très personnel, voilà pourquoi le «je» et le «vous», voilà pourquoi les anecdotes que je ne me priverai pas de raconter, les petits secrets professionnels, les blagues, les apartés. Il faut bien détendre l'atmosphère de temps en temps !

Évidemment, le but premier d'une formation est de transmettre des connaissances, des faits. Ici, je me donne pour objectif de vous expliquer dans le détail ce qu'est la bière. Dans le premier chapitre, je traiterai de la première étape de sa fabrication : la production du moût. C'est au deuxième chapitre que j'approfondirai la question de la fermentation, donc ce qui différencie les bières, en particulier les Ales et les Lagers. Le troisième chapitre servira à boucler le processus de production, en traitant de tout ce qui entoure la filtration et l'emballage. Dans le quatrième et dernier chapitre, je reviendrai plus en détail sur les ingrédients pour expliquer comment émergent les caractéristiques des produits et les différents styles de bières.

Je ne lésinerai donc pas sur les faits, mais avant même de débuter, je crois qu'il est important de clarifier quelque chose. Au-delà des faits – derrière les faits, devrais-je plutôt dire – il y a toujours une ligne directrice, un esprit, une philosophie. C'est peut-être la chose la plus importante que le formateur veut transmettre, et même si je crois que vous ne saurez vous méprendre sur ce sous-texte, je tiens quand même, d'entrée de jeu, à l'énoncer le plus explicitement possible.

Quoi de mieux qu'une blague pour vous communiquer ma philosophie de la bière. Je l'ai entendue en Colombie-Britannique alors que je faisais mes premières armes dans une boutique de bière et vin maison où l'on fabriquait la bière à partir des ingrédients de base. (Je passe sous silence les subtilités légales entourant cette pratique...) C'est un client régulier qui me l'a racontée, et ce malgré que ça lui était difficile puisqu'il avait subi une laryngotomie. Le vieil homme avait un trou dans la gorge et devait, pour parler, utiliser un petit bidule de science-fiction qu'on presse contre le cou et qui émet une voix de robot. De plus, il avait le souffle très court et ne pouvait faire que de courtes phrases avant de devoir prendre une longue et pénible inspiration. Malgré tout, mon vieil ami a insisté pour me raconter cette plaisanterie entendue alors qu'il servait dans la *Royal Canadian Air Force* pendant la Deuxième Guerre mondiale. Écoutez bien, ça va comme suit : « Il existe dans le monde trois sortes de bières. Quelles sont-elles ? C'est très simple : il y a la bonne, l'encore meilleure, et l'excellente ! »

Pour moi, c'est bien plus qu'un trait d'esprit, voyez-vous, c'est une perle de sagesse. Il m'apparaît que c'est la meilleure façon d'afficher mes couleurs. Je vous la raconte en guise d'avertissement : je ne suis pas un « prêtre du bon goût »; ce livre que vous tenez présentement entre vos mains n'a pas été conçu pour redonner à la bière ses lettres de noblesse ; je ne suis pas ici pour m'insurger contre l'expression « le champagne du peuple »; et vous ne m'entendrez pas me plaindre que certaines bières sont comme « faire l'amour dans un canot » (*f***ing close to water…*). Mettons les choses au clair : il y a derrière ce livre une seule motivation, un seul message, une seule vérité : l'amour, encore l'amour, toujours l'amour !

* * *

Avant de commencer à explorer l'univers de la bière, j'aimerais aussi faire quelques commentaires sur la forme et la structure du livre. Vous constaterez d'abord que les différents chapitres sont divisés en de très nombreuses et très courtes sections, portant chacune un numéro et un titre. Il y a plusieurs raisons à ces si nombreuses divisions.

Premièrement, la nécessité d'inventer des sous-titres débiles est décuplée, et ce à mon plus grand plaisir ! D'un point de vue pratique, cependant, ce sont plutôt les numéros qui sont intéressants. En effet, grâce à ces numéros j'ai pu pimenter tout le texte de références à d'autres sections, par exemple [22], ce qui vous évitera de toujours avoir à fouiller dans l'index quand apparaissent des termes plus techniques ou des idées plus pointues, mais qui ont déjà été décrits ou expliqués. De plus, ces nombreuses autoréférences, qui font office d'hyperliens, permettent de lire le livre en mode web (ou, pour les enfants un peu plus vieux, en mode « livre dont vous êtes le héros »). Bien que cet ouvrage ait d'abord été conçu pour être lu de la manière linéaire traditionnelle, c'est-à-dire du début vers la fin, le lecteur à la page sera libre de choisir un sujet dans l'index et de naviguer à sa guise à partir de là.

La forme des sections a d'autres avantages. Avec leur numéro et leur titre, elles ne sont pas sans rappeler les longs aphorismes du philosophe allemand Friedrich Nietzsche, et cela me donne l'occasion de mentionner – au passage, nonchalamment – que je connais Nietzsche. Il ne faut jamais rater une opportunité de paraître plus intelligent qu'on ne l'est réellement…

Fausse modestie à part, j'oserais dire qu'il n'y a pas que la forme qui lie ce présent ouvrage à Nietzsche. Ce philosophe était très critique des idéologies, préjugés et partis pris qui déforment la vision. Il se targuait, à tort ou à raison, de jeter un regard lucide sur la réalité, toujours prêt à faire face à ses aspects plus laids, disgracieux ou simplement vulgaires. De la même façon, on pourrait dire que ce livre est tout sauf « idéaliste ». Je vous promets de ne jamais détourner les yeux des aspects de l'industrie brassicole qui sont, disons… moins reluisants. Bref, je m'engage à vous présenter la vérité, toute la vérité, rien que la vérité. C'est aussi ça l'amour, c'est surtout ça. Un peu malgré eux, les grands râleurs comme Nietzsche (ou Plume Latraverse !) nous montrent que c'est seulement un peu d'amour qui rend aveugle ; beaucoup d'amour, ça jette tout autour une lumière chaude et intense.

En terminant, je désire également souligner qu'un livre divisé en très courtes sections est parfait pour les toilettes… Honnêtement, je ne suis pas peu fier de contribuer à la noble tradition de la « littérature de W.C. ». Puisqu'il faut bien s'instruire – question de légitimer sa réputation de personne cultivée – pourquoi ne pas mettre à profit ces précieuses minutes autrement perdues ? Productivité oblige. Mais attention ! Ne vous laissez pas berner par la brièveté des sections. Ce sont de petits morceaux, mais ils sont denses et nourrissants. Prenez soin de bien les mastiquer. (Pardon pour cette métaphore alimentaire, tout juste après vous avoir suggéré ce lieu de lecture…)

Le bon vieux Nietzsche servait la même mise en garde au sujet de ses propres aphorismes. Dans mon cas, il est important d'apporter une nuance : je vous suggère de lire lentement, surtout si vous avez un esprit Classique. Si vous tombez plutôt dans le groupe des Romantiques, vous pouvez aller plus vite et, de grâce, ne vous arrêtez pas aux passages que vous ne comprenez pas tout de suite. Passez à la section suivante. De toute façon, c'est un livre assez organique ; les idées se répètent, s'approfondissent, s'entrecroisent, s'interpellent les unes les autres, si bien qu'il vous sera impossible de ne pas éventuellement voir la forêt, même si quelques arbres sont demeurés cachés.

***

Oui, il y a beaucoup d'information dans ce livre. Il est vaste le territoire que nous nous apprêtons à traverser. Tels des Magellan, nous sommes devant un immense océan (couvert de mousse, celui-là !), mais il n'y pas de quoi être intimidé. Vous n'êtes pas sans savoir que le plus grand des périples commence avec un seul petit pas : c'est ce que nous ferons dans l'introduction. Alors, ami(e)s Classiques et Romantiques, détendez-vous, ne vous inquiétez pas et ouvrez-vous une bonne bière… C'est ce que répète Charlie Papazian dans son célèbre manuel *The Joy of Homebrewing* : « *Relax. Don't worry. Have a homebrew* ». Puisqu'il n'y a pas de meilleur conseil, je ne me gênerai pas pour le répéter à mon tour. Souvent.

REMERCIEMENTS

Merci à Ernest, qui m'a donné l'idée d'écrire un livre sur la bière, le jour où il m'a demandé « Pourquoi tu n'écris pas un livre sur la bière ? »

Merci à Danny Lemieux, qui a eu la lumineuse idée du titre.

Merci à Robert et Nathalie, relecteurs acharnés, mes deux bras droits sans qui j'écris comme un pied.

Merci à Michel Gauthier et Jean-François Gravel, maîtres-brasseurs émérites, d'avoir aidé à réviser le contenu de cet ouvrage. Merci aussi à Andreas Richter de Weyerman, Helen Knowles de Gilbertson & Page et Keith Lemcke de Siebel pour leurs précieux conseils.

Merci aux entreprises qui ont volontiers prêté leur concours aux illustrations de ce livre en nous donnant accès à leur usine et à leur personnel : Brasserie McAuslan, Les Brasseurs RJ, Les Brasseurs du Nord, Les Brasseurs de Montréal, Brasseurs Illimités, Microbrasserie Dieu du Ciel !, Molson, Labatt et Canada Maltage ; ainsi qu'aux Brasseurs Sans Gluten (BSG) et à la malterie Weyerman qui ont gracieusement fourni des photographies.

Table des matières

INTRODUCTION

PRINCIPIA CEREVISIAE

Notions de base sur la fermentation et les boissons alcooliques

1. Question piège 17
2. La distillation 18
3. La fermentation 18
4. La fermentation expliquée aux adolescents 19
5. Dis-moi d'où vient ton sucre et je te dirai... 20
6. Rencontre du troisième type 20

CHAPITRE PREMIER

TRAITÉ SUR LE ZEN ET LE BRASSAGE DE LA BIÈRE

Maltage : céréales et amidon, enzymes et sucre

7. Le débat Nature contre Culture 21

8. Un pont à la fois 22
9. Anatomie d'une graine 22
10. Le collier de perles 23
11. L'histoire de la grenouille
    à grande gueule 24
12. Un estomac en acier inoxydable 24
13. Une saison dans la vie
    d'une plante 25
14. Le moteur – et l'essence ! –
    du développement 26
15. Clef et serrure 27
16. La Grande Question du malt 27
17. Maltage 101 28
18. Une autre histoire de
    sous-traitance 29

Premières étapes du brassage : concassage, empâtage et filtration du moût

19. La *salle* de brassage ? 30
20. Meunier, tu dors ! 31
21. C'est l'heure du gruau ! 32
22. La Grande Question du brasseur ... 35
23. De l'utilité des *lederhosen* 36
24. *Breakfast of champions* 37
25. Un petit café-filtre avec ça ? 37
26. Le petit-déjeuner de la Reine
    Élizabeth Ire 38
27. Le petit-déjeuner du brasseur
    jamaïcain 39
28. Tannés des tanins ? 40
29. Un retour à la ferme 41

Ébullition du moût : stérilisation, clarification et houblonnage

30. On chauffe la baraque 41
31. Par où les troubles arrivent 42
32. Puisque ça bout déjà 42
33. La Grande Question du houblon ... 43
34. Le petit loup 44
35. *Tractatus Humulus lupulus* 45

36. Un mot à la mode 46
37. L'effet moufette 46
38. Prenez vos jambes à votre cou 47

Traitement final du moût : sédimentation, refroidissement et oxygénation

39. M pour Montréal 48
40. Comment embaumer une usine 49
41. Rien ne se perd, rien ne se crée 50
42. Les levures sauvages attaquent ! 53
43. L'ennemi public numéro 1 54
44. C'est toujours plus compliqué
    qu'on pense 54
45. C'est toujours plus simple
    qu'on pense 55
46. Dieu est partout 56
47. Conduite de procédés
    en discontinu 56
48. Attache ta tuque ! 57
49. « Yé vous respecte énormément » .. 58

Deuxième chapitre
LA BIÈRE, LA VIE, L'UNIVERS ET LE RESTE

Le cycle de la levure, de l'ensemencement à la sédimentation

50. Sur les origines de la civilisation 59
51. Le grand plongeon 60
52. Je sème à tout vent 61
53. La traversée du désert 63
54. Pop quiz 63
55. De la fin au début 63
56. Le goût de la mort 64
57. La cuve cylindro-conique 65
58. Les hasards de la vie 66

Fermentation alcoolique, de la respiration au sucre résiduel

59. J't'ai encore cassé, mec ! 66

60. Donnez-moi de l'oxygène !.............. 67
61. Priorité numéro deux : le sexe !....... 68
62. Pseudo-écolo, prise trois.................. 69
63. L'étape à cheval............................... 69
64. Place aux jeunes 70
65. L'âge des ténèbres micro-cosmiques 71
66. La vie sans air................................. 72
67. Différentes sortes de perles 72
68. Le sucré du sucre 73
69. Fermentescibilité............................. 75
70. Inventions évidentes, prise trois..... 75
71. Les attaquants défensifs.................. 77

Premières différences entre les Ales et les Lagers

72. La Grande Question des Ales et des Lagers...................................... 77
73. Le plus important n'a pas d'importance...................................... 78
74. Le profil glucidique 79
75. L'alpha et le bêta de la conversion . 80
76. Ale *vs* Lager, troisième round 80
77. Peut-on avoir le beurre et l'argent du beurre?........................... 81
78. Le secret des Belges 82
79. Suicide collectif 83
80. Les dents sucrées 84
81. Ce qu'Ales et Lagers ne sont *pas*..... 87
82. *Go with the flow !* 88

Sous-produits de la fermentation et arômes des Ales et des Lagers

83. Le haut et le bas qui importent....... 89
84. Propre, net et précis........................ 90
85. La meilleure bière au monde 91
86. Sueurs et maux de tête 92
87. Le fruité sans les fruits 93
88. L'haleine du géant vert 93
89. Un peu de bière sur votre coupe glacée ?................................ 93
90. *House Character* 94
91. *Trip* d'acide 95
92. Un dimanche matin en banlieue 95

Un peu d'histoire sur la levure (et la fin de la fermentation !)

93. *Possiblement* la meilleure brasserie au monde… 96
94. … *certainement* avec une place importante dans l'Histoire 97
95. Sélection naturelle et artificielle...... 98
96. Symbiose et diversité 99
97. La plus *vieille* bière au monde......... 99
98. Le sang du Christ........................... 100
99. Se donner à une brune d'expérience 101
100. Elle est très mature pour son âge 102
101. La vie du brasseur professionnel 102

Troisième chapitre

THÉORIE DE LA STABILITÉ RESTREINTE ET GÉNÉRALE

Clarté de la bière : centrifugation, filtration et trouble à froid

102. Westfalia 105
103. Westphalie 106
104. Et ça tourne !................................... 106
105. Une blonde brillante ?.................... 107
106. Stabilité colloïdale 107
107. Héraclès contre l'Hydre................. 108
108. *Eisbier* 109
109. De la poudre aux yeux...................110
110. Caca de taureau 111
111. La cuve de garde 111

Gaz carbonique et bières filtrées, sur lie ou refermentées en bouteille

Table des matières - xiii

112. Les bubulles 111
113. Serre fort, chéri 112
114. L'empreinte d'une brasserie 113
115. Les blondes et les rousses voilées 114
116. Double ou triple, pas si simple que ça 115
117. Le décompte des têtes de pipes 116
118. Filtration des bières non filtrées ... 117
119. Les bières à mottons 117
120. Volumes de gaz 118
121. Buvabilité 121
122. Sortir du placard ou du frigo ? 122
123. « La fois que j'ai eu l'air le plus fou » 123
124. Rites initiatiques 123

Fin de la production : brassage à haute densité, embouteillage et pasteurisation

125. Brassage à haute densité 124
126. Productivité oblige 125
127. La mère et ses filles 125
128. Les faux saints 126
129. L'importance d'être Constant 127
130. Le pied sur l'accélérateur 128
131. Une gracieuseté de notre ami Louis 128
132. Le *foam-picker* 129
133. La stabilité microbiologique 130

Contaminations microbiennes et impact sur la bière

134. Contamination ! ? 131
135. *Lactobacillus* 131
136. Spécial du mois 132
137. Le secret de l'Irlandais 132
138. *Pediococcus* 133
139. Acétobacter 133
140. Im-bu-vable ! 134
141. Arômes équestres 135
142. Un tenancier dans le trouble 135

Oxydation, et tout ce qui concerne l'enfûtage

143. La stabilité gustative 136
144. Une guerre d'attrition 139
145. Forcer la note 140
146. *Small is beautiful ?* 141
147. La Grande Question du fût 142
148. Anatomie d'un baril 143
149. Quel âge me donnez-vous ? 144
150. La science du service 145
151. La *vraie* bière 146
152. La pinte parfaite 147

Juste avant la dégustation : bouteilles, canettes, verres et mousse

153. La totale 147
154. Les formes, mythes et réalités 148
155. Köln et Kölsch 149
156. ...et Krash ! 150
157. Caresses d'amour 151
158. La boisson qui fait tourner les têtes 152
159. Instabilité de la mousse 153
160. Une ligne à ne pas franchir 154
161. La Grande Question de l'azote 157
162. L'*autre* secret de l'Irlandais 157
163. Le Paradoxe de Guinness 158
164. La capsule flottante ! 160
165. On n'arrête pas le progrès 160

QUATRIÈME CHAPITRE
DISCOURS SUR L'ORIGNE ET LES FONDEMENTS DE L'INÉGALITÉ PARMI LES BIÈRES

Styles de bière et composition de l'eau

166. Signor Beauchamp 163

167. Les joueurs étoiles 165
168. Maître *Cruz* 165
169. *A rose, by any other name…* 166
170. Question piège numéro 2 166
171. Le sel de la terre 167
172. À votre santé ! 168
173. Un dimanche après-midi en banlieue 168
174. Le *pH* 169
175. La dureté de l'eau 170
176. D'un estomac à l'autre 171
177. Stratégies d'hier et d'aujourd'hui 172

Développement des Ales anglaises à travers l'histoire du maltage

178. Goûte-moi ça ! 172
179. Maltage 201 173
180. Feu, feu, joli feu 174
181. Généalogie des styles 174
182. L'arrière-grand-papa-bière 175
183. Le Porter parfait 176
184. Touraillage avancé 177
185. *That clinking, clanking sound* 178
186. Le client a toujours raison 179
187. La Grande Question de la Pale Ale 179
188. Secret de Polichinelle 180
189. *A Bitter, by any other name* 181
190. Brun bonnet, bonnet brun 182
191. Le fin mot de la fin 182

Derniers mots sur l'impact de l'eau et autres styles de tradition anglaise

192. *The New Kids on the Block* 183
193. Burtonisation 184
194. Les dents salées 185
195. *Tabula rasa* 185
196. La méthode « Karaté Kid » 186
197. *Veni, vidi, bibi* 187

198. De l'Inde à l'Irlande 188
199. Un autre genre d'impérialisme ... 188

Révolution de la Lager et développement de styles sur le continent

200. *Wien ! Wien ! Wir fahren nach Wien !* 192
201. Bières de mars 192
202. La Rousse d'octobre 193
203. Science, technologie et société 194
204. La valse des pizzas 194
205. Sur la plus haute branche 196
206. La Grande Question de la Pilsener 197
207. Le secret est dans le robinet 198
208. Spectrophotomètre *vs* papilles gustatives 199
209. Le quart-arrière-goût 199
210. Une vie de bohème 200
211. Plzeňský Prazdroj 201

Évolution de la Lager blonde industrielle (et parenthèse sur les Blanches)

212. Le *Easy-to-drink-six-pack* 202
213. Ersatz *et al.* 203
214. Pourquoi l'orge, au juste ? 204
215. Le *Grain bill* 205
216. Pourquoi pas le blé ? 206
217. La Grande Question de la Blanche 207
218. Vite ! Une Wit ! 208
219. Une Weisse ! Ça presse ! 208
220. L'âne et l'éléphant 209
221. Le manger mou 210
222. Super succédané 211
223. Le *punch* 212
224. Umami ! 213
225. L'écume aux lèvres 214
226. *Reinheitsgebot* 215

227. La loi et l'ordre 216

Malts rôtis, caramélisés et torréfiés dans les bières de spécialité contemporaines

228. Les bases de l'Histoire 217
229. La pointe de l'iceberg.................... 217
230. Folie des catégories, catégories des folies 218
231. J'aimerais porter un toast ! 219
232. Messieurs, accueillez maintenant la séduisante Cristal… 220
233. *Back in black* 221
234. Le petit-déjeuner du brasseur québécois 222
235. Pour mieux voir dans le noir 222
236. *Das Schwarze mit der blonden Seele* 225
237. Verres fumés 226
238. De l'Allemagne à l'Alaska 227
239. De Scotch à Scotch Ale 228
240. Malts de spécialité ordinaires 229
241. Malts de base spéciaux 229
242. Le même égoïste 230
243. La contrée des contrastes 231
244. *Think big* ! 232

TOUTE BONNE BIÈRE A UNE FIN

Conclusion 235
Bibliographie 239
Index 241

Principia cerevisiæ
Introduction

1

Question piège. Quelle bonne façon de commencer ! Bien sûr, une question piège, c'est moins amusant pour celui qui doit y répondre... Prenez une première gorgée de bière, et tout ira bien. La voici cette fameuse question : lequel, du scotch ou du vin, s'apparente le *plus* à la bière ? Pensez-y quelques secondes... Ça y est ? Vous y êtes ?

Peut-être avez-vous répondu : « Le scotch », en pensant au fait qu'il est fabriqué à partir d'à peu près les mêmes ingrédients que la bière. Le scotch, c'est essentiellement de la bière qui a été *distillée*, donc le lien de parenté est très fort entre les deux.

Peut-être pensiez-vous plutôt : « Mais justement, le scotch est une boisson distillée, une eau-de-vie, un alcool fort,

alors que la bière n'est que *fermentée*, exactement comme le vin? Puisqu'on peut trouver des bières *et* des vins qui présentent un taux d'alcool entre 7 et 12 %, ne devrait-on pas plutôt dire que ce sont ces deux-là qui se ressemblent le plus ? »

La bonne réponse ? Il n'y en a pas. Souvenez-vous : c'est une question piège !

2

La distillation. Pour ceux qui ont été pris de court par notre question, quelques définitions s'imposent déjà. Commençons par la distillation. Ce processus consiste à prendre un liquide *déjà* alcoolisé, et à en augmenter le taux d'alcool en éliminant une partie de l'eau.

Sortez crayons et papiers, voici une démonstration mathématique (j'entends d'ici les soupirs de ceux qui gardent d'horribles souvenirs, voire des traumatismes, de l'école secondaire) : Prenons 100 litres d'un liquide qui titre à 5 % d'alcool par volume. Cela veut dire que nous avons 5 litres d'alcool et 95 litres d'eau. Vous me suivez ? Excellent. Maintenant, éliminons 50 litres d'eau, seulement de l'eau. Nous nous retrouvons alors avec 5 litres d'alcool – les mêmes 5 litres qu'au départ – et 45 litres d'eau (95 moins 50). Les 50 litres qui restent présentent maintenant un taux d'alcool de 10 % (5 sur 50). Et voilà ! La distillation en deux étapes faciles !

Bien sûr, si 10 % d'alcool n'est pas assez pour vous – ivrognes ! – poursuivez la distillation. Le taux d'alcool continuera d'augmenter, mais le volume total de liquide, lui, baissera. Désolé, vous ne pouvez pas avoir le beurre et l'argent du beurre !

Ce que vous devez retenir, ici, c'est que la distillation n'est pas une façon de *fabriquer* de l'alcool. Elle ne fait que *concentrer* de l'alcool qui existe déjà. Concentrez de la bière et vous obtenez du scotch ; concentrez du vin et vous obtenez du brandy (du cognac, de l'armagnac...) ; concentrez du cidre et vous obtenez du calvados, et ainsi de suite. Vous saisissez le principe ?

Voilà pour la distillation. Cependant, la question demeure : d'où venait l'alcool, au départ ? Eh bien ! Mesdames et Messieurs, il n'y a qu'une seule façon de fabriquer de l'alcool ; c'est un processus qui s'appelle...

3

La fermentation. D'abord, il serait peut-être utile de souligner qu'il y a différents types de fermentation, selon la substance qui est produite par le processus. Le yogourt, par exemple, est issu d'une fermentation dite « lactique ».

Chaque fois que je parlerai de fermentation, il faudra bien entendu comprendre qu'il s'agit de fermentation alcoolique. De la même façon, je parlais plus haut de distillation d'*alcool*, bien qu'il existe également toutes sortes d'autres substances qui peuvent être distillées – le pétrole, par exemple.

Bon ! Qu'est-ce que c'est au juste, la fermentation ? Je vous fais le portrait : il existe sur Terre de charmantes petites créatures qui aiment beaucoup le sucre. *Non*, je ne parle pas des enfants ! Je parle de créatures plus petites, *beaucoup* plus petites. Tellement petites que si vous voulez en voir une, toute seule, ça vous prendra un microscope. Si vous rassemblez quelques milliards de ces créatures dans un verre d'eau, l'eau sera brouillée, sans plus. Si ces milliards de créatures s'entassent dans le fond du verre, elles formeront un genre de boue beige.

De quelles créatures s'agit-il ? Roulement de tambours, suspense insoutenable : il s'agit des *levures*. En particulier d'une sorte de levure qui s'appelle *Saccharomyces*. Quel drôle de nom ! Ce n'est pas compliqué : *saccharo* vient du grec, *myces* « vient du grec, et si ma sœur est encore enceinte ça vient aussi du grec, le salaud, je vais lui péter la gueule ![1] »

Bon ! Calmons-nous. Prenons une bonne gorgée de bière et revenons à nos moutons : *sakkharos* veut dire « sucre », et *mukê* « champignon ». Ainsi, les *Saccharomyces* sont les champignons à sucre, ou si vous préférez, « les champignons qui aiment le sucre ». Si, si ! Vous avez bien lu : les levures sont des *champignons* microscopiques. Si ça vous semble étrange, allez vous plaindre aux biologistes – ou à Dieu. Moi, je n'y suis pour rien.

Les levures sont donc des champignons qui aiment beaucoup l'humidité, même qu'elles peuvent vivre dans l'eau, comme autant de petits poissons. Et si en plus il y a du sucre dans cette eau, alors là, c'est la fête ! Elles se prélassent, placotent, papotent, mangent le sucre, puis le *digèrent*. De cette digestion il reste quelque chose, des sous-produits sont *excrétés*. Ces sous-produits sont, vous l'aurez deviné, l'alcool – plus spécifiquement l'*éthanol* – et le gaz carbonique (CO_2). Et paf ! La fermentation en deux étapes faciles !

4

La fermentation expliquée aux adolescents. L'alcool, c'est du pipi de levure... et quand les levures pètent, ça donne du gaz carbonique. (Tous les moyens sont bons pour initier la jeunesse aux joies de la science… et la décourager de consommer !)

À peine plus gros qu'une levure, le Manneken Pis ne produit malheureusement pas d'alcool.

---

1. Cette blague est de Pierre Desproges, « Réquisitoire contre Henri Pescarolo », 6 mai 1981, dans *Les Réquisitoires du tribunal des flagrants délires*, vol. 0 à 6.

5

Dis-moi d'où vient ton sucre et je te dirai... Le point de départ de n'importe quelle fermentation est donc de l'eau sucrée – du *jus* pour le commun des mortels, du *moût* pour le professionnel de l'alcool. Le vin, le cidre, la bière, c'est du pareil au même. On prend du moût sucré, on y ajoute de la levure, celle-ci transforme le sucre en alcool, et voilà ! vous avez une boisson alcoolisée.

Cela va de soi, mais je tiens cependant à le souligner : le taux d'alcool final est proportionnellement influencé par le taux de sucre au départ. En d'autres mots, plus il y a de sucre dans le moût avant la fermentation, plus il y a d'alcool après.

Si, à la base, le processus est le même pour toutes les fermentations, ce qui change d'une boisson à une autre – et qui fera toute la différence dans le résultat – est la question de savoir *d'où vient le sucre, au juste* ? Pour le vin, vous le savez bien, il faut commencer avec du jus… pardon ! du *moût* de raisin. Pour le cidre du moût de pomme, et pour la bière du moût de céréales…

« De *céréales* !? », vous entends-je dire. « Un instant ! Pour obtenir du moût de raisin, d'accord, on prend des raisins et on les écrase. Pour le moût de pomme, on écrase des pommes. Jusque-là, ça va. Mais comment diantre produit-on du moût de céréales ? »

Excellente question. Bravo, cher lecteur. Le seul hic, c'est qu'une courte section ne suffira pas pour cette question ; il faudra y consacrer un *chapitre*. Souvenez-vous de ceci : on ne fait pas les choses à moitié ici. Non, monsieur !

6

Rencontre du troisième type. Avant d'attaquer la production du moût de céréales, permettez-moi d'ouvrir une petite parenthèse. Rigueur oblige, il faut mentionner l'existence d'une troisième sorte de boisson alcoolisée : la boisson *fortifiée*, ou *mutée*. Les portos et xérès (vin de Xérès, ou *sherry*) de ce monde entrent dans cette catégorie.

Il est sans doute abusif de parler d'une troisième catégorie à part entière, puisqu'il ne s'agit en fait que d'un mélange des deux premières. En effet, une boisson fortifiée est tout simplement une boisson fermentée à laquelle on a ajouté une boisson distillée, donc un alcool fort, d'où le terme « fortifiée ». Par exemple, le porto est un vin auquel on a ajouté du brandy.

Fin de la parenthèse.

***

Attention ! N'allez pas croire que nous en avons terminé avec la fermentation. Cette brève intro n'aura servi qu'à orienter le livre et établir le contexte du premier chapitre. Je reviendrai en détail sur la fermentation au chapitre 2.

Traité sur le zen et le brassage de la bière

Chapitre premier

7

Le débat Nature contre Culture. Dans la production de vin, la Nature et la Providence font une grande partie du travail. Bien sûr, le processus de *vinification* nécessite beaucoup d'expertise et a un impact définitif sur le produit final, mais pour ce qui est de l'obtention préalable du moût de raisin [5], ce qui se passe dans les champs est particulièrement important. Au-delà du savoir-faire agricole du producteur, il faut le bon plant, le bon sol, la bonne pente, la bonne exposition au soleil, le bon climat, la bonne météo… la bonne *année*! Si toutes ces conditions sont rassemblées, on récolte le raisin parfait – savoureux, juteux et sucré à souhait – on l'écrase soigneusement, et le moût ainsi produit est un premier pas, un grand pas, un *immense* pas vers la production d'un bon vin.

Pour la bière, c'est plutôt le contraire : c'est dans le champ que c'est plus facile ! La céréale – il s'agit principalement de *l'orge* – pousse relativement bien aux quatre coins de la planète. Oui, bien sûr, il y a des souches, des sols et des saisons meilleures que d'autres ; il n'en demeure pas moins que, dans l'ensemble, la culture des céréales est beaucoup plus facile que celle du raisin.

Mais qu'a-t-on récolté au juste ? Un grain d'orge qui est sec, dur comme de la roche et pas sucré du tout ! Le travail ne fait que commencer. Avant même d'en arriver à la fermentation, le grain devra être *malté, séché, concassé,* et *empâté.* Cela produira un moût qui devra être *soutiré, bouilli, sédimenté, refroidi* et *oxygéné*… Voyez ? C'est *après* la récolte que ça se complique ! Plusieurs manipulations, opérations et transformations sont encore à faire, ce qui veut dire beaucoup de choses à expliquer, beaucoup de technologie et de science à invoquer. Surtout, pas de panique. Assurez-vous que votre verre de bière est plein, et nous poursuivrons ensuite...

8

Un pont à la fois. Je compte parmi mes mentors Jérôme C. Denys, pionnier de la microbrasserie québécoise, père du Cheval Blanc et vétéran de nombreuses campagnes sanglantes. Quand tout va mal, quand d'inexplicables contaminations menacent notre cher produit, quand les bris mécaniques s'additionnent, que les moteurs explosent, les cuves implosent, l'huile et le refroidissant giclent, c'est à ce moment que Jérôme est dans son élément.

2. « J'adore l'odeur du napalm le matin ! »

Pensez à cette fameuse scène du film *Apocalypse Now* où, après l'incontournable Chevauchée des Valkyries, la cavalerie hélicoportée débarque sur la plage. Un officier américain avance calmement au milieu des explosions et des balles qui sifflent, en fumant son cigare et déclare sourire en coin : « *I love the smell of napalm in the morning !* »[2] Ça, c'est Jérôme. C'est dans les moments de crise, quand il y a tant à faire qu'on ne sait par où commencer, qu'en digne commandant il tranche avec sagesse : « On va avancer, *un pont à la fois* ».

9

Anatomie d'une graine. Commençons par le commencement, par le grain d'orge. Il y a de nombreuses espèces d'orge, mais c'est l'orge commune qu'on utilise pour la bière (*Hordeum vulgare*). Je présume que vous savez au moins vaguement à quoi ressemble un grain d'orge. Je ne parle pas ici de *l'épi* de grains coiffé de quelques longs « cheveux » hirsutes [figure 1.1]. Je parle du grain individuel, séparé de ses confrères par la moissonneuse-batteuse [figure 1.2, p. 33].

Alors que le grain d'orge ressemble à un ballon de football américain, le grain de blé est moins pointu aux extrémités et plus joufflu. L'intérieur du grain d'orge est protégé par plusieurs couches. Les premières membranes sont minces, souples et complètement collées à la « chair » du grain. La dernière couche, l'enveloppe finale, est constituée de deux demi-coquilles appelées *glumelles*. Beaucoup plus rigides, les glumelles forment pour ainsi dire *l'écorce* du grain.

FIGURE 1.1 **Épis d'orge.** Les longues barbes coiffent les glumes entourant chaque grain.

Sous ces couches protectrices, caché à une des extrémités de l'intérieur du grain, dans une des «pointes», se trouve l'*embryon*, le fameux «germe». Sur l'ensemble du grain, le volume que prend cet embryon est infiniment petit, mais ô combien important. C'est là que se trouvent les structures primitives appelées à devenir les premières racines, les premières feuilles, etc. S'y trouvent aussi l'ADN de l'espèce, les gènes qui serviront de guide au développement du bébé, bref le plan du plant!

La majeure partie de l'intérieur du grain est composée de ce qu'on appelle *albumen* (plus rarement *endosperme secondaire*); c'est là que se trouve l'*amidon*. Prenez garde de ne pas trop confondre «amidon» et «farine». En outre, ne pensez pas que vous pourriez écraser un grain entre vos doigts et que sa «chair» tomberait en poussière. En réalité, l'amidon du grain est emprisonné dans une matrice de protéine,
une sorte de toile d'araignée qui rend l'albumen très dur. Voilà pourquoi ça prend un *moulin* pour réduire l'amidon d'une céréale en farine. Si vous essayiez de manger des grains crus, ça serait à peu près comme de mastiquer du gravier.

À retenir : l'amidon représente la majeure partie du poids total du grain d'orge; c'est, de loin, le plus important constituant de la céréale.

10

Le collier de perles. Mais où est le sucre dans tout ça? Je vous rappelle que la levure est un champignon à *sucre* [3]. Que voulez-vous qu'elle fasse avec de la farine? De la colle à bricolage?

Attention, distingués lecteurs, car dans le domaine des Petits Faits Capitaux, vous êtes sur le point d'en apprendre tout un! Ce qui suit est une pépite d'information en apparence insignifiante, mais essentielle à la compréhension du grain d'orge et de la fabrication de la bière. Elle vous permettra également d'élucider quelques Grands Mystères de la Vie, par exemple la différence entre une tranche de pain et une tablette de chocolat...

Sans plus tarder, voici cette petite grande vérité : la farine, c'est du sucre! Formule choc, je le concède, puisque la réalité est un peu plus subtile : l'amidon et le sucre font tous les deux partie de la même famille, celle des *glucides*. Quelle est la différence entre les deux? Allons-y d'une image : si *une* molécule de sucre était une perle, l'amidon, lui, serait un *collier* de perles. C'est aussi simple que ça.

Enfin presque… C'est une belle image, le *collier* de perles, mais l'amidon n'est pas une *boucle* de molécules de sucres : c'est une *chaîne*. Prenez donc bien soin, dans votre imagerie mentale, de ne pas *attacher* votre collier…

11

L'histoire de la grenouille à grande gueule. Depuis quelques mois, notre fille de trois ans et demi nous casse continuellement les oreilles avec sa taille : comme elle est grande, combien longs sont ses bras et ses jambes, combien grands ses pieds, comme elle peut voir par-dessus la table, et cætera. Je l'écoute avec indulgence, car je me souviens très bien comme j'avais moi-même hâte de devenir grand et comme l'attente était longue ! Souvenez-vous combien de temps ça dure, *une seule* année, quand on a six ans… Enfant, parmi les exploits particuliers que je désirais ardemment réaliser, il y avait de toucher le sol avec mes pieds quand j'étais assis, d'atteindre l'armoire au-dessus du comptoir de cuisine et de prendre d'aussi grandes bouchées que mon père. C'est de ce dernier exploit dont je veux parler ici.

Je n'ai plus six ans. Je sais maintenant que la grosseur de la bouche et de la bouchée n'ont pas d'importance. En fait, tous les êtres vivants sur la planète – les enfants, les papas, les grenouilles, les éléphants, les mouches, les levures – *toutes* les créatures vivantes ont, écoutez bien cela, *des bouches exactement de la même grandeur.*

Énoncé mystique ? Pas du tout. C'est simplement que nous sommes tous composés de cellules. Une cellule, mille cellules, mille *milliards* de cellules, quelle importance ? Au bout du compte, quand un être vivant se nourrit, c'est chacune de ses cellules individuelles qu'il nourrit. Et savez-vous quoi ? Les cellules ont toutes de *très* petites bouches. Tellement petites, que même une seule molécule d'amidon, toute menue soit-elle, est déjà trop grosse. Le collier de perles ne peut pas entrer dans la bouche de la cellule. Les cellules ne sont capables de manger qu'une seule chose : le sucre. Le collier doit être défait, les perles détachées.

12

Un estomac en acier inoxydable. Nous voici arrivés à la différence entre la tranche de pain et la barre de chocolat. La barre de chocolat est composée de sucre. Les perles sont *déjà* détachées et peuvent donc être presque immédiatement distribuées aux cellules du corps. Voilà pourquoi le sucre libère son énergie très peu de temps après avoir été ingéré.

Dans le cas de la tranche de pain, c'est un peu plus long. Le pain est fait de farine, et l'amidon de la farine doit être digéré avant de pouvoir libérer son énergie. Le collier de perles doit être défait. Où cette opération a-t-elle lieu ? Dans l'*estomac*. Nous sommes bien chanceux d'avoir un estomac. Si ce n'était de lui, nous ne pourrions manger que du sucre, et les sources d'énergie qui nous seraient accessibles dans la Nature seraient beaucoup moins nombreuses.

Revenons à nos amies, les levures. Ces charmants petits champignons qui aiment tant le sucre [3] étant *uni*cellulaires, elles n'ont pas cette chance d'avoir un estomac. Il leur est donc impossible de digérer l'amidon du grain [9], de détacher les perles [10]. Ne pleurez pas pour les *Saccharomyces*, car les Hommes – dans le cadre d'un échange de bons services – se font un plaisir de construire de magnifiques estomacs pour elles. Des estomacs en acier inoxydable, rien de moins ! Ne vous inquiétez pas, c'est très propre comme estomac. Même que ça sent plutôt bon !

Cet estomac artificiel se nomme *salle de brassage*. La fonction de la salle de brassage est la digestion de l'amidon de l'orge, dans le but de produire le moût sucré [5].

C'est tout ? On récolte l'orge, on le met dans un estomac en inox et, comme par magie, l'amidon de l'albumen se transforme en sucre ? Pas tout à fait. Avant même de transporter la céréale à la salle de brassage, *il faudra l'avoir modifiée pour qu'elle soit prête à être digérée*. Cette préparation du grain est l'objectif du maltage, mais pour bien comprendre le *maltage*, il faut revenir encore un peu plus en arrière. Il faut retourner là où tout commence… dans le champ !

13

Une saison dans la vie d'une plante. Il est important de ne pas perdre de vue que le grain d'orge est une *semence*, que sa raison d'être est de grandir, de devenir une plante mature et de propager l'espèce [9]. Une grossière évidence, me direz-vous. Je tiens néanmoins à le souligner parce qu'on se perd trop souvent dans des explications pointues parce qu'en cours de route on a oublié la vérité première de laquelle découle tout le reste : grain = semence = embryon.

Si le but de l'embryon est de devenir une plante, alors quelle est la fonction de l'albumen et de la quantité d'amidon qu'elle renferme [9] ? Dieu l'a-t-il mis là pour qu'on fasse de la bière avec ? Pas vraiment... L'albumen est une *réserve d'énergie* dans laquelle l'embryon doit puiser en attendant de devenir « autonome ».

Pour une plante, l'autonomie, ce n'est pas une voiture et un appartement, mais des racines et des feuilles. C'est avec l'aide de ces précieux appendices que la plante pourra aller chercher l'énergie et les nutriments qu'il lui faut pour vivre, grandir et se reproduire. Le tout début du processus par lequel la graine commence à se transformer en plante est ce qu'on appelle la *germination*. C'est un mot que vous connaissez bien, mais afin que tout soit parfaitement clair, regardons-y de plus près.

À la fin de l'été, le grain d'orge est sec et inactif. Il dort. Son sommeil est si profond qu'il ne se réveille même pas en tombant du plant. Il repose bêtement par terre, rêvant de jours meilleurs, de champs ondulants au gré des vents chauds de l'été. Il dort tout l'hiver ; il attend son heure.

Le printemps suivant annonce enfin le retour de deux importants ingrédients, l'eau et la chaleur, et le grain reprend vie. Il commence par boire – il s'hydrate, se gonfle d'eau. Vient ensuite la délicate tâche de faire pousser les racines et la toute première tige. Pour ce faire, l'embryon du grain doit aller puiser l'énergie nécessaire dans l'albumen. Cependant, deux obstacles de taille se dressent.

Primo, les microscopiques granules d'amidon sont emprisonnés dans la matrice de protéine [9]. Les protéines font beaucoup penser aux glucides [10], dans la mesure où elles sont également formées de petits éléments liés ensemble. Ces maillons qui s'assemblent pour former des chaînes sont les *acides aminés*.

Secundo, une fois accessible, l'amidon devra être digéré, c'est-à-dire découpé en molécules de sucre assez petites pour être mangées par les cellules de l'embryon [11].

Afin de pouvoir accomplir ces deux tâches, l'embryon commence par manufacturer une véritable armée de petits robots aux missions distinctes, appelés *protéases* et *amylases*. Un premier bataillon est envoyé au front, celui des protéases, qui migrent de l'embryon vers l'albumen et attaquent la muraille de protéines.

Une fois le mur abattu, le deuxième bataillon, celui des *amylases*, se charge de couper les liens entre les molécules de sucre. Voilà! L'énergie nécessaire étant maintenant accessible, la germination peut battre son plein.

14

Le moteur – et l'essence! – du développement. Sans doute serez-vous fascinés comme moi de constater la place importante qu'a prise la bière dans le développement général de la science et de la technologie, et vice-versa. À bien y penser, est-ce vraiment surprenant? À la production et au perfectionnement de quel autre produit l'être humain aurait-il concentré tout son génie, canalisé tout son savoir, ses forces et ses ressources? J'exagère à peine... Toujours est-il que vous serez à même de suivre les avancées scientifiques et technologiques à travers l'histoire de la bière. Sans parler des autres innovations de toutes sortes – commerciales, juridiques, et cætera. Un exemple célèbre est le petit triangle rouge de la bière Bass, la première « marque commerciale » enregistrée auprès des instances anglaises.

Une des plus importantes de ces innovations techno-scientifiques est incontestablement l'invention du *microscope*. Et sur quoi les premiers microbiologistes se sont-ils penchés? La fermentation, bien sûr!

C'est donc en étudiant la fermentation, il y a plus d'un siècle, que les scientifiques ont observé que les levures produisent *quelque chose* qui est capable d'agir sur la matière organique. Sans savoir exactement quoi ni comment, ils ont compris qu'il existe à *l'intérieur* des levures des petits robots capables d'agir, de modifier, de transformer. Le mot latin pour *levure* étant « zymus », ils ont été baptisés *enzymes*, ce qui se traduit par « qui sont dans la levure ».

Au cours des décennies suivantes, nous avons compris que les enzymes sont non seulement impliquées dans la fermentation, mais également – détail insignifiant – dans presque *tous* les processus biologiques, de *tous* les organismes vivants, sur *toute* la Terre. Pfff...

En tant que sujet de recherche, la fermentation est encore aujourd'hui en pleine ébullition. Nous en avons probablement davantage appris sur ce processus au cours des trois dernières décennies qu'au cours des trois millénaires précédents ! Encore une fois, y a-t-il quelqu'un que cela surprend ?

15

Clef et serrure. Mais qu'est-ce qu'une enzyme, au juste ? Les enzymes sont elles-mêmes des protéines. En fait, ce sont des protéines qui agissent sur d'autres molécules organiques, le résultat final étant une réaction biochimique donnée, une certaine transformation. On dit qu'elles sont des catalyseurs, car elles provoquent des réactions sans en faire partie. En d'autres mots, la réaction biochimique pourrait avoir lieu sans enzymes, mais elle est facilitée par leur présence.

Comment est-ce possible ? Comment une *molécule*, qui n'a ni outil ni mains, peut-elle *faire* quelque chose ? Grâce à sa *forme*.

« Quelle forme ?, me direz-vous. Je croyais que les protéines étaient des *chaînes* d'acides aminés ! » [13] Voyez-vous, la chaîne d'acides aminés peut se replier sur elle-même, plusieurs fois et de plusieurs façons, tant et si bien qu'elle finit par prendre une forme particulière, à trois dimensions.

Tout est affaire de géométrie. Les vulgarisateurs utilisent généralement la métaphore de la clef et de la serrure pour expliquer le phénomène. Les enzymes sont comme des clefs de divers modèles qui dérivent au hasard dans une soupe organique. Dans les autres molécules, il y a des trous de serrure. Quand la bonne clef arrive dans le bon trou, ça fait « clic ! » et il se passe quelque chose.

Revenons donc à notre collier de perles. Il y a un trou de serrure entre chaque perle sucrée. Les enzymes *amylases* [13] sont les clefs correspondantes. Dès que l'amylase se glisse entre deux perles, « clic ! », le lien est coupé. Une molécule de sucre est libérée.

16

La Grande Question du malt. Il y a de ces choses que tout le monde connaît, mais que personne ne connaît *vraiment*. Ce sont sur ces sujets que portent les Grandes Questions que l'on pose toujours aux brasseurs. Par exemple, vous savez très bien que le *malt* existe, mais je parie que vous n'avez aucune idée de ce que c'est exactement.

Ne soyez pas mal à l'aise ; je ne vous reproche pas cette ignorance. La faute en revient surtout à *l'Industrialisation*, cette réorganisation complète du travail et de toute la société qui a commencé dans l'Angleterre du XVIIIe siècle. L'industrialisation nous a apporté produits et conforts en abondance, mais nous a aussi en quelque sorte *coupés* de la réalité. Toutes ces choses qui étaient traditionnellement produites par les gens – dans leur propre maison ou dans celle de l'artisan du coin – sont désormais fabriquées dans des Boîtes Noires appelées *usines*. Résultat ? Si la bière n'a jamais été aussi bonne qu'aujourd'hui, l'amoureux de la cervoise, lui, ne connaît pas grand-chose de sa fabrication. Quand il a l'opportunité de discuter avec un brasseur, l'amateur doit presque chuchoter, car il a un peu honte de ne pas savoir : « Oui, mais… C'est *quoi* du malt ? »

Bonne nouvelle ! Vous êtes maintenant en mesure de comprendre la réponse. Vous comprendrez même facilement la version *courte* de cette réponse, c'est-à-dire celle-ci : le malt est une céréale partiellement germée. En d'autres mots, le *malteur*, dans son usine, provoque le phénomène naturel de la germination [13].

17

Maltage 101. Notons au passage qu'il y a autant de *sortes* de malt qu'il y a de sortes de céréales. Pour être vraiment clair, on ne devrait jamais parler de malt tout court, mais plutôt de malt de blé, de malt de seigle, etc. Dans ce livre, quand je parlerai de malt, vous devrez comprendre qu'il s'agit de malt *d'orge*.

Voyons maintenant le maltage de plus près.

Première étape : le *trempage*. Les grains d'orge – récoltés dans les champs et entreposés dans un silo régulier – s'en vont dans un réservoir spécial qu'on remplit d'eau. La céréale boit, elle s'hydrate.

Deuxième étape : la *germination*. Les grains sont transférés sur de grandes surfaces où ils reposent en une couche épaisse. La clef, ici, c'est de maintenir un taux d'humidité et une température *uniformes*, afin que *tous* les grains germent en même temps et à la même vitesse.

La germination prend quelques jours – on ne brusque pas la Nature ! À *l'intérieur* des grains, les enzymes sont créées et amorcent la libération de l'amidon de sa matrice de protéine ; c'est ce qu'on appelle la *modification* du malt. À *l'extérieur*, de mignonnes petites racines apparaissent à l'extrémité du grain où se trouve l'embryon. À mi-chemin entre l'intérieur et l'extérieur, cachée sous l'enveloppe protectrice, la *plante apparaît* ! Il ne s'agit à ce stade que d'une tige minuscule – appelée *plumule*, car elle ressemble à une petite plume – qui part de l'embryon et pousse, le long du grain, en direction de l'autre extrémité [figure 1.3].

La troisième étape, le *séchage,* est tout aussi cruciale. Techniquement, le bon terme est *touraillage* (mais prière de ne jamais dire, en sortant de la douche : « Je suis bientôt prêt, chérie ! Il ne me reste qu'à tourailler mes cheveux… ») L'objectif du touraillage est de *stopper* le processus de germination. Si on ne le fait pas, la plante continuera de pousser jusqu'à l'épuisement de ses ressources d'amidon ; il n'en resterait alors plus pour fabriquer la bière, ce qui ne serait pas très brillant…

On arrête donc la germination simplement en séchant le grain afin d'en retirer l'humidité. Le hic, c'est qu'il ne faut pas *trop* chauffer le grain pour *éviter de détruire les enzymes*. Elles sont fragiles, ces enzymes, et nous allons bientôt avoir besoin d'elles. (Au quatrième chapitre, nous reparlerons en détail de la manière dont le séchage du malt s'opère, car l'évolution de cette technique est un

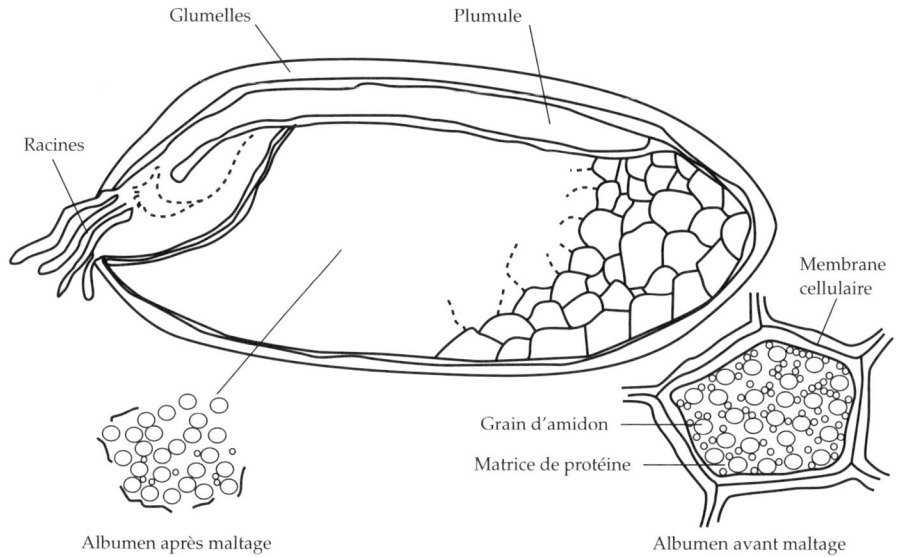

FIGURE 1.3 Germination. Coupe longitudinale du grain d'orge vers la fin de la germination.

facteur important dans l'évolution générale des styles de bières… J'ai piqué votre curiosité ? Patience dans l'azur, mes braves ! Prenez une bonne gorgée de bière et continuons.) Avant de sortir de la malterie, il ne reste qu'à *nettoyer* le malt – c'est-à-dire à le séparer de la poussière qui a été produite, et surtout, des pauvres petites racines qui ont séché et se sont détachées.

18

Une autre histoire de sous-traitance. En fin de compte, le malt d'orge et le grain cru se ressemblent beaucoup. Ils sont pratiquement indistinguables à l'œil nu, si ce n'est que le grain de malt est un tout petit peu plus gros et coloré. Visuellement, l'une des plus importantes différences se cache sous l'enveloppe : si vous grattez du bout de l'ongle la surface dorsale d'un grain de malt afin d'enlever les glumelles protectrices [9], vous découvrirez le minuscule germe du plant d'orge qui a poussé le long du grain. La longueur de cette plumule est un indicateur du degré de modification du malt.

Du fait de leur faible taux d'humidité, le malt et le grain cru partagent aussi une caractéristique importante : ils peuvent tous les deux être entreposés pour une longue période, mais la comparaison s'arrête là. Seul le grain de malt a l'avantage d'être *friable, soluble* et *bourré d'enzymes* qui attendent patiemment d'être réactivées pour effectuer leur important boulot [16].

En théorie, le brassage de la bière pourrait se faire de manière continue avec le maltage – au bout de la chaîne, pour ainsi dire – mais ce serait un casse-tête inutile pour le planificateur de production.

Tout de même, le lien filial est si fort entre le maltage et le brassage que jusqu'au XIXe siècle, les brasseries s'occupaient souvent elles-mêmes de malter leur propre céréale. Sans parler des brasseries qui étaient aussi propriétaires de champs d'orge, comme la défunte *Dawes* à Lachine. (Aujourd'hui, la ferme-brasserie Schoune, ainsi que la Chouape, produisent leur céréale, mais ils la font malter à l'extérieur.)

Il n'en demeure pas moins que le maltage et le brassage sont deux activités bien distinctes, qui font appel à des installations et des expertises bien différentes. C'est ainsi qu'au siècle dernier l'industrie brassicole se *désintègre verticalement*, pour ainsi dire, alors qu'apparaissent des entreprises qui se consacrent exclusivement au maltage. Aujourd'hui, plus aucun brasseur ne malte, exception faite de quelques rares artisans. C'est le cas d'un fabricant aux Îles-de-la-Madeleine. En ce lieu paradisiaque, la micro-brasserie *À l'abri de la tempête* malte elle-même de l'orge qui pousse localement, ce qui lui permet d'afficher sa bière comme étant un véritable « produit du terroir ».

19

La *salle* de brassage ? Puisque le malt s'entrepose facilement, laissons donc le malteur malter, et le brasseur brasser.

Pour le brasseur, la fabrication de la bière commence dans ce qu'on appelle la *salle de brassage*, là où à partir du malt on produit le moût sucré destiné à la fermentation [5]. Comme vous le savez maintenant [7], la production du moût passe par plusieurs étapes, soit le concassage, l'empâtage, le soutirage, l'ébullition, la sédimentation et le refroidissement [figure 1.4, p. 34].

Certes, l'expression *salle de brassage* est moins évocatrice que celle d'*estomac en acier inoxydable* [12], mais elle a l'avantage d'être plus concrète. Par contre, il faut souligner que si, dans une *petite* brasserie, la salle de brassage est souvent littéralement une *salle*, dans une grande brasserie elle est presque toujours composée de *plusieurs* salles affectées aux différentes étapes du brassage. Dans ce cas-ci, l'appellation anglaise *brewhouse*, la *maison* du brassage, est plus à propos.

Il n'était pas rare, dans les plus vieilles brasseries industrielles, de mettre les différentes salles de la maison du brassage une par-dessus l'autre pour former une *tour* de brassage. L'idée était de commencer le processus de production du moût en *haut* de la tour et d'utiliser la gravité pour faire passer le produit d'une étape à l'autre. De nos jours, le raffinement des pompes et autres machines fait qu'il n'est pas nécessaire d'organiser la salle de brassage à la verticale.

La prochaine fois que vous passerez sur le pont Jacques-Cartier pour entrer ou sortir de Montréal, jetez un coup d'œil sur la brasserie Molson, aux abords du fleuve [figure 1.5]. Vous distinguerez facilement la salle de brassage verticale de cette vénérable institution. Sa structure faite de gros blocs lisses et gris se démarque du reste du complexe où d'autres matériaux de revêtement ont été utilisés. Tout en haut de cette tour se trouvent ses seules fenêtres ; elles sont très grandes et composées de multiples carreaux. Pourquoi ces fenêtres ? Non, ce n'est pas pour laisser entrer la lumière, mais plutôt pour laisser sortir la pression, advenant une explosion…

FIGURE 1.5 Complexe brassicole d'une grande brasserie. La tour de brassage gris pâle, au centre, n'est ni la plus haute ni la plus vaste partie de la brasserie. Quant à l'immense bloc de brique rouge qui trône au sommet du complexe – sur le côté duquel on peut lire en lettres gargantuesques le nom de la brasserie –, il est *vide*. À partir de la ligne horizontale blanche, il n'y a que des murs sans toit, dont la seule fonction est d'offrir de l'espace publicitaire !

« Une explosion ? ! », vous exclamez-vous ? Si, si, car au dernier étage de cette tour se trouvent les *moulins*, et qui dit moulins dit poussière, et qui dit poussière dit risque d'explosion. Cela pourrait arriver si...

20

Meunier, tu dors ! La première étape dans la salle de brassage est le *concassage* du malt. Notez qu'il ne s'agit pas ici de *moudre* le malt ; nous ne voulons pas le réduire en farine, comme pour le pain. Aux fins de la production de la bière, le malt doit être concassé d'une manière assez subtile, si je puis m'exprimer ainsi. En effet, deux objectifs plutôt contradictoires sont visés : il faut libérer et morceler l'amidon qui est à l'intérieur du grain, tout en gardant *intactes* les glumelles formant l'enveloppe extérieure [9] !

Pour y parvenir, les brasseurs utilisent des moulins construits spécifiquement pour leur industrie. Ces moulins sont composés de paires de cylindres, horizontaux et parallèles, séparés par un espace infiniment petit, et, vous l'aurez deviné, qui tournent en sens contraire de manière à aplatir, à concasser le malt quand il passe entre les deux rouleaux.

Traité sur le Zen et le brassage de la bière - 31

Jusque-là, rien de très spécial. Là où ça se complique, c'est que les moulins à la fine pointe de la technologie sont composés de *trois* paires successives de rouleaux, et qu'entre chacune de ces paires se trouvent des tamis vibrants. Ces tamis permettent de séparer, après chaque passage entre les rouleaux, les morceaux qu'on ne veut pas concasser davantage. Puisque les beaux morceaux d'enveloppe les évitent, on peut rapprocher les rouleaux suivants afin d'obtenir des *granules d'amidon* de plus en plus fins (mais pas trop de farine s.v.p.!).

Ça, c'est pour les brasseries qui peuvent se payer des Cadillacs. Les plus petites brasseries – les fameuses *microbrasseries*, mais aussi celles de taille un peu plus grande qu'on appelle *régionales* – se contenteront d'un moulin à *deux* paires de rouleaux, généralement sans les chics tamis vibrants. Enfin, les encore *plus* petites entreprises (que certains appellent affectueusement les *nano*brasseries) feront de leur mieux avec des moulins à une seule paire de rouleaux.

Ne vous en faites pas pour les nanobrasseries, elles s'en tirent bien tout compte fait. Le principal sacrifice en est un de *productivité*, car la mouture du moulin à une seule paire de rouleaux est généralement plus grossière, ce qui implique une moins bonne extraction du sucre plus tard. Or, les brasseurs artisanaux n'ont pas l'habitude de perdre le sommeil à cause du faible rendement de leur salle de brassage. Pour un grand brasseur, à l'inverse, chaque gain de productivité se traduit en très grandes économies d'argent, aussi sont-ils toujours prêts à investir dans des équipements performants. Vous connaissez la chanson…

21

C'est l'heure du gruau! La deuxième étape dans la salle de brassage est *l'empâtage*. Cela consiste essentiellement à mélanger le malt concassé avec de l'eau chaude. Ce mélange de céréale et d'eau est appelé *maische* (parfois écrit *maîche*, une francisation du mot allemand *maïschen*. Bien que l'Office québécois de la langue française préconise l'utilisation de «trempe», il considère *maische* comme un synonyme, et de nombreux autres dictionnaires le répertorient; c'est le terme que je connais et que je préfère!).

Le très crucial objectif de l'empâtage est la *conversion* de l'amidon en sucre. Ici, rien de nouveau sous le soleil. C'est exactement la même mécanique que pour la germination [13] et le maltage [16]. Rappelez-vous que les enzymes amylases créées pendant le maltage ont été préservées grâce à un séchage tout en douceur. Elles n'attendaient que les conditions propices à leur *réactivation*, celles que rencontre le grain d'orge au printemps: la présence *d'eau* et de *chaleur*.

C'est dans la *cuve d'empâtage* (aussi appelée *cuve-matière*, ou encore *cuve-mélange*) que cet environnement printanier est recréé. C'est un morceau d'équipement somme toute très simple – une grosse casserole, en bref. La cuve d'empâtage est équipée d'une paroi

Figure 1.2. Grains d'orge commune. Les grains d'orge (*Hordeum vulgare*) utilisés dans la fabrication de la bière ont la forme de petits ballons de football américain. (© Can Stock Photos/Luiscar) ▶

isolante, d'un élément chauffant ainsi que d'un agitateur dans le but de maintenir la température du mélange le plus *uniforme* possible.

Tiens! J'y pense… Il faudrait bien préciser que dans une très petite brasserie, la cuve d'empâtage n'est généralement *pas* équipée d'un agitateur ; c'est le nano-brasseur lui-même qui doit mélanger la maische. Traditionnellement, on avait recours à une espèce de pelle trouée appelée *fourquet,* mais en réalité n'importe quels grande palette ou petit aviron fait l'affaire. Peu importe l'outil utilisé, dans un tel cas, c'est réellement le brasseur qui… *brasse.* Me voilà moi-même surpris! Avant d'écrire ces lignes, il ne m'était jamais venu à l'esprit d'expliquer pourquoi le brasseur s'appelle ainsi. Comme quoi il y a toujours des choses si évidentes qu'on ne les voit plus…

Le terme « empâtage » est peut-être un peu mal choisi puisque la maische est beaucoup trop liquide pour être qualifiée de « pâte ». En effet, le ratio habituel de ce mélange est de 2 à 4 litres d'eau pour chaque kilo de malt. À bien y penser, même le gruau est plus épais que ça… Devrait-on parler de *soupe* ? En tout cas, c'est tant mieux pour le brasseur artisanal : une maische bien fluide est beaucoup plus facile à brasser !

22

La Grande Question du brasseur. Réflexion faite, il faudrait consacrer plus qu'une remarque passagère à la signification du mot « brasseur », car plus j'y pense et plus je me souviens avoir entendu cette interrogation. Soyons précis, il y a deux sens à la question : « Pourquoi parle-t-on de *brassage* ? » Ça peut vouloir dire : « Comment la bière est-elle fabriquée ? », mais aussi « Que fait le brasseur exactement, *concrètement* ? » Ces deux sous-questions sont intimement liées, mais demeurent néanmoins distinctes.

La production de la bière passe par trois étapes : la production du moût sucré (chapitre premier), la fermentation et la maturation (deuxième chapitre) et les manipulations finales qui mènent à l'emballage (troisième chapitre). Dans une très petite brasserie, ce sont les mêmes personnes qui se chargent de toutes ces tâches, mais plus la taille de l'entreprise grandit, plus les brasseurs se concentrent sur la *première* étape. Brasser la bière, c'est d'abord et avant tout ce qui se passe dans la salle de brassage [19].

Je sais, je n'ai pas fini d'expliquer les étapes de production du moût sucré, mais le moment est parfaitement choisi pour prendre un peu de recul et décrire le travail du brasseur en termes concrets, quoique généraux. Voici : faire de la bière, c'est essentiellement de la *cuisine*, c'est d'ailleurs *dans* la cuisine qu'on a fait la bière pendant des siècles [16].

Quoique pour la fermentation et les étapes subséquentes la bière et le vin se ressemblent beaucoup [5], la production préalable du moût d'orge s'appa-

◀ **Figure 1.4. Salle de brassage.** De gauche à droite sur cette photo de la très lumineuse salle de brassage de la brasserie McAuslan, on voit la cuve d'empâtage, la cuve-filtre, une cuve tampon, la cuve d'ébullition et, plus bas, la cuve de sédimentation. (Photo : Jacques Courtemanche)

rente davantage à la fabrication du *pain* qu'à l'obtention du moût de raisin. Des céréales, de l'eau, du feu et des casseroles : le moût d'orge et le pain se résument pas mal à ça.

Que fait le brasseur alors ? Je vous réponds par une autre question : que fait le boulanger ? Ça dépend de la grosseur de la boulangerie, n'est-ce pas ? Dans une humble cuisine, vous savez quels genres de manipulations cela suppose. Dans une petite boulangerie commerciale, ça ressemble à une cuisine, mais les casseroles, le mélangeur et le four sont plus gros. Dans une boulangerie *industrielle*, non seulement les casseroles sont *vraiment* grosses, mais en plus elles sont *automatisées*. Bien que la production du pain passe toujours par les mêmes étapes, le boulanger est désormais un *opérateur de machines* ; il ne met plus, comme on dit, la « main à la pâte ».

C'est la même chose avec la bière. Plus la brasserie est grande, plus le brasseur devient un opérateur. Il met des moteurs en marche, actionne des pompes et manipule des vannes, mais il ne *brasse* plus vraiment lui-même. En fait, plus la brasserie est grande, moins le brasseur *bouge*…

Jusqu'à la fin, j'expliquerai les étapes de la production du moût sucré à l'échelle industrielle, mais souvenez-vous toujours que les mêmes opérations peuvent être réalisées dans une simple cuisine. Que ce soit dans une immense cuve d'empâtage ou dans une petite casserole, la conversion de l'amidon en sucre, ce n'est et ce ne sera toujours que la conversion de l'amidon en sucre.

23

De l'utilité des *lederhosen*. Parlons-en de la conversion de l'amidon en sucre ! Dans un environnement naturel [13], les enzymes peuvent faire leur travail, clopin-clopant, malgré que les conditions soient rarement *idéales*. C'est toute autre chose à l'intérieur de la cuve d'empâtage [21] : comme dans n'importe quelle autre industrie, les brasseurs n'ont ni la patience, ni le laxisme de Dame Nature. Ce qu'ils veulent obtenir de leurs enzymes amylases [15], c'est une performance *optimale*.

À cette fin, non seulement la consistance du gruau est importante [21], mais également sa *température*. En un mot, l'armée de petits robots enzymatiques est à son meilleur quand la maische est chauffée à 60-70 °C. Dans ces conditions idéales, il ne faudra que 30 à 60 minutes pour que la conversion soit complète, pour que toutes les perles soient détachées des colliers [10].

Afin de s'assurer qu'il ne reste plus d'amidon à l'empâtage, on peut effectuer un test fort simple : on prend un échantillon de maische et on y ajoute quelques gouttes d'une solution *d'iode*. S'il y a encore de l'amidon, l'iode prendra une couleur foncée, allant du mauve très intense jusqu'au noir.

À l'époque où cette petite réaction chimico-magique n'était pas connue, les brasseurs allemands avaient un autre truc pour vérifier que la conversion de l'amidon au sucre était complète : ils mettaient un peu de maische sur un banc en bois et s'asseyaient dessus, avec leur traditionnelle salopette courte en cuir. Après un certain temps d'attente, ils se relevaient doucement et jugeaient à quel point la maische était sucrée par l'effort requis pour décoller leurs *lederhosen* du banc!

24

Breakfast of champions. Je me souviens du passage d'un livre sur la conscience (dans le sens neurologique du terme) qui traitait des limites *perçues* du corps, c'est-à-dire de la frontière imaginée entre ce qui est moi et ce qui n'est plus moi. Par exemple, il y était question de l'apprentissage de cette frontière chez les poupons, mais ce qui m'avait le plus amusé était une discussion sur la *salive*. L'auteur suggérait ce petit exercice : Concentrez-vous sur la salive qui se trouve présentement dans votre bouche. Laissez-la s'accumuler un peu, puis avalez-la. Sentez-la descendre dans votre gorge. Maintenant, imaginez que vous passez pas mal de temps à cracher dans un verre, jusqu'à ce qu'il s'y accumule une bonne quantité de salive. Imaginez que vous buvez ensuite ce verre d'un trait... Dégueulasse? Pourtant, vous avalez des litres et des litres de salive chaque jour...

Vous savez déjà que le corps humain doit également convertir l'amidon en sucre avant de pouvoir distribuer cette énergie à chacune de ses cellules [12]. Cela se fait dans le système digestif, mais en réalité la conversion aura débuté *avant*, c'est-à-dire dans la bouche. Comment est-ce possible? Imaginez-vous donc qu'il y a dans la salive humaine – eh oui! – des *enzymes amylases* [15]. Si vous mangez, disons, un morceau de pain, les amylases commencent à convertir l'amidon alors même que vous mastiquez, pour ensuite finir le travail quand tout le bataclan descend dans l'estomac. *Pas* dégueulasse.

Quelqu'un qui a grandi sur une ferme m'a déjà raconté que les enfants avaient l'habitude de prendre une poignée de grains de céréale – *non* maltée, donc sans enzymes propres [17] – et de les mâchouiller longuement, voire pendant des heures, sans jamais les avaler. L'amidon, la fibre et la salive finissaient par se mélanger pour former une boule de pulpe gélatineuse qui – ô miracle! – développait un goût *sucré* à cause de l'action des amylases produites dans la bouche. Bon... Toujours pas dégueulasse.

Pour terminer, plusieurs peuplades, en différents endroits de la planète, n'avaient traditionnellement accès qu'à des céréales difficiles à malter ou à d'autres sources d'amidon sans pouvoir enzymatique. Ces hommes primitifs allaient-ils se résigner à vivre sans bière? Jamais! Ils se rassemblaient autour d'un grand bol et mâchouillaient en groupe leur céréale, pour ensuite recracher le tout dans la « cuve d'empâtage » au milieu. C'est donc grâce aux enzymes amylases de la salive que s'effectuait la conversion de la maische accumulée. Dégueulasse? Oooooouuuiiiiiiiiiiiii!

25

Un petit café-filtre avec ça? De grâce, revenons à la salle de brassage... Une fois l'amidon converti en sucre, la maische est toute transférée de la cuve d'empâtage [21] à la *cuve-filtre*. La fonction de la cuve-filtre est – j'imagine que vous la voyez venir celle-là – la *filtration*. Il s'agit donc de séparer le liquide du solide ; d'obtenir, à partir d'une maische grumeleuse, un moût *limpide*.

À cette fin, la cuve-filtre est munie d'un *faux-fond* plat criblé de très petits trous au-dessous duquel se trouve un espace vide. Ce faux-fond retient les grosses particules solides de la maische ; seul le moût liquide peut passer au travers pour ensuite être *soutiré*. (Vous pigez ? *Sous*-tiré... Subtil, subtil.)

Mais attention ! Comme il y a toujours diverses *petites* particules insolubles dans la mouture, surtout s'il y avait aussi beaucoup de farine [20], le *premier moût* soutiré sera inévitablement fort embrouillé. Avant d'être récolté, il doit être *clarifié*. Étonnamment, ce n'est pas la cuve-filtre elle-même qui sert à le filtrer. En réalité, ce qui clarifie le moût est – écoutez bien ça – la maische elle-même !

À bien y penser, dans n'importe quelle filtration, il faut trouver l'équilibre parfait entre perméabilité et pouvoir filtrant. Trop perméable, ça ne filtre pas. Trop filtrant, ça ne coule plus ! Dans le cas de la maische, *ce sont les enveloppes du malt qui permettent d'atteindre cet équilibre idéal*. Les plus attentifs d'entre vous se rappelleront que lors du concassage du malt [20], nous avions fait bien attention de préserver les glumelles, ces belles coquilles vides. C'est donc dans la cuve-filtre qu'elles prendront du service, en rendant la maische à la fois perméable et auto-filtrante.

Après le transfert de la cuve d'empâtage à la cuve-filtre, il faut d'abord accorder à la maische un temps de repos. Une di-zaine de minutes suffiront pour que les grosses particules solides du malt, soit les enveloppes *et* les granules d'amidon maintenant saccharifié [20], se déposent tout doucement sur le faux-fond, formant ainsi un *lit filtrant*. La maische étant très liquide [21], il y aura éventuellement un fort excédent de moût sucré au-*dessus* du lit. Avant de commencer le soutirage à partir de l'espace sous le faux-fond, le moût embrouillé est pompé et retourné au-dessus du lit avec l'excédent et passe à nouveau à travers le lit filtrant. Dix à quinze minutes de cette *re-circulation* suffisent pour que le *premier moût* soit clarifié. Le soutirage vers la cuve d'ébullition peut maintenant commencer.

26

Le petit-déjeuner de la Reine Élizabeth Ire**.** La maische est donc constituée d'une partie liquide – le premier moût – et d'un résidu solide de malt concassé appelé *drêche* [figure 1.6]. Bien que le premier moût soit très concentré, comme les premières gouttes d'un café-filtre, il reste encore beaucoup de sucre à l'intérieur des granules de la drêche. Pour extraire ce sucre résiduel, le gros bon sens est de faire exactement comme avec le café : continuer d'asperger la drêche d'eau chaude, laisser cette eau passer tranquillement au travers du lit et soutirer le moût, qui sera de moins en moins sucré.

Mais... le gros bon sens, ça s'apprend ! Sachez que dans l'Angleterre d'antan – pour ne mentionner que cet endroit – il était coutume d'extraire le sucre en *trois* étapes distinctes. D'abord, on soutirait *complètement* le premier moût. Ce moût concentré était ensuite fermenté *seul*, ce qui produisait une bière très forte en alcool [5], si forte qu'elle se méritait parfois l'appellation *barley wine* (vin d'orge). De retour dans la salle de brassage, la drêche était infusée d'eau chaude une deuxième fois. À partir de ce nouveau moût moins sucré, on produisait une bière moins forte, une bière de tous les jours. Enfin, d'une troisième et dernière infusion d'eau chaude résultait une bière très faible en alcool, soit 1 à 2 % par volume. Semblable aux « bières de table » belges et néerlandaises ou encore au kvass slave, cette « petite bière » (*small beer*) était réservée aux jeunes et aux serviteurs. J'imagine qu'elle était également idéale pour accompagner les *steak and eggs* du matin...

Aux fins du récit, je fais ici un va-et-vient entre salle de brassage et fermentation, mais en réalité, les trois moûts étaient produits le même jour et fermentés parallèlement dans les jours suivants. En Angleterre, cette technique de soutirages et de fermentations distinctes à partir de la même maische s'appelait *Parti-Gyle*.

27

Le petit-déjeuner du brasseur jamaïcain. Les brasseurs qui ont la dent sucrée ne manqueront pas de se régaler, au tout début du soutirage, d'une tasse de premier moût bien chaud. À son plus concentré, le moût a un goût intense de céréale sucrée, un genre de bouillon de « Frosted Flakes ». Croyez-moi, c'est délicieux !

Si vous avez une petite envie de moût sucré, à défaut d'avoir des contacts dans une brasserie, vous pouvez vous procurer une bouteille de *Malta* dans

FIGURE 1.6   Maische et drêche. À gauche, une maische de Boréale blonde en provenance de la cuve d'empâtage et à droite, une drêche à la sortie de la cuve-filtre (Brasseurs du Nord).

une épicerie antillaise. Cette boisson froide n'est rien d'autre que du moût de malt auquel on a ajouté du gaz carbonique ! Ce n'est pas mauvais au goût, mais personnellement je suis trop habitué à la version chaude, que je trouve bien meilleure. Et si on réchauffait le Malta avant de le boire, est-ce que ça recréerait la tasse de premier moût ? Faudrait bien faire le test…

28

Tannés des tanins ? Vous aurez compris que de nos jours la pratique est de produire un seul moût par *brassin*, et non pas trois [26]. On trouve donc effectivement, dans la cuve-filtre, un *système d'aspersion* qui arrose la drêche d'eau chaude pendant le soutirage, comme pour le café. Il va de soi que plus le soutirage avance, moins le moût récolté est sucré. Afin d'obtenir une meilleure extraction et pour éviter tout contact entre l'air et la drêche, le lit filtrant est maintenu continuellement submergé. Ce n'est donc pas tout à fait comme le café… Pour maintenir un petit surplus d'eau sur la drêche, il suffit de synchroniser le débit d'aspersion avec celui du soutirage.

En aspergeant et soutirant ainsi, allons-nous extraire *tout* le sucre ? Voyons voir : dans un grain d'orge, l'amidon de l'albumen représente environ 80 % du poids total [9]. Pour d'évidentes raisons économiques, chaque brasserie voudra extraire la plus grande partie possible de ces glucides [10]. C'est à partir du ratio entre la quantité totale du sucre extrait et ce qui était disponible dans le malt au départ que l'on calcule le *rendement* de la salle de brassage.

Une grande partie de ce rendement est déterminée par la performance de la cuve-filtre en conjonction avec la qualité de la mouture utilisée [20]. C'est ainsi qu'une brasserie mal équipée devra se contenter d'un rendement de, disons, 70 à 80 % d'extraction, quand une installation à la fine pointe de la technologie atteindra un rendement beaucoup plus élevé, sans toutefois atteindre 100 %.

Mais pourquoi pas *tout* le sucre ? Qu'est-ce qui nous en empêche ? Le problème, c'est que le malt ne contient pas que du sucre. Il y a d'autres substances, dont plusieurs sont indésirables. Je pense tout particulièrement aux molécules qu'on appelle *polyphénols*. Bien qu'ils aient la grande vertu d'être antioxydants, les polyphénols contribuent à créer une importante *turbidité* dans la bière [106]. Or, Petit Fait Capital, plus on approche de la fin du soutirage, plus on extrait de polyphénols. Puisque le dernier moût est de toute façon très faible en sucre, vient un moment où le jeu n'en vaut plus la chandelle.

Oh ! En passant, les polyphénols peuvent être détectés en bouche s'ils sont en assez grande concentration. Ce qu'ils apportent n'est pas autant une saveur qu'une sensation ; il s'agit d'une *astringence* qui, quoique agréable dans une *certaine* boisson, n'a pas sa place dans la bière. Un autre nom pour ces polyphénols ? Eh oui ! Les *tanins*.

Il m'est arrivé *une* fois de goûter à une bière qui présentait le même genre d'astringence qu'on trouve dans un vin rouge dit «tannique». Cette sensation, dans une bière, est plus étrange que désagréable. Sachez que, pour en arriver là, le brasseur doit avoir eu de vraiment gros problèmes…

29

Un retour à la ferme. Le soutirage est terminé. Le moût est dans la cuve suivante. Qu'advient-il de la drêche [26]? Il n'y reste plus grand sucre, mais est-elle bonne pour la poubelle? Anathème! Le tas de compost? Ce serait déjà une meilleure option que l'enfouissement, mais il y a mieux encore: le donner aux bêtes. C'est ce que font la majorité des brasseries.

La drêche est encore très riche de nutriments et les animaux en raffolent, croyez-en mon expérience. À l'époque où je brassais en Colombie-Britannique, un fermier venait chercher les trois grandes poubelles de drêches produites à chaque brassin. J'habitais moi-même sur une petite ferme et il m'est arrivé d'en ramener quelques chaudières. J'en ai donné à la vache, aux deux cochons, et même aux poules. Verdict? Miam! (Combien de fois ai-je entendu des gens à qui je racontais cette histoire s'exclamer: «Hi! Hi! Les bêtes devaient être saoules!» Je gardais le sourire, mais intérieurement je poussais un long soupir. Pas rapport![3] Vous, honorable lecteur, comprenez déjà pourquoi: sans levures pour transformer le sucre en alcool [3], la drêche sera seulement sucrée, pas alcoolisée.)

N'allez surtout pas penser que les brasseurs sont écolos avant la lettre. La drêche va aux fermiers simplement parce que c'est la façon la plus économique de s'en débarrasser. On peut même la vendre! C'est en produisant 300 litres de moût que je me retrouvais avec trois poubelles de drêche. Une grande brasserie industrielle peut facilement produire 500 000 litres de moût par *jour*! Ça fait un volume impressionnant de drêche à gérer...

30

On chauffe la baraque. Après avoir été soutiré de la cuve-filtre [25], le moût est pompé vers la *cuve d'ébullition*, la plus grosse de toutes les casseroles de la salle de brassage [22]. Il y a de nombreuses raisons pour vouloir faire bouillir le moût, de nombreux objectifs, mais je vais commencer par le plus important:

Saviez-vous qu'il y a dans le corps humain plus de bactéries étrangères que de cellules humaines? Complètement hallucinant, non? Il faut cependant préciser que cette statistique est en nombre «d'unités», d'individus. En termes de *masse*, les cellules humaines sont beaucoup plus importantes, car chaque cellule est considérablement plus grosse qu'une bactérie. Tout est relatif, comme disait l'autre, et il y a des choses qui sont plus microscopiques que d'autres. Une bactérie, par exemple, c'est vraiment, *vraiment* petit.

Cette pépite d'information n'est là que pour vous rappeler qu'il y a des microorganismes *partout*, et en très grand nombre. Il y en a dans l'eau, dans la terre et dans l'air. Il y en a dans notre corps et *sur* notre corps, et il en va ainsi pour *tous* les êtres vivants, incluant le malt.

Petit Fait Capital: s'ils se retrouvent dans la cuve de fermentation, les microorganismes présents sur le malt vont gâcher la sauce – littéralement! – en

---

3. Sans lien aucun avec le sujet; sans pertinence aucune.

produisant des substances dont le goût laisse à désirer [134-142]. C'est donc la *stérilisation* qui, selon moi, constitue la raison première pour laquelle on se donne la peine de faire bouillir le moût – et je souligne au passage à quel point *c'est* complexe, l'ébullition : infrastructures particulières, procédé énergivore, risques nombreux, etc.

Je parle de « raison première » parce que si on se demande pourquoi, il y a des siècles et des siècles, on a *commencé* à faire bouillir le moût, c'est sans doute parce qu'on a observé que le moût bouilli avait tendance à donner une bière de meilleur goût. Aussi simple que logique.

31

Par où les troubles arrivent. Parmi les avantages à faire bouillir le moût, il y a la *clarification*. Contrairement à la stérilisation, cette préoccupation est plutôt récente. En ce qui *nous* concerne, la limpidité de la bière est souvent essentielle, mais il est clair – si vous me permettez ce jeu de mot facile – que ce n'était pas du tout le cas à une époque plus lointaine. Tant et aussi longtemps que les êtres humains consommaient leur boisson préférée dans des contenants opaques (terre cuite, métaux, etc.), qu'est-ce qu'ils pouvaient en avoir à cirer que le liquide soit embrouillé ou non ? Mais à partir du moment où l'utilisation du *verre* est devenue plus répandue, l'apparence de la bière a tout à coup revêtu une nouvelle importance…

Si la majeure partie du grain de malt est composée d'amidon, soit 80 %, les *protéines* – et leur 10 à 12 % du poids total – représentent la deuxième plus importante composante. Or, il s'avère qu'une trop grande partie de ces protéines se retrouvent dans le moût et y produiraient une inesthétique turbidité si elles y demeuraient.

Par un heureux hasard, l'ébullition du moût provoque justement une *coagulation* des protéines ! Concrètement, les plus grosses protéines s'assemblent pour former de jolis flocons beiges dont la taille peut aller jusqu'à environ 2 cm de diamètre. Vous devinez sûrement que ces flocons de protéine pourront plus tard être séparés du moût.

La coagulation des protéines s'appelle la *cassure* – je le précise, car tout au long du processus de fabrication de la bière, il y a plusieurs cassures dont il faudra parler. L'ensemble des flocons formés lors d'une cassure s'appelle le *trouble* – je le précise, car il y a aussi plusieurs troubles dont nous devrons parler… Cependant, nous n'en avons pas encore fini avec l'ébullition.

32

Puisque ça bout déjà. Vous êtes dans la cuisine. Vous avez devant vous une casserole de liquide en ébullition – un moût, une soupe, un bouillon, un ragoût, peu importe. N'y a-t-il pas une idée qui vous passe par la tête ? Comment pourriez-vous résister à l'envie d'y ajouter une poignée de ceci, une pincée de cela ? Apportez-y votre touche personnelle ! Faites briller votre génie culinaire ! C'est ce que font les brasseurs depuis la nuit des temps : ils profitent de l'ébullition du moût pour y ajouter des *aromates*.

Soyons honnêtes : si la saveur du malt est fort agréable, côté aromatique, celle du moût n'est pas très *délicate*. Disons que sa forte odeur de céréale mouillée fait davantage penser à de la moulée pour le bétail qu'au nectar des dieux.

Notez qu'il y a toute une différence entre le moût et la bière. Grâce à l'activité de la levure, le processus de fermentation développera lui-même des arômes merveilleux [83-92]. N'empêche que l'ébullition représente une belle occasion que les brasseurs n'ont jamais laissée passer. Existe-t-il quelque chose qui ne se soit pas retrouvé dans la marmite ? Fruits, miel, gingembre, anis, muscade, coriandre et autres herbes, racines et épices en tous genres. *The sky is the limit.*

Dans les diverses traditions anciennes, on devait se contenter de ce qui était disponible localement, mais parfois aussi d'épices importées, notamment de l'Orient. L'artisan-brasseur moderne, lui, n'est limité que par son imagination et son audace. Bière au chanvre, au piment fort, au café, au poivre noir, à la carotte, à la citrouille, au cacao, à… *l'ail* ! Pourquoi pas ? Après tout, tant qu'on est entre adultes consentants…

Mais revenons un peu en arrière : si à l'origine les brasseurs ont aromatisé leur moût de différentes façons, concocté d'innombrables mélanges d'herbes et d'épices – mélanges qu'on appelait *gruits* –, il y a *un* ingrédient qui, au fil des siècles, s'est tranquillement imposé comme l'aromate par excellence et qui a graduellement étendu sa domination sur toute la planète. Quelle est cette substance mystérieuse ? Le *houblon*. Le nom vous dit quelque chose ?

33

La Grande Question du houblon. Si on faisait un sondage, je parie que la moitié des répondants diraient que le houblon est l'ingrédient principal de la bière. En tout cas, les brasseurs l'entendent souvent celle-là et ils doivent chaque fois se retenir de rigoler. Après tout, c'est à peu près comme de dire que l'ingrédient principal de la tarte aux pommes est la muscade.

Personne ne rira de *vous*, distingué lecteur. Ce qui précède ne vous a laissé aucun doute sur la place relative du houblon : ce n'est qu'un simple aromate, ajouté en très petite quantité. Cependant, la question demeure : « Oui, mais… C'est *quoi* du houblon ? » On va la régler une fois pour toutes, celle-là aussi. C'est vraiment pas sorcier.

Le houblon est une *plante*. Le houblon est une plante *grimpante*. Le houblon est une plante grimpante *vivace*, mais qui s'étiole chaque automne et repart à zéro chaque printemps de la talle ou pied-mère [figure 1.7, p. 51]. Le houblon – attention ! là ça devient comique – appartient à la famille des *cannabinacées*, la famille dont fait aussi partie le chanvre. Si, si. Le *cannabis*.

Comme son stupéfiant cousin, le houblon est une plante *dioïque*, c'est-à-dire qu'il y a des plants *mâles* et des plants *femelles* [figure 1.8]. Comme chez son stupéfiant cousin, c'est uniquement la fleur du plant femelle qui nous intéresse. Enfin… qui intéresse *certaines* personnes.

Cette fleur envoûtante – je parle du houblon ! – prend la forme d'une petite

FIGURE 1.8 **Houblon.** Ce sont les fleurs des plants femelles du houblon, des cônes ovoïdes légers et souples, que les brasseurs utilisent pour aromatiser la bière.

cocotte verte. Il *paraît* que la fleur de cannabis est aussi un genre de cocotte verte, mais il *paraît* que les deux sortes de cocottes ne se ressemblent pas tant que ça. La fleur femelle du houblon fait en réalité beaucoup penser à la cocotte d'un conifère (le mélèze, par exemple) exception faite qu'elle est verte, légère et « molasse ». Quant à la cocotte de cannabis, vraiment, j'pourrais pas vous dire…

La cocotte du houblon – le mot juste est *cône* – fait environ 6 centimètres de long et est composée de petites *bractées* qui se chevauchent comme des bardeaux. À la base de chaque bractée, cachée sous les bardeaux, se trouve une glande jaunâtre, à peu près de la grosseur d'une tête d'épingle, appelée *lupuline*. C'est cette petite glande qui produit les substances magiques tant recherchées. *Oui*, je parle *toujours* du houblon…

34

Le petit loup. Dans l'Antiquité, un botaniste romain aurait baptisé le houblon *Lupus salictarius*, le loup des saules, cette plante grimpante ayant l'habitude de s'insinuer sournoisement dans leurs jardins, avec une prédilection pour les arbres. La légende raconte que ce soit de là que vienne le nom latin du houblon, *lupulus*, qui se traduit littéralement par « petit loup ». On en arrive finalement à la désignation scientifique du houblon, *Humulus lupulus*, donnée en 1753 par le célèbre botaniste suédois Carl Von Linné, *Humulus* étant dérivé de *humle*, le mot suédois pour houblon.

En médecine naturelle, les cônes de houblon sont surtout utilisés pour leur propriété somnifère. Est-ce pour cette raison que la bière vous rend somnolent ? Mais *non*, on n'y met pas assez de houblon pour que ça fasse un tel effet. C'est un *autre* somnifère qui est actif dans la bière, l'alcool… Pour mieux dormir, on prépare traditionnellement le houblon en tisane, ou encore on en bourre son oreiller. D'un point de vue pharmacologique, je ne crois pas que cette dernière technique soit très efficace. Par contre, le lit doit sentir très bon !

Il n'est pas tout à fait clair que les Romains utilisaient le houblon à des fins médicinales. Chose certaine, on appréciait déjà les jeunes pousses de houblon en cuisine : en salade, ou encore préparées à la manière des asperges auxquelles elles ressemblent beaucoup. En somme, le houblon s'est frayé un chemin du jardin à la cuisine grâce aux qualités de ses cônes et de ses pousses.

Toutefois, dire que le houblon est une créature perfide et envahissante est un euphémisme. C'est un monstre ! Croyez-en mon expérience, j'en ai chez moi. Avec suffisamment d'eau et de lumière, chaque plant de houblon déploie plusieurs tentacules à plus de 6 mètres (20 pieds) dans toutes les directions. J'ai eu jusqu'à *cinq* plants dans une « cour » de Montréal, ce qui est presque aussi grand qu'une salle de bain en banlieue, et j'ai vite compris que ces bêtes avaient des visées sur le quartier au complet. Trois plants ont dû être éliminés dans une « frappe préventive ».

« Le petit loup », mon œil ! L'image qui me vient plutôt à l'esprit est la plante carnivore du film *Little Shop of Horrors*, chantant *I'm a mean green machine from outer space and I'm bad* ! (Je suis un cruel engin vert venu de l'espace et je suis méchant).

35

Tractatus Humulus lupulus. Les fleurs de houblon – qui ont été déchiquetées dès la récolte, compressées en granules puis emballées sous vide pour préserver leur fraîcheur –, sont ajoutées *à différents moments* dans la cuve d'ébullition [32]. Il faut comprendre qu'il y a dans la glande lupuline [33] *deux* catégories de substances profitables à la bière, qui ne sont pas extraites de la même façon.

D'abord, il y a des *résines*, à l'intérieur desquelles on trouve les *acides alphas* qui nous intéressent tout particulièrement, car ce sont eux qui donnent à la bière son *amertume*. Pour en extraire le plus possible, il faut faire bouillir les résines du houblon longtemps, soit au moins 60 minutes. (En fait, les acides alphas ne sont pas solubles, mais *isomérisés* pendant l'ébullition : leur composition chimique ne change pas, mais certains atomes changent de place ou d'orientation, ce qui leur permet de se diluer plus facilement dans un liquide, sans être à proprement parler dissouts.)

Les autres substances recherchées sont des *huiles essentielles*. Elles apportent à la bière des *arômes* très particuliers, ainsi que certaines *saveurs* tout aussi distinctives. À l'inverse des résines, les huiles essentielles sont très volatiles. Il suffit de quelques minutes de contact avec le moût bouillant pour les extraire. Si on les fait bouillir trop longtemps, les huiles essentielles s'envolent.

C'est donc dire que du houblon qui a été ajouté au *début* de l'ébullition pour en extraire l'amertume, il ne restera plus rien de ses huiles essentielles à la fin ; en 60 minutes, elles auront eu tout le temps voulu pour se volatiliser. À l'inverse, le houblon ajouté vers la *fin* de l'ébullition apportera arômes et saveurs, mais pratiquement aucune amertume. Étant donné la nécessité d'ajouter du houblon à différentes étapes de l'ébullition, on en profite généralement pour ajouter différentes *variétés*. Il en existe une centaine. Certaines sont très fortes en acides alphas : ce sont des houblons spécialisés dans l'amertume.

Ce n'est pas seulement une question de concentration, mais aussi de type d'amertume : telle variété est très râpeuse, telle autre trop désagréable... Ceux qui n'aiment pas l'amertume, point, auront peut-être de la difficulté à comprendre que certains houblons apportent une amertume plus savoureuse, plus harmonieuse, et qu'on les privilégiera certainement dans une bière qu'on veut intensément amère.

D'autres variétés sont plutôt réputées pour la finesse de leurs huiles essentielles, d'où l'appellation « houblons de finition ». La touche caractéristique d'un houblon à un autre peut varier du floral à l'herbacé, en passant par l'épicé, le citronné, et maintes autres nuances.

Un dernier groupe de houblon est formé par les variétés dites « nobles ». Ce sont généralement des souches ancestrales, célébrées pour leur grande qualité et leur *versatilité* ; les houblons nobles sont utilisés pour l'amertume aussi bien que pour la finition.

36

Un mot à la mode. J'ai parlé de la *saveur* des huiles essentielles du houblon, mais le mot ne s'applique pas parfaitement. Techniquement, il n'y a que quatre saveurs : le sucré, le salé, l'aigre (sûr, acide) et l'amer. D'un point de vue strictement anatomique, on ne peut pas *goûter* un aromate, seulement le sentir. Par contre, il arrive que les deux perceptions se chevauchent au point qu'elles ne puissent être distinguées.

Tout vient du fait que les fosses nasales sont reliées à la bouche *par l'intérieur*. Quand on a un aliment dans la bouche, les composés volatils, comme les huiles du houblon, peuvent sous l'effet de la chaleur du corps, « monter » vers le nez (à condition bien entendu que celui-ci ne soit pas bouché par un bon rhume). Le cerveau reçoit donc simultanément la sensation du goût et celle de l'odorat, au point de les confondre.

Le phénomène suivant lequel on a l'impression de « goûter les odeurs » est à l'origine du mot *flaveur* (on croirait que ce mot est une francisation de l'anglais *flavor*, mais il provient du vieux français). Essentiellement, une flaveur est un arôme perçu de l'intérieur, dans la bouche. Le mot est tellement « tendance » qu'il n'apparaît pas encore dans tous les dictionnaires. Il peut taper sur les nerfs venant d'un chroniqueur ou d'un amateur si « branché » qu'il nous fait disjoncter, mais il est là pour rester. Il dénote, après tout, quelque chose de bien réel.

37

L'effet mouffette. S'il est une flaveur qu'on évite à tout prix de retrouver dans la bière, c'est bien celle des *thiols*. Également appelés *mercaptans*, les thiols viennent en quelque sorte du houblon, quoiqu'ils ne soient pas extraits dans la cuve d'ébullition. C'est seulement quand la bière est exposée aux rayons du soleil que certains composés amers du houblon sont transformés par l'énergie lumineuse (à certaines longueurs d'onde), ce qui donne naissance aux thiols.

Les thiols sont des composés organiques sulfurés, souvent très odorants. Par exemple, certains thiols dégagent un puissant arôme de mouffette. Ce n'est pas un hasard puisque ces molécules sont justement l'ingrédient actif dans l'arme défensive de cet autrement charmant mammifère. C'est aussi un thiol qu'on ajoute au gaz naturel pour en détecter les fuites.

Vous comprenez maintenant pourquoi, dans la bière, les thiols ne sont généralement pas les bienvenus... Vous comprenez aussi pourquoi les bouteilles de verre sont habituellement brunes ; c'est la couleur qui protège le mieux la bière des effets délétères de la lumière. En fait, la meilleure protection est offerte par l'acier inoxydable des fûts, ainsi que l'aluminium et le plastique (quand il est parfaitement opaque) utilisés pour fabriquer les cannettes et les nouvelles bouteilles [153-157].

Quant aux bouteilles vertes ou transparentes, il n'y a rien de pire. Cela dit, les brasseurs qui les utilisent ne sont pas imbéciles. Certaines brasseries tolèrent volontiers la présence de quelques thiols, surtout que l'effet mouffette est moins désagréable s'il est de faible intensité et se marie à un puissant bouquet houblonné. De nombreuses autres contournent le problème en remplaçant une partie du houblonnage par l'utilisation d'extraits liquides de houblon, injectés dans la cuve d'ébullition ou même, beaucoup plus tard, directement dans le produit fini. Les *extraits d'acides alphas pré-isomérisés* [36, 208] ont cette particularité d'être à l'épreuve des rayons du soleil, d'où que les brasseurs anglophones disent – de ces produits et de ces bières – qu'ils sont *skunk-proof*, c'est-à-dire résistants à la mouffette !

38

Prenez vos jambes à votre cou. Cette parenthèse verte étant terminée [33-37], il est temps de retourner à nos chaudrons, c'est-à-dire à l'ébullition. Pour que tous nos objectifs soient atteints [30-32], il aura fallu que l'ébullition dure au moins une heure. Si de rares brasseurs font bouillir pendant deux, voire trois heures, c'est principalement pour *caraméliser* quelque peu le moût sucré. Cette réaction sera plus forte si la cuve est chauffée directement par une flamme. Préférant *éviter* la caramélisation, la majorité des brasseries utilisent la *vapeur*, une source de chaleur beaucoup plus « douce ». La vapeur n'est pas injectée directement dans le moût, mais dans une double paroi qui ceinture la cuve d'ébullition, tout comme l'élément chauffant de la cuve d'empâtage [21], ou encore dans une structure appelée *calandre*. La calandre ressemble aux lance-roquettes qu'on voit parfois sur les hélicoptères de combat... Tiens ! une autre raison de revoir la scène d'*Apocalypse Now* [8]... Une calandre est une espèce de gros cylindre chauffant, transpercé de bord en bord par de multiples « tunnels ». Il tient à la verticale au milieu de la cuve, submergé dans le moût qui circule par convection à travers les tunnels.

Peu importe la façon dont la cuve est chauffée, les brasseurs ne peuvent pas se contenter de laisser *mijoter* leur moût ; il doit bouillir à gros bouillons, car la cassure des protéines [31] ainsi que l'extraction de l'amertume du houblon [35] ne sont pas uniquement produites par la haute température, mais également par l'action *mécanique* de l'ébullition. Pour cette raison, il est important que l'ébullition soit *vigoureuse*.

Imaginez, alors, une si forte ébullition pendant au moins une heure... De la buée dans les fenêtres, dites-vous ? Toute cette vapeur doit être évacuée ; pour cette raison, les cuves d'ébullition sont habituellement fermées, sinon un trou d'homme par où on ajoute le houblon, et coiffées d'une cheminée.

Maintenant, la bière, ça mousse, n'est-ce pas ? Eh, bien ! Figurez-vous que le moût mousse aussi, et pas rien qu'un peu. *Un* seul litre de moût peut produire *cent* litres de mousse ! Un des plus grands dangers dans la salle de brassage est donc le débordement de mousse de la cuve d'ébullition.

Vous avez déjà fait déborder quelque chose sur votre cuisinière ? C'est de la petite bière, ça ! Déjà, j'avais peur parfois avec mes cuves de 100 litres, en Colombie-Britannique. Dans la brasserie régionale où j'ai travaillé, c'est 5 000 litres de moût qu'on faisait bouillir. Les débordements, heureusement fort rares, c'était vraiment *terrifiant*. Imaginez ce que donneraient 50 000 litres de moût en ébullition ! Je garde un souvenir impérissable d'une visite à la brasserie Molson. Les cheminées de leurs immenses cuves d'ébullition sont équipées de puissants ventilateurs qui aspirent l'excédent de chaleur vers l'extérieur, empêchant ainsi une trop grande formation de mousse. Quand on regarde dans la cuve à travers le trou d'homme, on sent l'incroyable courant d'air qui ne peut entrer dans la cuve que par cette petite ouverture. Si le ventilateur cessait de fonctionner, la cheminée elle-même ne suffirait plus à évacuer la vapeur. La température monterait très rapidement, le niveau de la mousse aussi...

Le jour de ma visite, le brasseur de Molson nous a montré, sur le mur de la salle des cuves d'ébullition, un cerne laissé par un ancien débordement. Il se situait *à environ 2 mètres de hauteur* ! C'est à escient qu'on ne l'avait jamais été nettoyé... C'était en guise d'avertissement : si jamais le ventilateur venait à flancher en même temps que le système de sécurité et que la mousse se mettait à déborder, il ne reste qu'une chose à faire : *courir* !

39

M pour Montréal. Bon ! L'ébullition est terminée et personne n'a été horriblement ébouillanté. Tout va bien. Le temps est maintenant venu de séparer les particules solides, soit les flocons de protéine [31] auxquels se sont mélangés les résidus de houblon [35], afin d'obtenir un moût parfaitement clair.

Les techniques utilisées par le passé ont varié, principalement sur les thèmes de la filtration et, surtout, de la *décantation*. Du point de vue de leur simplicité et de leur efficacité, elles laissaient quelque peu à désirer. Ce n'est qu'en 1958 que la solution définitive (ou du moins la plus répandue aujourd'hui) a été trouvée, et c'est à Montréal que ça s'est passé ! C'est un certain Henry Hudson, de la brasserie Molson, qui a inventé la technique du tourbillon (*whirlpool*). La légende raconte que c'est en prenant une tasse de thé que l'idée lui est venue. Il y avait des morceaux de feuilles de thé dans sa boisson, et alors qu'il faisait tournoyer son infusion à l'aide de sa petite cuillère, il a observé que les particules de thé se retrouvaient au *milieu* du fond de la tasse. Eurêka ! Une petite ampoule s'est allumée au-dessus de sa tête… La *cuve de sédimentation* était née.

Il existe quelques variantes de la cuve de sédimentation, mais pour satisfaire le principe du tourbillon, elles ont toutes en commun une *entrée tangentielle*. Il s'agit d'un tuyau qui, au lieu de se connecter directement et perpendiculairement à la paroi ronde de la cuve, y arrive avec un angle prononcé (comme l'angle de la route avec le pneu d'une voiture, ou encore un fil qu'on tire d'une bobine). Arrivant à grande vitesse par ce tuyau tangentiel, le moût bouillant poursuit son chemin le long de la paroi intérieure de la cuve de sédimentation et se met à tourbillonner.

Et ça *tourne* ! Ce sont de très puissantes pompes qui entraînent le moût de la cuve d'ébullition vers la sédimentation ; si puissantes qu'il suffit de 5 à 10 minutes pour compléter le transfert de milliers de litres. Le moût entre avec tant de vélocité que bien après que le transfert soit terminé, il continue de tourner et tourner dans la cuve de sédimentation. Sous l'effet de la même action centripète qui agissait sur les morceaux de feuilles de thé, toutes les particules solides migrent vers le milieu du tourbillon. En se déposant au fond, le trouble et le houblon forment alors une très jolie montagne, en plein centre de la cuve. Quand vient le temps d'évacuer le moût limpide vers la cuve de fermentation, on le fait sortir de la cuve de sédimentation par une ouverture située dans le *pourtour* du fond, de manière à ne pas déranger la montagne de particules au milieu. Le moût chaud n'a jamais été aussi beau !

40

Comment embaumer une usine. Il y a une petite pièce d'équipement que l'on trouve parfois quelque part entre la cuve d'ébullition et la cuve de fermentation : c'est le *bac à houblon* (*hop back*). Il s'agit simplement d'un genre de boîte dans laquelle on entasse une grande quantité de cônes de houblon. En passant à travers cette boîte, le moût bouilli est instantanément infusé.

Il est important que ce soit des fleurs entières de houblon qui soient utilisées, et non pas des *granules* [35], afin que le bac agisse comme un *filtre*. En réalité, le bac à houblon était à l'origine une façon de filtrer le moût après l'ébullition. Bien avant l'apparition de la cuve de sédimentation, il servait à emprisonner les flocons de trouble [31], en particulier dans la tradition anglaise. L'agréable conséquence de cette technique est qu'une immense quantité d'huiles essentielles, aromatiques et volatiles, passent dans le moût [35]. Ce n'est donc pas un hasard si de nombreuses bières anglaises sont réputées pour leur intense bouquet.

De nos jours, le bac à houblon n'est plus vraiment utile pour la clarification du moût, mais il demeure un excellent moyen d'aromatiser la bière. Ils sont plutôt rares, aussi n'ai-je jamais eu la chance d'en voir un en action, mais un collègue qui a travaillé à l'ancienne usine de McAuslan, une brasserie Montréalaise d'inspiration résolument anglaise, m'a raconté que le premier moût qui sortait de leur bac prenait une couleur carrément *verte*, et que la brasserie tout entière se trouvait submergée par le merveilleux parfum du houblon. (C'est quand même beaucoup mieux que de travailler dans une poissonnerie!) En 2002, quand McAuslan a déménagé dans son nouvel édifice à la fine pointe de la technologie, l'utilisation du bac à houblon a malheureusement dû être abandonnée. On ajoute maintenant les houblons de finition [35] directement dans la cuve de sédimentation [39], une pratique très efficace et beaucoup plus répandue.

41

Rien ne se perd, rien ne se crée. Attention mes amis! Le séjour dans la salle de brassage est presque terminé. La merveilleuse histoire de la bière se poursuivra bientôt dans un autre département! Mais avant d'aller dans la cuve de fermentation, avant l'introduction de nos valeureuses levures, il y a un petit problème à régler : le moût est presque bouillant! Y ajouter les levures équivaudrait à signer leur arrêt de mort. Il reste donc la cruciale étape du *refroidissement*.

La façon la plus simple de refroidir le moût? Attendre... Simple, certes, mais excessivement long et présentant d'immenses risques de contamination microbienne. En effet, passer tranquillement de 95 à 20 °C implique un *très* long séjour à des températures de 30 à 40 °C, soit les conditions idéales pour *l'incubation* de micro-organismes. À ces températures, la moindre bactérie se reproduira à vitesse grand V. Le moût vient *tout juste* d'être stérilisé [30], alors n'y aurait-il pas moyen de ne pas déjà se mettre dans la m...? Si.

La meilleure façon d'abaisser presque instantanément la température du moût à entre 10 et 25 °C est d'utiliser un *échangeur de chaleur*. Aussi appelé échangeur à *plaques*, cet outil fonctionne sur le principe du radiateur d'automobile [figure 1.9]. Il est formé d'un ensemble de plaques serrées les unes contre les autres. Chaque plaque est ondulée de manière à créer de multiples petits canaux. Deux liquides – l'un chaud et l'autre froid – peuvent ainsi circuler sur une très grande surface, uniquement séparés par une mince couche de métal. Comme il circule à contre-courant du moût chaud, le liquide froid absorbe rapidement et presque complètement sa chaleur.

Dans le cas de l'automobile, c'est l'air ambiant qui dissipe la chaleur accumulée par l'antigel. Pour le moût, c'est l'eau qui sert de liquide refroidissant. Absorbant la majeure partie de la chaleur du moût, cette eau sort de l'échangeur de chaleur à 75-90 °C.

La performance de l'échangeur de chaleur dépend beaucoup de la température de l'eau de refroidissement, ce

Figure 1.7. Fermes de houblon. On taille la majorité des pousses de houblon pour ne garder que ▶ deux tiges par plant, qu'on fait monter sur des fils de fer tendus verticalement (arrière-plan). Les plantes peuvent alors facilement atteindre 9 mètres (30 pieds) en une seule saison. En avant-plan, une belle cocotte, dont le nom exact est *cône*! (© Lucky Starr, CC-BY-SA)

FIGURE 1.9 Échangeur de chaleur. Gros plan sur l'échangeur de chaleur de la brasserie MacAuslan. L'ensemble de plaques ondulées forme un joli motif alvéolé qui multiplie la surface de contact entre l'eau froide et le moût chaud et accélère le refroidissement.

qui varie énormément d'une saison à l'autre. À Montréal, l'eau de l'aqueduc peut passer de 3 °C l'hiver à 23 °C l'été. Cela veut dire qu'au plus fort de la saison estivale, il est impossible de refroidir le moût en deçà de 23 °C, à moins de réfrigérer l'eau artificiellement ou de recourir à un deuxième échangeur de chaleur alimenté avec un refroidissant comme le propylène glycol.

Impératifs économiques obligent, il n'est pas question de jeter ces B.T.U. (*British thermal units*) au drain. L'eau chaude produite par l'échangeur est récupérée dans un réservoir afin d'être réutilisée dans la brasserie, notamment dans la cuve d'empâtage [21] et la cuve-filtre [28]. Les lois de la thermodynamique au service de l'industrie *et* de l'environnement... C'est-ti pas beau ça? Si.

42

Les levures sauvages attaquent! Non, les levures sauvages ne sont pas vêtues de plumes et de peaux d'animaux, et elles ne chassent pas à la sarbacane ou au bola. C'est seulement le nom que l'on donne aux variétés de levures qui vivent dehors, à l'état naturel. Comme les autres microbes, elles peuvent être n'importe où: dans l'eau, dans l'air, sur un fruit [30]. Peut-être y en a-t-il présentement sur l'ongle de votre pouce gauche...

◀ **Figure 1.10. Cuves et petites brasseries.** Pour une production plus limitée, les petits brasseurs n'ont pas besoin d'autant de cuves que les grands. La majorité des nanobrasseries ont seulement deux cuves dans leur salle de brassage et mènent différentes étapes dans les mêmes cuves. Comme ici, chez les Brasseurs de Montréal, c'est souvent l'empâtage et la filtration dans une cuve (à gauche), l'ébullition et la sédimentation dans l'autre (à droite). On rencontre aussi la combinaison empâtage-ébullition, auquel cas la maische est transférée dans la deuxième cuve pour le soutirage. (Photo : Jacques Courtemanche)

Comme les autres microbes et tout autre être vivant, les levures sauvages participent à l'équilibre de leur écosystème local. On peut ainsi trouver différentes espèces dans différents environnements. En général, ces souches de levure sont indésirables dans les brasseries, puisqu'elles produisent de la bière qui n'est même pas au moins «bonne» comme l'exigerait la classification en trois « sortes » de bière de notre avant-propos. Mais il existe au moins *un* endroit sur Terre où des levures sauvages et des bactéries propices au brassage vivent en harmonie avec les brasseries. Il s'agit d'une région précise de la Belgique, la vallée de la Senne, à l'ouest de Bruxelles. Là, des brasseurs de *Lambic* peuvent, pour *ensemencer* leur moût, laisser la Nature faire son œuvre…

Comment ont-ils bien pu découvrir cette possibilité ? Tout simplement. En Belgique, comme dans bien d'autres pays, il était coutume de refroidir le moût en le transférant dans d'immenses bassins peu profonds (désignés dans le monde anglo-saxon par la très belle expression *coolships*). Si la grande surface de contact entre l'air et le moût favorisait un refroidissement plus rapide, elle facilitait aussi la visite de micro-organismes, portés par des poussières en suspension. Toutes les brasseries ont donc embrassé la modernité et détruit leur bassin de refroidissement à la faveur d'échangeurs de chaleur. Toutes, sauf celles d'un village d'irréductibles… euh… *Belges*.

43

L'ennemi public numéro 1. Qu'est-ce qui fait brunir les denrées, rassir le pain et même rouiller le métal ? Qu'est-ce qui fait *vieillir* toutes ces choses ? Quoi ? ! Le *temps* ! ? … Arrrggh ! Ne faites pas les fin finauds avec moi… Bon, d'accord, le temps… Mais qu'est-ce qui agit *pendant* tout ce temps ? La réponse que j'attendais est *l'air*, et plus particulièrement l'oxygène. C'est bien connu : l'oxygène, ça oxyde ! et en général, ce n'est pas une bonne nouvelle…

Il en est ainsi avec la bière. L'oxygène est impliqué dans de nombreuses réactions liées à son vieillissement [143] ; en conséquence, les brasseurs feront des pieds et des mains, du tout début du processus de fabrication jusqu'à la toute fin, pour éviter tout contact avec l'air et tout apport d'oxygène. *Sauf que*… immédiatement après le refroidissement, pendant le transfert vers la cuve de fermentation, le brasseur injecte de l'oxygène *pur* dans le moût ! Ce geste, en apparence débile et contradictoire, mais dont la raison d'être sera bientôt révélée [55, 60], est le dernier à être posé dans la salle de brassage. Yé !

44

C'est toujours plus compliqué qu'on pense. Ce portrait d'une salle de brassage ne correspond pas à celui de *toutes* les salles de brassage. S'il existe plus d'un moyen pour arriver à une même fin, vous pouvez compter sur l'ingéniosité et la créativité humaine pour les trouver tous [figure 1.10, p. 52]. Par souci de clarté et de simplicité, je me suis limité aux techniques et installations les plus communes, les plus répandues. Sont passés sous silence, par exemple, les moulins à marteaux, les moulins humides, les moulins conditionnés, l'empâtage par décoction, les filtres-presses, les *strainmaster*, les filtres Lambert, Nordon et Meura, les cuves d'ébullition électriques ou à chauffage externe, les cuves Merlin, les centrifugeuses et filtres à moût chaud, les tamis vibratoires et inclinés, *et cætera*.

Vous croyez qu'il doit toujours y avoir *une* façon idéale de faire les choses ? Vous pensez, par exemple, que les hôpitaux devraient tous fonctionner de la même, *meilleure* façon ? Votre idéalisme est touchant… Je dis cela sans méchanceté aucune puisque je peine également à me débarrasser de cette même naïveté. Mais le devrions-nous vraiment ? Doit-on se résigner aux teintes de gris ? Le noir et blanc est si joli… Et après tout, n'est-il pas vrai que…

45

C'est toujours plus simple qu'on pense. En Colombie-Britannique, au plus fort de mon apprentissage autodidacte du métier de brasseur, je suis allé dans une petite fête improvisée, sur un terrain vague par un beau jour d'été. Nous buvions de la Kokanee en canettes et à un certain moment, après avoir pris une gorgée, je me suis retrouvé avec quelque chose dans la bouche. En prenant soin de ne pas cracher de bière, j'ai expulsé le corps étranger dans le creux de ma main. C'était une guêpe ! Une chance qu'elle était saoule…

Mais ça, c'est une autre histoire. Ce dont je veux vous parler, c'est d'une conversation que j'ai eue ce jour-là avec Mike. Mike était propriétaire d'un petit élevage de chevreuils. Il y avait aussi beaucoup de pommiers sur sa propriété, et ça ne profitait pas seulement aux bêtes puisque Mike faisait parfois son propre cidre. Il possédait une belle vieille presse en bois, que j'ai d'ailleurs utilisée un jour pour faire du vin. Mais ça aussi, c'est une autre histoire.

Il était également arrivé à Mike de fabriquer de la bière, et c'est ce dont nous parlions en buvant notre Kokanee. Je lui exposais mes soucis de brasseur en herbe, mes défis techniques et mes difficultés, ce à quoi Mike avait répondu, en haussant les épaules : « *Beer is easy to make.* » Quoi !? La bière, facile à fabriquer ?! Cet énoncé allait à l'encontre de tous les ouvrages sur le sujet. J'étais estomaqué, choqué, mais aussi mystifié par le calme et la confiance de Mike. Il m'avait alors confié que, quoi qu'on fasse, ça donne toujours de la bière…

Déjà, cher lecteur, vous constatez que la fabrication de la bière implique un grand nombre de manipulations – et on n'en est qu'au premier chapitre ! Optimiser chacun des petits gestes, chaque intervention, c'est difficile. Produire *très exactement* la bière que l'on désire, avec la bonne couleur, le bon taux d'alcool, le bon arôme, la bonne amertume, etc., c'est difficile. Répéter cet exploit jour après jour après jour, c'est difficile.

Cela dit, Mike avait raison, juste faire de la bière, c'est facile. Le brasseur professionnel doit parfois laisser son orgueil de côté et admettre que n'importe qui peut faire de la bière avec une casserole et un feu [22]. La bière est vieille comme le pain et pendant des millénaires, les gens l'ont fabriquée eux-mêmes. Et savez-vous quoi ? Ça donne toujours de la bière. C'étaient paroles de sagesse, Mike.

46

Dieu est partout. Peut-être avez-vous entendu, à l'émission culinaire de Josée Di Stasio, cette phrase du comédien et metteur en scène Yves Desgagnés alors qu'il ajoutait un ingrédient : « Je vais dire comme ma mère : t'en mets, t'en mets, pis quand y en a assez… t'arrêtes ! » Ma propre mère fait aussi comme ça en cuisine…

Dans la brasserie, c'est toute autre chose. La tradition brassicole, comme bien d'autres, en est une d'extrême méticulosité – et je ne parle pas seulement du dosage des ingrédients. Puisqu'il y a dans le processus de fabrication de la bière tant de coins qui peuvent être potentiellement tournés un peu rond[4], et puisque les mauvaises habitudes finissent *toujours* par paraître, les brasseurs deviennent généralement excessifs dans le sens opposé. Pour éviter jusqu'à l'ombre d'un problème, ils mettent en pratique une rigueur extrême. Personnellement, je ne vois pas ce qu'il a de mal à être aussi obsessif-compulsif. Je trouve même qu'il y a quelque chose de spirituel dans cet excès de zèle. Est-ce que vous voyez ce que je veux dire ?

Les fervents amateurs qui fabriquent leur bière maison ont souvent la même obsession pour le troisième chiffre après la virgule. Comme le suggère mon titre, on peut chercher Dieu n'importe où, et il y en a qui sont persuadés qu'il se cache *très loin* après la virgule…

Il est toujours possible de rencontrer la version taoïste du brasseur ; Mike en est un bon exemple. Ça m'est arrivé au moins une autre fois, dans un livre de recettes de bières maison. Le sympathique auteur expliquait, en préambule d'une « recette », qu'il avait beaucoup de difficulté à chiffrer ses ingrédients puisqu'il n'avait pas l'habitude de les mesurer avec précision. « Pour le houblon » écrivait-il, « je me fie généralement à la grosseur du tas dans le creux de ma main »…

47

Conduite de procédés en discontinu. À défaut de connaître un brasseur maison, c'est dans un bistro-brasserie (*brewpub*) que vous trouverez le brassage dans sa plus simple expression. Rappelez-vous, comprendre ce qu'est une très petite brasserie, c'est comprendre ce qu'est une très grosse : faire de la bière, c'est faire de la bière. Entre le brasseur maison et la brasserie industrielle, le processus est identique, il n'y a que la grandeur des casseroles qui change, ou presque [22].

De plus en plus de gens ont la chance d'avoir un bistro-brasserie dans leur quartier, ville ou village. Si c'est votre cas, profitez-en pour aller discuter avec le brasseur. Ils sont la plupart du temps très affables (même sobres), ils adorent parler de leur métier et trouveront presque toujours le temps de vous montrer leurs jouets, même en pleine production. Il faut dire que dans ces bistro-brasseries, c'est généralement plutôt relax…

---

4. Faire quelque chose de façon grossière, en négligeant les détails.

Peu importe l'échelle de production, la fabrication du moût passe par les mêmes étapes, qui ont à peu près les mêmes durées. Du concassage au refroidissement, il faudra de 6 à 9 heures pour réaliser un *brassin*. Il y a tout au long du processus plusieurs longs temps morts : la conversion pendant l'empâtage (30 à 90 minutes), le soutirage (90 à 120 minutes), l'ébullition (60 à 90 minutes), et enfin le refroidissement du moût (30 à 60 minutes). C'est pour ça que le petit brasseur a beaucoup de temps libre.

Dans une brasserie industrielle, par contre, la cadence de production est beaucoup plus rapide. Chaque brassin requiert le même temps, mais il est possible de faire *plusieurs* brassins en même temps. C'est facilement réalisable, de par la nature même du processus de brassage. Visualisez la tour de brassage chez Molson [19] et suivez-moi : d'abord, concassez un premier lot de malt tout en haut de la tour [20]. Ensuite, empâtez ce premier brassin à l'étage en dessous [21]. Pendant la conversion de l'amidon en sucre dans la cuve d'empâtage, concassez un deuxième lot de malt. Une fois la conversion terminée, la maische tombe d'un autre étage, vers la cuve-filtre [25]. La cuve d'empâtage est maintenant vide : empâtez le deuxième brassin. Pendant la conversion du deuxième brassin et le soutirage du premier, concassez un troisième lot… Vous voyez la chose ? Continuons encore un peu : après le soutirage, le moût glisse vers la cuve d'ébullition [38], libérant la cuve-filtre pour le brassin suivant. Après l'ébullition, il chute ensuite dans la cuve de sédimentation [39], libérant la cuve d'ébullition, et ainsi de suite.

Conclusion : bien qu'un seul brassin prenne de 6 à 9 heures pour faire tout le parcours, il est possible d'empâter un nouveau brassin toutes les 2-3 heures, et donc de produire entre 8 et 12 brassins par jour, et potentiellement continuer ainsi 7 jours par semaine, 52 semaines par année, jusqu'à ce que mort s'ensuive… On est loin de l'unique brassin de l'artisan.

48

Attache ta tuque ! Dans une grande brasserie industrielle, le brasseur n'est pas *si* occupé que ça. En tout cas, il ne bouge pas beaucoup [22] ; le degré *d'automatisation* de la salle de brassage est tellement élevé qu'il n'a qu'à s'asseoir devant une série d'écrans et de moniteurs, dans une pièce climatisée, et à veiller que tout aille rondement. Il est content s'il a la chance de devoir se lever pour aller peser son houblon.

Il en allait tout autrement dans la brasserie régionale où j'ai travaillé. Bien que la cadence de production était tout aussi élevée que dans une grande brasserie, le niveau d'automatisation était à peu près *nul*. À tout moment nous avions trois ou quatre brassins en cours, et chacun nécessitait intervention sur intervention, si bien qu'il fallait être très attentif pour ne pas oublier de fermer une valve, presser un bouton ou actionner un commutateur, à défaut de quoi il était toujours possible de causer le genre de catastrophe qui envoie un brassin entier au drain (et fait rigoler les confrères).

Il faut ajouter, à cette nécessité d'être toujours concentré, les aspects physiques du travail : les incessants périples dans les escaliers, la manutention de boyaux industriels de 15 m de long, de chaudières de sucre de 32 kg et d'innombrables sacs de malt de 25 kg. Plongez tout ça dans l'atmosphère caniculaire d'une salle de brassage non climatisée, et vous avez un environnement de travail passablement exigeant, merci ! (Imaginez : pour faire de la Blanche, un brasseur pouvait avoir à soulever l'équivalent de deux tonnes métriques de blé dans un quart de travail de 12 heures !)

De toutes les personnes que j'ai formées, plusieurs n'ont pas tenu le coup : c'était bien davantage une question de tempérament que de force ou d'intelligence. Rester toujours concentré en jonglant avec trois ou quatre brassins, et ce malgré les conditions ambiantes (bruit, chaleur, fatigue) exige un calme *intérieur* à toute épreuve.

Disons que les nerveux ne faisaient pas long feu. À l'embauche, il aurait fallu leur servir cet avertissement, trouvé – pour de vrai ! – au début du manuel d'assemblage d'une bicyclette japonaise par Robert Pirsig, l'auteur du *Traité sur le Zen et l'entretien des motocyclettes* : « La première chose dont vous aurez besoin, pour assembler cette bicyclette, est la paix d'esprit. »

49

« **Yé vous réspecte énormément.** »[5]
Avis : C'est pour des raisons de clarté et de simplicité que le genre masculin est utilisé exclusivement dans ce texte. Cela ne reflète aucunement... Vous connaissez la suite.

La bière n'est absolument *pas* qu'une histoire d'hommes. En réalité, non seulement le monde brassicole québécois compte de grandes dames – par exemple Laura Utnowsky chez les Brasseurs du Nord, et Helen Bounsall chez McAuslan (aujourd'hui remplacée par David Brophy), sans compter les nombreuses « maîtres-brasseuses » aujourd'hui à l'emploi des grandes brasseries industrielles –, mais j'ai moi-même vu une jeune femme exécuter avec brio les tâches ardues décrites ci-dessus, et ce, sans perdre une once de son incroyable charme ! Je la salue au passage, cette chère Audrey.

Sur une note historique, on se doit absolument de souligner qu'en de nombreux endroits et époques, de la Babylonie à la Nouvelle-France, la fabrication de la bière était presque exclusivement l'affaire des femmes, alors rendons à César – euh... à *Cléopâtre* –, ce qui lui revient !

---

5. Clin d'œil à Stéphane Rousseau, comédien et humoriste, et à son personnage de Rico

La bière, la vie, l'univers et le reste

Deuxième chapitre

50

Sur les origines de la civilisation. Remontons plus loin en arrière, encore plus loin que la Nouvelle-France, l'Empire romain et la Babylonie. Remontons, disons, jusqu'à 10 000 ans avant Jésus-Christ. (Ce qui, toute chose étant relative, n'est pas si loin que ça…)

Les peuplades qui ont survécu à la dernière ère glaciaire sont chassées de leurs demeures par la montée des eaux ; c'est probablement l'origine du mythe du Déluge que l'on trouve dans à peu près toutes les religions, petites et grandes. Commence alors de grandes migrations qui les mènent vers des plaines devenues fertiles par suite de changement climatique ; pensons à la vallée du Nil, en Égypte, celle du Tigre et de l'Euphrate, en Mésopotamie (mot qui se traduit, littéralement, par « la terre

entre deux fleuves ») et, un peu moins connue, la vallée de l'Indus, qui coule aujourd'hui au Pakistan.

A lieu ce que l'on appelle la *révolution néolithique*: l'Homme découvre l'agriculture, c'est-à-dire qu'il apprend à cultiver les fruits et les plantes qui, jusque-là, étaient cueillis et récoltés au hasard, au fil de leur errance nomade. Les premiers villages font leur apparition. Bon! Elle n'est pas désagréable, cette nouvelle existence rurale, mais pourquoi abandonner la vie trépidante du chasseur-cueilleur, le grand air, l'aventure? De plus, la population n'est pas dense au point de se marcher sur les pieds; il y a de la place pour tout le monde! ... Admettons qu'il y ait des avantages à la sédentarisation (par exemple, faire plaisir à Madame qui en a marre de re-décorer tous les six mois), mais pourquoi alors des villages de plus en plus grands? Pourquoi des villes? Quel est le moteur, la motivation, la raison derrière l'apparition des civilisations? Mais la *bière*, bien sûr!

Voici le scénario. Que les céréales soient récoltées à l'état sauvage ou cultivées, l'homme se met à en consommer. Arrive un surplus au moment de la récolte, et on cherche le moyen d'entreposer le grain. Les silos n'ont pas encore été inventés. Les méthodes d'entreposages retenues – des paniers, des urnes ou je ne sais quoi – ne sont pas très bonnes; il y a parfois des infiltrations d'eau. Quand ça arrive, quelques jours suffisent pour que la céréale se mette spontanément à germer [13]. La germination menée à terme – ou encore la moisissure – a tôt fait de gâcher le lot, alors aussitôt qu'on se rend compte que les grains ont pris l'humidité, on les fait sécher au soleil. Sans le savoir, on vient de produire du malt [16].

Les techniques d'entreposage n'étant toujours pas au point, l'histoire se répète après une autre bonne ondée; le malt se gorge d'eau. Cette fois, la chaleur du Proche-Orient fait le travail de conversion de l'amidon en sucre [21]. Si le phénomène est passé inaperçu, ce sont les levures sauvages qui se mettent maintenant de la partie [42]. Il est trop tard quand on finit par réaliser ce qui s'est passé, mais on ne va quand même pas tout jeter sans goûter à ce gruau... Mmmmh! Intéressant... La saveur n'est pas mauvaise, mais on observe surtout que cette dégustation fait naître un profond sentiment de bien-être. Notre vallée n'a jamais été aussi belle, sans parler de la chute de rein de notre douce qui, à genoux sur la rive de l'Euphrate, s'affaire à nettoyer les urnes... Quelques lampées de cette mixture, et nous voilà en pleine conversation avec les dieux. Le saint patron de la ville d'Eridu, le grand Enki lui-même, nous invite à réorganiser toute notre vie autour de ces merveilleuses céréales. (Si on se fie à l'ancien dicton « Les dieux sont descendus à Eridu », elle aurait été considérée par les Sumériens eux-mêmes comme la première ville de Mésopotamie.) Quelques plans d'urbanisme et projets d'irrigation plus tard, et nous avons une ville, des champs, et plus aucune raison de nous priver de cette mixture fantastique.

Vous pensez que je délire? Probablement pas tant que ça...

51

Le grand plongeon. Si ce n'est pas déjà fait, ouvrez-vous donc une deuxième bière. Détendez-vous, prenez quelques gorgées puis une grande respiration : nous allons sauter dans la *cuve de fermentation*. Il s'en passe des choses là-dedans. Microbiologie, biochimie, chimie organique... Vous en voulez des schémas ? Des noms de molécule à dormir dehors ? Je peux vous en donner, ça me ferait plaisir !

Mais non, mais non... Je sais bien que ce n'est pas le truc de tout le monde. *Cependant*, j'ai quand même l'intention de vous fournir *suffisamment* de détails pour pouvoir plus tard répondre intelligemment à d'importantes questions, en particulier celle concernant la différence entre les Ales et les Lager, sans doute la plus grande des Grandes Questions.

Je vous préviens tout de même, amis Romantiques : ce chapitre est sans conteste le plus aride (ce qui est paradoxal, puisque nous allons nager dans la bière tout au long...) Ne vous gênez donc pas pour lire en diagonale les sections que vous trouvez plus rebutantes. Souvenez-vous par contre que les bénéfices seront proportionnels à l'effort.

Tiens ! Je vais commencer en douceur, en vous parlant de l'échelle de temps. Il faut savoir que si le processus de production du moût dans la salle de brassage n'a duré que le temps d'un quart de travail [47], il en va autrement dans la salle de fermentation où il faudra de 1 à 4 *semaines* avant de passer au département suivant : stabilisation, filtration et emballage [chapitre 3].

Le processus de fermentation se divise en trois étapes distinctes : la *respiration*, qui ne dure pas plus qu'une journée ; la *fermentation active*, qui peut prendre de 3 à 10 jours et la *maturation*, l'étape la plus longue, avec ses 5 à 20 jours.

Si ces fourchettes sont un peu grandes, c'est principalement du fait qu'il y a une importante différence entre la fermentation des Ales et celle des Lagers. Du reste, les pratiques peuvent varier grandement d'une brasserie à une autre. L'essentiel, c'est de se rappeler ces trois étapes, d'accord ?

52

Je sème à tout vent. Nous avons déjà fait un bon bout de chemin, cependant la levure n'a pas encore été proprement introduite. Le moment est enfin venu, car pour faire fermenter notre beau moût, il faudra bien finir par y ajouter nos gentils champignons à sucre ! [3]

Dans la nuit des temps – ou hier en Belgique ! [42] –, les levures s'ajoutaient elles-mêmes, portées par l'air ou encore cachées dans les recoins d'un véhicule de fermentation (urne, baril, cuve) nettoyé de manière trop rudimentaire. On parlait alors de *fermentation spontanée*. Dans le cas du vin, les levures pouvaient arriver directement de la peau du raisin. Le moût de fruit n'étant pas bouilli [30], ces levures sauvages n'étaient jamais détruites ; il suffisait d'écraser le raisin pour que commence à s'opérer la magie de la fermentation.

Le brasseur commercial étant obsédé par le contrôle [46], pas question de laisser la levure arriver par hasard ; il va lui-même *ensemencer* son moût. Cela se fait au moment du remplissage de la cuve de fermentation, ce qui coïncide avec le refroidissement [41] et l'oxygénation [43]. La turbulence du moût qui est pompé dans le réservoir aidera la levure à s'y mélanger.

À quoi tout cela ressemble-t-il concrètement ? Je vous ai déjà expliqué [3] que la levure sédimentée forme une espèce de boue beige [figure 2.1]. La consistance de cette boue varie selon la quantité de liquide mélangé avec la levure. Idéalement, elle sera assez dense pour qu'une cuillère plantée au milieu reste à la verticale.

Sous cette forme, la levure présente un défi quand vient le temps de la manipuler. Non seulement est-elle dense, mais elle est *vivante*, ne l'oubliez pas ! On ne peut pas la pomper avec n'importe quoi. Les pompes standards utilisées dans la brasserie pour transférer le moût et la bière sont des pompes dites *centrifuges,* comme celles des piscines, des jacuzzis et des puits ; elles fouettent ce qu'elles déplacent avec tant de vigueur qu'elles massacreraient nos pauvres petites levures.

Transférer la levure vers la cuve de fermentation requiert un type d'appareil

FIGURE 2.1 **Levure fraîche.** Comparée à la levure sèche au pied du bécher, cette levure bien fraîche provenant des Brasseurs Illimités à Saint-Eustache ressemble à de la boue beige.

qui agit en douceur, en poussant de façon *mécanique*. Ces pompes spéciales, dites *positives*, ont aussi l'avantage de fonctionner, peu importe la densité du produit. C'est d'ailleurs ce même genre de pompe qui sert à déplacer d'autres substances épaisses comme la boue ou la mélasse. Une autre technique pour transférer délicatement la levure consiste à injecter du CO_2 dans le réservoir où elle se trouve, et à laisser la *pression* faire le travail.

Enfin, la *quantité* de levures à ensemencer peut varier. Je vous épargne la liste des facteurs... Grosso modo, on parle d'environ 0,6 kilo par 100 litres de moût. Pour les très humbles cuves de fermentation de 33 000 litres avec lesquelles je suis le plus familier, c'est au-delà de 200 kilos de levure qui devaient être ensemencés.

53

La traversée du désert. Vous avez dans votre garde-manger un petit pot de levure *Fleischman*? C'est une espèce de poudre grossière; ça ne ressemble pas du tout à la description que je vous fais de la levure. En est-ce vraiment? Absolument.

C'est de la levure qui a été séchée sur des tapis d'air. En réalité, des cellules humides et bien vivantes sont emprisonnées dans une coquille de levures sèches. Je trouve ça proprement sidérant, mais de toute évidence la levure est capable de survivre à un tel traitement. (Juste à y penser, ça me donne le goût de prendre une bonne gorgée de bière. Pas vous? C'est une histoire qui donne soif, comme *Laurence d'Arabie*...) Une fois «séchée», la levure peut se conserver ainsi très longtemps et, comme vous en avez peut-être été témoin vous-même, il suffit d'y ajouter de l'eau pour qu'elle reprenne vie. En s'hydratant, la levure redevient cette boue beige que je décrivais plus tôt.

Par le passé, un grand nombre de levures ne survivaient pas au processus de déshydratation, si bien qu'une fois réhydratée le taux de *viabilité* pouvait varier grandement. Les techniques se sont raffinées au fil du temps, si bien qu'aujourd'hui la qualité de la levure séchée est excellente. Si elle peut être très utile au brasseur maison et même au petit producteur artisanal, du fait principalement de sa capacité de conservation, la levure séchée ne présente absolument aucun intérêt pour le brasseur industriel : ni économique, ni pratique, ni qualitatif.

54

Pop quiz. Et puis? Est-ce que vous vous souvenez des trois étapes de la fermentation? Vous méritez une belle petite étoile autocollante dorée si vous n'avez pas besoin de relire [51].

55

De la fin au début. Mais alors – d'où vient toute cette levure fraîche utilisée dans la grande brasserie? C'est fort simple : *elle est produite par la brasserie elle-même*.

Il y a deux façons d'y arriver. Le meilleur moyen, c'est d'utiliser un *propagateur*.

Il s'agit d'un réservoir à l'intérieur duquel, en contrôlant la température, l'apport de nutriments et d'oxygène, on crée les conditions idéales pour que la levure se reproduise et se multiplie indéfiniment. De cette façon, on a toujours sous la main un stock de levures prêtes à être utilisées, un stock dont la pureté et la qualité sont garanties. Les brasseries qui ont assez d'argent et d'espace privilégieront cette technique. La façon la plus *simple*, la façon ancestrale de s'approvisionner en levure, c'est de *la récolter dans la cuve de fermentation*. Bon... pour comprendre cela, il faut faire un petit saut en avant, et aller tout de suite à l'étape de la *maturation*.

Quand la fermentation active est terminée, quand la levure n'a plus de sucre à manger, elle commence à *floculer*. Alors qu'auparavant chaque cellule nageait seule, elles se regroupent maintenant en chaînes, en amas ou en grappes. Plus elles se collent les unes aux autres, plus elles deviennent lourdes, et plus rapidement elles *sédimentent* au fond de la cuve, reformant ainsi la boue épaisse que l'on peut facilement récolter. (N'est-ce pas là une merveilleuse allégorie de la possibilité d'être égoïste dans un contexte d'abondance, et du besoin de se serrer les coudes dans les temps difficiles ?)

Le seul hic avec cette façon de s'approvisionner en levure, c'est qu'on est un peu limité dans le temps. On ne peut pas laisser la levure attendre indéfiniment dans le fond d'une cuve. Ce n'est pas comme la levure sèche [53] ; quand elle est hydratée, la levure vivante ne dort jamais complètement. Même quand la température de la bière est très basse (aux alentours de 0 °C, pendant la maturation) et que le métabolisme de la levure fonctionne au ralenti, elle brûle tranquillement les réserves internes d'énergie qu'elle avait accumulées quand elle était active. Si on attend trop longtemps pour la récolter, le niveau de *vitalité* de la levure ne sera pas assez grand pour qu'elle puisse entreprendre une nouvelle fermentation. Voilà pourquoi seules les brasseries qui ont une bonne cadence de production peuvent réutiliser la même levure d'une fermentation à l'autre.

56

Le goût de la mort. S'il n'y a plus de sucre à manger et que la levure finit par épuiser ses réserves internes d'énergie, elle va littéralement « péter au frette »[6] ! La mort de la cellule de levure s'appelle *autolyse*. Par suite de cette « autodigestion », la *membrane* de la cellule – sa *peau*, pour faire simple – est détruite, et tout ce qui se trouvait à l'intérieur est ainsi expulsé. La levure se vide les tripes ; ce carnage fera non seulement plaisir aux amateurs de *gore*, mais aussi aux autres levures encore vivantes ; en effet, en mourant la levure répand dans son environnement immédiat des nutriments qui aideront ses sœurs à survivre un peu plus longtemps. Qui aurait cru que « cannibalisme » aurait pu rimer avec « solidarité » !

Le hic, pour le brasseur, c'est qu'en assez grande quantité, la levure morte contribuera à la bière un arôme de bouillon de *bœuf*. Si, si, vous avez bien lu. De bœuf. Qu'est-ce que vous voulez que je vous dise ? C'est comme ça.

---

6. Crever, mourir.

Tant et si bien, en fait, que l'industrie alimentaire utilise ce drôle d'ingrédient pour *simuler* le goût du bœuf dans différentes préparations. Lisez-vous la liste des ingrédients des produits que vous achetez ? Vous devriez. Vous constateriez par exemple qu'il arrive que le mot « bœuf » n'apparaisse étrangement pas dans la liste des ingrédients de certaines préparations qui néanmoins *goûtent* le bœuf. Il est alors fort probable que vous y trouviez la mention « levure autolysée ». Avouez que vous la trouvez drôle, celle-là !

Ce qui n'est *pas* drôle par contre, vous en conviendrez volontiers, c'est de la *bière* qui goûte le bœuf. Pour cette raison, la levure sédimentée doit *impérativement* être séparée de la bière pendant la période de maturation, qu'on ait l'intention de la réensemencer ou non [55]. Sinon, bonjour la *Pils Bovril* ! Pire encore : un problème très grave d'autolyse peut donner à la bière une odeur de caoutchouc brûlé...

57

La cuve cylindro-conique. Voilà que je vous parle encore de maturation alors que nous n'avons même pas commencé la fermentation. N'ai-je pas dit qu'une nouvelle fermentation commence justement avec la *fin* de la fermentation précédente ? Mais comment le brasseur fait-il pour séparer la levure sédimentée de la bière, que ce soit pour la réutiliser ou seulement pour éviter l'autolyse ? Voyons voir...

Concrètement, la manière traditionnelle de mener la fermentation était de procéder aux étapes de *respiration* et de *fermentation active* [51] dans un grand réservoir, puis de transférer la bière dans des réservoirs de tailles variables, du modeste fût à l'immense cuve, et de la laisser au frais pour la phase de *maturation*, le plus souvent dans une cave.

Les brasseries industrielles ont longtemps suivi cette procédure. Les cuves de fermentation primaire consistaient souvent en larges bassins, parfois ronds, mais souvent rectangulaires ou carrés. (Ces réservoirs étaient justement appelés *squares* par les têtes carrées[7]... *Pun intended !*). Comme les anciens réservoirs de refroidissement [42], ces espèces de piscines de fermentation n'avaient souvent pas de couvercles, ce qui présentait de nouveaux risques de contamination aérienne. On transférait ensuite la bière dans une cuve de maturation, en prenant bien soin de laisser la levure de côté.

La deuxième moitié du XXe siècle a vu l'apparition d'un nouveau type de réservoir qui a complètement révolutionné l'industrie : la cuve cylindro-conique. Comme son nom l'indique, cette cuve de fermentation est un simple réservoir cylindrique vertical qui se termine en bas par un cône inversé, un entonnoir, si vous voulez [figure 2.2, p. 85]. Évidemment, les cuves de fermentation cylindro-coniques ne tiennent pas en équilibre sur la pointe de leur cône... Soit elles sont montées sur des pattes, comme les silos à grain auxquels elles ressemblent en tous points, soit elles sont « assises » sur un plan-

---

7. Surnom habituellement péjoratif donné par les francophones canadiens aux anglophones ; ici, il est utilisé affectueusement en antiphrase.

cher dans lequel on a pratiqué un trou où s'engouffre l'entonnoir.

L'immense avantage de cette cuve est qu'elle permet de mener *toute* la fermentation, incluant la maturation, au même endroit. La cuve d'acier inoxydable est équipée d'une double paroi dans laquelle circule un liquide réfrigérant, ainsi que de valves au bout du cône pour évacuer la levure sédimentée. De cette façon, non seulement on évite de manipuler inutilement la bière – ce qui pourrait entraîner un contact avec l'air et donc une prise d'oxygène, l'ennemi public numéro 1 [43] –, mais en éliminant le besoin d'une cuve supplémentaire pour la maturation, on économise de l'espace. Autrement dit, on augmente le volume de fermentation par mètre carré, et donc la capacité totale de production.

Comme pour la cuve de sédimentation [39], on se demande pourquoi une telle innovation, à la fois si simple et géniale, a tant tardé à venir...

58

Les hasards de la vie. Si aujourd'hui l'écrasante majorité des grandes brasseries sont équipées de cuves cylindro-coniques, il en va de même pour les plus petites. Les brasseries régionales, les micros, et même les bistro-brasseries tirent également profit des grands avantages économiques et pratiques du réservoir de fermentation unique. Est-ce un hasard si la popularisation de la cuve cylindro-conique coïncide avec la montée fulgurante des petites brasseries au cours des années 1980 ? Je ne suggère pas que l'un est la *cause* de l'autre. Il y a de nombreux facteurs à l'origine de l'éclatement du marché de la bière à la fin du XXe siècle. Chose certaine, ce type de réservoir de fermentation a beaucoup facilité la vie des nouveaux petits joueurs.

Au début des années 1990, dans le cadre d'un cours universitaire intitulé *Économie et innovations technologiques*, j'ai réalisé un travail sur les six cuves de fermentation cylindro-coniques des Brasseurs GMT. À cette époque, soit seulement deux ou trois ans après sa fondation, la microbrasserie montréalaise ne comptait qu'une seule bière dans son portfolio : l'excellente Belle-Gueule Originale. J'avais alors visité la petite brasserie de la rue Garnier et interviewé un de ses dirigeants, sans me douter que dix ans plus tard, mon chemin allait à nouveau croiser ces mêmes six petites cuves.

Entre-temps, les Brasseurs GMT avaient déménagé dans un plus grand local, pour ensuite être rachetés par un nouvel investisseur. La fusion de GMT avec deux autres microbrasseries québécoises avait engendré une brasserie régionale, et c'est cette nouvelle entreprise qui m'a embauché au tournant du millénaire, à mon retour au Québec. Quelle ne fut pas ma surprise de retrouver, dans un coin de la grande usine, les six mignonnes cuves que j'avais connues dans leur prime jeunesse !

59

J't'ai encore cassé, mec ! Bon... Où en sommes-nous déjà ? Prenez une bonne gorgée de bière pendant que je réfléchis... Ah oui ! Le début de la fermentation! Récapitulons : le refroidissement du moût est terminé [41], la cuve de fermentation est pleine et le moût est ensemencé de levure [52].

La fermentation n'est pas un phénomène instantané. Au contraire, ça commence avec une période de latence pendant laquelle la levure s'accoutume tranquillement à son nouvel environnement. Ce petit calme avant la tempête tombe à point : il donnera assez de temps pour que sédimente la *deuxième cassure de protéine* [31].

Ça vaut la peine de rappeler que les protéines sont des chaînes d'acides aminés [15]. Il existe des chaînes de différentes grosseurs ; dit de manière plus érudite, il y a des protéines de différents *poids moléculaires*. Maintenant, écoutez bien ceci : *primo*, plus la protéine est grosse, moins elle est soluble ; et *secundo*, plus le liquide est froid, moins la protéine est soluble.

Voilà pourquoi ce sont les plus grosses protéines qui ont coagulé dans la cuve d'ébullition et qui sont ensuite tombées au fond de la cuve de sédimentation [39]. Le moût était presque bouillant dans la cuve de sédimentation, mais dans la cuve de fermentation, il est descendu à 10-25 °C [41]. À ces températures, des protéines à plus faible poids moléculaire coagulent et sédimentent à leur tour ; c'est la deuxième cassure en question. Le nouveau trouble ainsi formé pourra être évacué par la valve en bas du cône de la cuve cylindro-conique [57]. Par contre, si on attend plus de 12 à 24 heures, ce qui correspond à la période de latence, la turbulence causée par la fermentation active remettra le trouble en suspension et il sera trop tard pour l'évacuer.

Exhibant, comme à l'habitude, une logique implacable, vous vous dites que cette histoire de cassure n'est sans doute pas terminée ; que si on abaisse davantage la température, disons près du point de congélation, des protéines encore plus petites coaguleront à leur tour. Vous méritez bien une nouvelle petite étoile autocollante, et une grosse gorgée de bière !

60

Donnez-moi de l'oxygène ! Il y a des êtres vivants qui sont *aérobies*. Et je ne parle pas de ce que vous faites dans les gyms, ça c'est de l'aérobique ! (Humm, pas très fort cette blague. Que voulez-vous, on ne peut pas la sortir du stade à chaque présence au bâton.) Les organismes aérobies sont des créatures qui ont besoin d'oxygène pour vivre. Il existe aussi des organismes *anaérobies* : ceux-là vivent très bien sans air. Soulignons que les poissons et les algues ne sont pas des organismes anaérobies. C'est contraire à notre intuition, mais il n'en demeure pas moins qu'ils ont besoin pour vivre d'absorber l'oxygène dissout dans l'eau. Quoi qu'il en soit, la levure a cette particularité qu'elle peut « respirer » dans les *deux* modes : aérobie et anaérobie.

Des deux, la levure priorise toujours le mode aérobie, c'est-à-dire que s'il y a de l'oxygène dans son environnement elle se mettra immédiatement à le métaboliser. Puisque le brasseur a pris soin de bien oxygéner le moût pendant le refroidissement [43], c'est par ce processus que débute la fermentation, par l'étape de la *respiration* [51].

Notez bien que cette respiration n'a rien à voir avec la *respiration cellulaire* qu'on observe chez les organismes exclusivement aérobies, comme vous et moi. L'objectif de *notre* respiration est de *produire de l'énergie*, tandis que la levure, elle, utilise l'oxygène afin de se *préparer* à produire de l'énergie. En effet, la levure se sert de l'oxygène pour manufacturer des enzymes, tout comme le grain d'orge au début de la germination [16], et aussi pour « engraisser » sa membrane cellulaire en produisant des *stérols* et des *acides gras*.

En plus de l'oxygène, la levure a effectivement besoin d'énergie pour préparer sa membrane et ses enzymes. Au lieu de *produire* cette énergie, elle va plutôt la puiser dans ses *réserves internes*. Voilà pourquoi il est important que la levure soit pleine de *vitalité* avant même de commencer une nouvelle fermentation [55]. Si ses réserves internes d'énergie sont faibles au début de la phase aérobie, elle ne sera pas en mesure de se préparer convenablement à la phase anaérobie.

Le *glycogène* est la substance qu'utilise la levure pour emmagasiner l'énergie. Nous, les êtres humains, emmagasinons l'énergie exactement de la même façon, tandis que l'orge, rappelez-vous, utilise l'amidon pour stocker son énergie [12]. Bien que la structure moléculaire de l'amidon ne soit pas sans rappeler celle du glycogène, ça demeure une différence entre le monde animal et le monde végétal. C'est donc dire que la levure est une drôle de bestiole : ce n'est pas une plante à proprement parler, même qu'à certains égards – sa membrane cellulaire est un autre exemple – elle ressemble davantage aux animaux.

61

Priorité numéro deux : le sexe ! Il semble que les levures soient comme les hommes : il y a deux façons de leur faire plaisir. Si vous êtes surpris d'apprendre que le sexe est la priorité numéro *deux*, j'ai bien peur que cela ne trahisse votre très jeune âge…

Ça ne prendra que quelques heures à la levure pour consommer tout l'oxygène qui était présent au départ. Maintenant qu'elle est bien grasse, la levure est prête à se reproduire. Oh, ça n'a rien d'érotique tout ça. Vous risquez d'être déçus…

La levure se reproduit par *division cellulaire*… le genre de division cellulaire asexuée qu'on appelle *mitose*. Ça commence avec un *bourgeonnement* ; une petite bosse apparaît sur la membrane de la cellule. Le bourgeon grossit, devenant graduellement une cellule fille, encore attachée à sa mère. La maman dupliquera tous ses organes internes, incluant le très précieux bagage génétique qu'on trouve dans le noyau cellulaire, et les donnera à sa fille. Quand la fille est « mûre », elle est aussi grosse que sa mère. Il ne manque qu'un petit « plop ! » final pour que les deux cellules se séparent, laissant une cicatrice sur la membrane de chacune, là où elles étaient liées l'une à l'autre.

La reproduction ne s'arrête pas là ! Les cellules mères se diviseront encore et les cellules filles se mettront également de la partie. La population totale croît ainsi de façon fulgurante. Pour être plus précis, on dira de cette croissance qu'elle est *logarithmique*. Cela dit, les levures ne se multiplient pas de manière *infinie*. Pensez-y quelques instants : toute la *matière* qui forme les nouvelles cellules (la membrane, les organes internes, etc.) doit bien venir de quelque part ; or, puisque les levures s'engraissent *avant* la reproduction, mais pas *pendant*, cette matière ne peut venir que des toutes premières cellules mères. La multiplication des cellules atteint donc un maximum établi d'avance par les réserves de stérols et d'acides gras accumulées pendant la respiration [60].

Ainsi, la population de levure cesse de grandir après deux ou trois jours de fermentation, quand un équilibre est atteint dans le partage des réserves de départ entre toutes les cellules. À ce moment-là, les levures seront *4 à 5 fois plus nombreuses* qu'au moment de l'ensemencement !

62

Pseudo-écolo, prise trois. La fermentation produit *beaucoup* plus de levures que ce qui est nécessaire au réensemencement [55]. Que faire avec le surplus ? Comme nous l'avons vu avec la drêche [29] et l'eau chaude de l'échangeur de chaleur [41], les grandes brasseries n'aiment pas le gaspillage. Encore une fois, ce n'est pas qu'elles soient vertueuses, c'est une question de sous et d'efficience.

La levure est une substance particulièrement riche en nutriments organiques. C'est un concentré de Vie ! Elle ne peut malheureusement pas être réutilisée dans l'industrie alimentaire – ni, je présume, en capsules de levure à bière vendues en pharmacie –, car son séjour dans la bière l'aura fortement imprégnée de l'amertume du houblon. Demandez à votre bistro-brasseur de goûter à une cuillerée de sa levure ; vous verrez combien c'est amer. Ce n'est pas que le goût soit *mauvais*, mais par trop *intense*. J'ignore si ça dérangerait les animaux d'en trouver dans leur moulée. Ça m'étonnerait... Chose certaine, la levure est un excellent ingrédient pour les fertilisants agricoles.

Tout ça pour dire que les brasseries vendent habituellement leur excédent de levures, souvent tel quel, parfois séché par la brasserie elle-même.

63

L'étape à cheval. Les plus brillants d'entre vous – s'ils ne sont pas trop occupés à astiquer leurs étoiles autocollantes – me demanderont pourquoi la reproduction n'était pas mentionnée dans la liste des étapes de la fermentation [51]. Y aurait-il en réalité quatre étapes à la fermentation, et non pas seulement trois ? Me serais-je trompé ?

Il est écrit que je divise la fermentation en trois étapes : respiration, fermentation active et maturation [51]. Il n'y est pas écrit que la fermentation *est* divisée de cette façon, seulement que *je* la divise ainsi. La différence est subtile mais pas du tout insignifiante ; c'est la différence entre la réalité et ce qu'on en dit. En essayant de comprendre la réalité, l'esprit doit l'interpréter, la déformer, la recréer. C'est ce qu'on fait en créant des étapes, des catégories, des liens de causalité. La science est un art : c'est la manière rationnelle de façonner la réalité.

Les levures ne suivent donc pas toujours notre programme théorique à la lettre, en particulier si on se penche sur chaque cellule individuelle. On peut identifier des étapes à l'échelle d'une population de milliards d'individus, mais rien n'empêche cette cellule-ci ou cette autre d'en faire à sa tête. Bref, les levures ne vont pas toutes respirer en même temps, commencer la fermentation active en même temps ni se mettre à floculer en même temps.

Avec la reproduction, c'est encore plus compliqué. Certaines cellules commenceront à se multiplier pendant la respiration et continueront de se reproduire pendant les premiers jours de la fermentation active. Voilà pourquoi j'ai choisi de ne pas diviser la fermentation en quatre étapes : la reproduction cellulaire est un processus qui chevauche les deux premières étapes. J'ai pensé qu'il serait plus simple de m'en tenir à trois étapes qui se succèdent clairement, de raconter une histoire avec un début, un milieu et une fin.

Plus simple ? Ouain… J'imagine qu'en vous servant cette petite dissertation épistémologique, j'ai échoué lamentablement au test de la simplicité !

64

Place aux jeunes. Je ne peux résister à l'envie de souligner un détail qui n'est pas particulièrement essentiel, mais que pour des raisons que je m'explique mal, je trouve personnellement très fascinant. Étant donné que chaque levure se multiplie aussi souvent que possible au cours d'une même fermentation et d'une fermentation à une autre si elle est récupérée et réensemencée [55], et que chaque division cellulaire laisse une nouvelle cicatrice sur la membrane [61], on peut déterminer l'âge d'une cellule en *comptant le nombre de cicatrices sur sa membrane cellulaire* !

Cela a une importance très concrète pour le brasseur (et la levure !). D'abord, il faut comprendre que la membrane cellulaire est le lien vital entre la levure et son environnement ; c'est à travers elle que la cellule « mange », « respire » et… « évacue ». Puisque les cicatrices sont des zones où la membrane a perdu toute sa *perméabilité*, cela veut dire que plus la cellule se reproduit, plus elle a de cicatrices, moins elle est en mesure de laisser entrer et sortir différentes molécules. Pour une levure, mourir de vieillesse veut donc dire avoir tellement de cicatrices que la membrane cellulaire n'est plus assez perméable pour subvenir à ses besoins vitaux.

Maintenant, essayez ceci : prenez une feuille de papier et dessinez l'arbre généalogique *d'une* cellule de levure, où le nombre d'individus double à chaque génération [figure 2.3]. La toute première cellule gagne donc une nouvelle cicatrice à chaque génération, et ce sera toujours elle la plus vieille du lot.

L'observation la plus importante à faire est celle-ci : peu importe le nombre de générations, à n'importe quel stade de la multiplication, il y a toujours 50 % de la population qui est formée de filles nouvellement nées, arborant chacune *une seule* cicatrice. Ces jeunes premières ayant ainsi une membrane cellulaire presque parfaitement perméable, vous comprenez qu'un des gros avantages à introduire une nouvelle population de levures à chaque fermentation, c'est

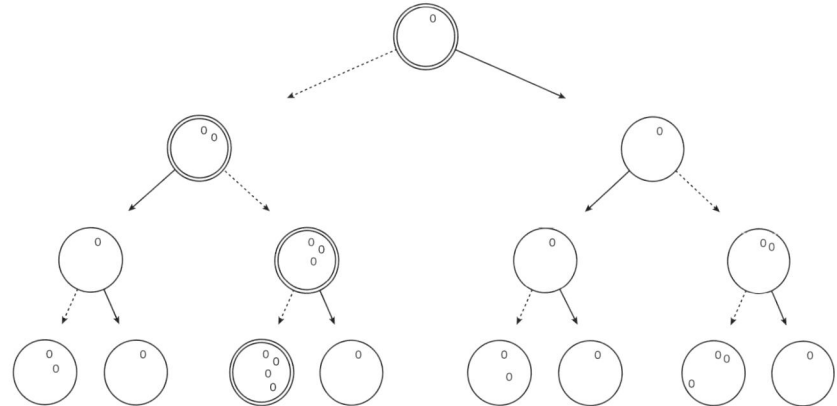

FIGURE 2.3 Population de levures. La descendance des levures ne prend pas la forme d'un arbre généalogique humain. L'objectif étant de faire le suivi de la population totale, on doit redessiner la maman levure à côté de sa fille à la ligne suivante, et ainsi de suite. Les mères ne mourant pas, la population se trouve à doubler à chaque génération. Ici, la cellule mère est doublement encerclée ; après trois cycles de reproduction, elle a déjà quatre cicatrices.

que l'ensemble des levures sera fiable, efficace, performant.

En théorie, un brasseur pourrait ne pas oxygéner son moût, éviter la reproduction [61] et réensemencer *toute* la levure récoltée pendant la maturation [62]. Cependant, d'une fermentation à une autre, il n'aurait pas la même garantie sur la performance d'ensemble de sa population de levures.

65

L'âge des ténèbres microcosmiques. Vous aurez déjà certainement deviné que je suis un « geek » fini. Que *vous* en soyez un ou non, j'espère que vous trouvez rigolo qu'on ait fabriqué de la bière pendant des *millénaires* sans se douter une seule seconde que la levure était *vivante* ! Les gens savaient qu'il fallait mettre de cette boue beige dans le moût pour le transformer en bière, mais seulement au même titre qu'il faut mettre de la céréale et de l'eau. Il n'y avait pas plus de raison d'imaginer que la fermentation était un processus vivant que dans le cas d'un mélange de vinaigre et de bicarbonate de soude : effervescence pour effervescence...

La palme de l'ignorance la plus cocasse revient sans doute à des Scandinaves qui, pour fermenter leur moût, y inséraient de gros bouts de bois. Ces vieilles branches, toutes craquelées et fissurées, transmises de génération en génération, n'avaient bien sûr rien de surnaturel. Elles présentaient simplement des crevasses assez profondes pour rester longtemps humides et ainsi abriter des levures vivantes entre deux fermentations. Je tiens cette anecdote de Michael Jackson... Non, pas celui-là ! Michael Jackson, le grand spécialiste de la bière et du scotch qui a voyagé aux quatre coins de la planète et qui a écrit un tas de bons livres. Je vous laisse le soin d'imaginer les explications farfelues qu'on a pu inventer sur l'origine et le fonctionnement de ces « bâtons magiques ». En d'autres lieux, devant de telles fermentations spontanées [52], on croyait que la levure produite pendant la fermentation était une sorte d'*impureté* qui, en se séparant du liquide, se trouvait à « libérer » l'alcool. Ainsi, l'alcool n'était pas *créé* par la fermentation, qu'il était déjà présent dans le moût, mais « masqué ».

Chez les brasseurs plus rationnels et les scientifiques, imaginez la surprise et la consternation qui ont suivi l'invention du *microscope* ! C'est comme si du jour au lendemain, la Terre était devenue dix mille fois plus grosse. Dans toute l'histoire de la connaissance, peu de gens ont eu la même chance que Louis Pasteur (et les autres savants de sa génération) de voir s'ouvrir devant eux un champ d'investigation – un terrain de jeu ! – aussi vaste.

66

La vie sans air. C'est la formule qu'a trouvée Pasteur pour décrire la *fermentation active* [51]. Alors que la majorité des êtres vivants ont besoin d'oxygène pour libérer l'énergie du sucre, c'est en anaérobie que la levure le fait. Nous avons vu que la phase aérobie de la levure consiste, d'une certaine façon, à se *préparer* au mode anaérobie [60]. C'est dans ce deuxième mode que la levure va « vivre pleinement », c'est-à-dire métaboliser le sucre, absorber des nutriments et emmagasiner de nouvelles réserves d'énergie.

La fermentation du sucre commence de 12 à 24 heures après l'ensemencement du moût [52], s'accélère quand la population de levure augmente [63], et se poursuit bien après que cette population ait atteint son plafond. Évidemment, l'étape de la fermentation active prend fin quand il n'y a plus de sucre à digérer.

Évidemment ? Plus aucun sucre à digérer ? D'accord... J'avoue vous avoir légèrement *enduit d'erreur*. Il est grand temps d'apporter d'importantes précisions. Détendez-vous, prenez une grosse gorgée de bière et préparez-vous à une avalanche de termes techniques.

67

Différentes *sortes* de perles. Allons droit au but : il existe plusieurs sortes de sucre. *Plusieurs*. Je ne vous parlerai pas de tous les sucres qu'on trouve dans la nature. Je ne vais même pas vous parler de tous les sucres qu'on trouve dans le *moût*. Plusieurs apparaissent en quantité infinitésimale et leur présence ne change pas grand-chose à l'histoire. Concentrons-nous sur les gros joueurs.

Ce que je vous ai raconté au sujet du collier de perles était imprécis sans être inexact [10]. Il existe réellement des perles de base, indivisibles. Ce sont les *mono*saccharides. On en retrouve plusieurs types dans le malt, mais les deux qui nous intéressent le plus sont le *glucose* et le *fructose*.

Deux monosaccharides qui s'attachent l'un à l'autre donnent un *di*saccharide. Pour le brasseur, les principaux disaccharides sont le *saccharose* (sucrose, ou sucre de table), formé d'un glucose et d'un fructose, et le *maltose*, formé de deux glucoses. Personne ne sera surpris d'apprendre que le *maltose* est la plus importante composante du moût de *malt*, avec 50 à 60 % du total des glucides.

Continuons. Assemblez trois perles et vous obtenez – vous me voyez venir – un *tri*saccharide. Il n'y a qu'un qui ait de l'intérêt dans la fabrication de la bière : le *maltotriose*. Il est composé de trois glucoses.

Le dernier des glucides qu'on trouve dans le moût – et non le moindre – est la *dextrine*... Je sais, je sais, ça ne finit pas par « ose »… La nomenclature scientifique n'est donc pas toujours *parfaitement* cohérente. Il faut dire que la dextrine est un cas d'espèce, différente des sucres déjà présentés. Le nom scientifique des dextrines est alpha-glucanes (il y a aussi des bêta-glucanes dans le malt ; ces derniers sont des glucides indiscutablement indésirables, car ils nuisent à la filtration finale de la bière).

En réalité, on ne devrait pas parler de *la* dextrine, mais plutôt *des* dextrines, car il en existe de différentes tailles. Il en existe à quatre, cinq, six perles… et ainsi de suite jusqu'à *quarante*. Limite arbitraire, peut-être, mais quand il y a au-delà de quarante molécules de sucre attachées ensemble, il est grand temps de l'appeler *amidon* [10].

Les dextrines ont une autre particularité : bien qu'elles tombent dans la catégorie des sucres, elles ne sont communément pas assez petites pour avoir un *goût* réellement sucré ! En fait, la majorité des dextrines – surtout les plus grosses – n'ont presque pas de goût. Comme l'amidon.

68

Le sucré du sucre. Dans l'étude de la conscience [24], un des plus épineux problèmes qui se présente aux chercheurs, en particulier aux neuroscientifiques, est celui de la *qualia*. (Je devrais dire *quale*, au singulier, mais le pluriel *qualia* est tellement plus joli…) Étymologiquement apparentée au mot « qualité », la *qualia* est la nature même de l'expérience subjective, l'expérience *sensorielle* en particulier. On utilise parfois l'expression « la rougeur du rouge » pour illustrer la question.

Nous savons qu'en dehors de nous, les couleurs n'existent pas. Il n'y a que des photons qui se déplacent à différentes longueurs d'onde. Le « rouge » correspond à des longueurs d'onde spécifiques (620 à 780 nm). Si un photon qui se promène à ces longueurs d'onde frappe la rétine de notre oeil, un signal est envoyé à notre cerveau, qui s'empresse de *manufacturer l'expérience du rouge*. Il y a un lien causal entre le photon et le rouge, mais ce sont deux choses bien différentes. Le photon n'existe qu'à « l'extérieur » tandis que le « rouge » n'est que dans notre tête. C'est comme dans la célèbre énigme, l'arbre qui tombe seul dans la forêt ne fait pas de bruit ; il ne provoque qu'une vibration mécanique de l'air. S'il n'y a pas d'oreilles et de cerveaux pour traduire ces petites ondes de choc, elles ne peuvent être transformées en « expérience du bruit ». Va pour le principe, mais *comment* sont fabriquées ces expériences ? De quelle « matière » sont-elles faites ? C'est *quoi*, exactement, la rougeur du rouge ?

La question de savoir comment est fabriquée la *qualia* est beaucoup plus complexe que celle de la bière. Je ne peux pas vous expliquer suivant quels mécanismes le sucre crée l'expérience du sucré, mais je crois savoir *pourquoi*. Pourquoi le sucre est-il sucré ? Pourquoi est-ce que ça goûte bon ? Pourquoi est-ce agréable ? La réponse à cette question est à notre portée.

Les petits sucres sont des glucides qui n'ont peu ou pas besoin d'être digérés [11]. Les grenouilles à grande bouche y reconnaissent la meilleure des sources d'énergie, puisque c'est de l'énergie facile à rendre « disponible » aux cellules du corps. Une digestion rapide est très avantageuse lorsqu'au beau milieu du repas, on se fait surprendre par un prédateur. C'est le genre de situation où on a réellement besoin d'un aliment qui « donne des ailes »… Bref, en associant au *sucré* une expérience sensorielle positive, l'évolution nous aurait programmés à aimer le sucre. Ce n'est pas un hasard si le goût du sucre est le premier à se développer chez les bébés !

Permettez-moi une légère digression. Sachant qu'une trop grande consommation de sucre peut entraîner de nombreux problèmes de santé, du diabète à la myopie (si, si, la myopie !) en passant par la tristement célèbre carie dentaire, cet instinct paraît étrange. Faut-il le rappeler : l'Évolution nous a équipés pour l'État de Nature, pas pour la civilisation moderne ! Or, dans toute l'histoire de l'humanité, jamais le sucre n'a été aussi facilement accessible. Depuis la Deuxième Guerre mondiale, la production mondiale a tout simplement explosé. Le raffinement – le mot est bien choisi – des techniques industrielles de production y est pour quelque chose, mais il ne sert pas à grand-chose de distinguer entre les sucres naturels et les soi-disant artificiels. Du point de vue biochimique, du fructose, c'est du fructose, qu'il provienne d'un fruit ou d'une usine. Pour protéger sa santé, mieux vaut contrôler son apport total en monosaccharides que de se soucier des types de sucres et de leur origine. Personnellement, ce qui me fascine, c'est de constater qu'un instinct parfaitement naturel puisse se faire débrider par la technologie et s'emporter au-delà de tout contrôle. Je place sous la même rubrique l'utilisation abusive des technologies de communication, dont la cause est sans doute l'instinct de socialisation des grands primates, un instinct « lâché lousse »[8].

Revenons à nos sucres. Il y a donc une espèce de logique biologique à ce que les plus grosses dextrines, proches de la taille de l'amidon, ne goûtent pas vraiment sucré [67] ; elles sont plus longues à digérer. Il existe ainsi une relation entre la taille des glucides et l'intensité de leur goût sucré, mais ce n'est pas une loi *absolue*. On pourrait s'attendre, par exemple, à ce que des saccharides de tailles égales aient la même saveur ; néanmoins, le fructose goûte plus sucré que le glucose, et le saccharose plus que le maltose… (C'est encore plus vrai si le saccharose est « inverti », donc que les molécules de glucose et de fructose sont séparées, car cela améliore sa « sucrosité » et sa texture). Comme quoi aussi

---

8. Débridé ; de l'anglais *loose*, qui veut dire libre, sans tension, lâche.

géniaux que soient les mécanismes de l'évolution, ils ne produisent pas des êtres dont le design est parfaitement cohérent.

69

Fermentescibilité. Quel joli mot, n'est-ce pas ? Je ne vous l'apprends pas pour que vous alliez l'utiliser dans une soirée mondaine ; ça n'impressionnera personne. Seulement voilà, ce mot désigne un Petit Fait Capital : les sucres ne peuvent pas *tous* être métabolisés par la levure. Ainsi, on dira d'un glucide que la levure est capable de digérer qu'il est *fermentescible*, et d'un sucre trop gros pour sa petite bouche qu'il est non fermentescible.

Cette distinction a une importance monumentale. Alors que les sucres fermentescibles peuvent être transformés en alcool, les sucres *non* fermentescibles resteront toujours dans la bière, tels quels, à la fin de la fermentation. Ils forment, dans le produit fini, ce que l'on appelle les *sucres résiduels*.

Maintenant, revenons à la levure. Il est temps de préciser que, primo, il existe *différentes espèces de levure* et, secundo, elles ne sont pas toutes capables de fermenter les mêmes sucres ! La distinction entre ce qui est fermentescible et ce qui ne l'est pas constitue d'ailleurs la façon la plus concrète de différencier et catégoriser les nombreuses, *très* nombreuses, variétés de levures.

Autrement, si la fermentescibilité d'un sucre peut varier d'une espèce à une autre, il y a au moins *un* glucide que l'écrasante majorité des levures ne pourront *pas* fermenter : la dextrine [67]. Cela veut donc dire que les dextrines sortent toujours inchangées du processus de fermentation, contribuant ainsi au sucre résiduel de la bière. Mais attention ! Qui dit « sucre » ne dit pas nécessairement « sucré ». Puisque les dextrines n'ont presque pas de goût [68], elles ne vont pas grandement influencer la *saveur* de la bière. Par contre, elles contribuent beaucoup au *corps*. Comme n'importe quel autre sucre, les dextrines, lorsque dissoutes dans un liquide, en modifient la texture. C'est ainsi que les sucres résiduels donnent de l'*épaisseur* à la bière. C'est *ça*, le corps.

70

Inventions évidentes, prise trois. C'est bien poétique le corps, la texture et l'épaisseur d'un liquide, mais ce n'est pas très scientifique. Le bon terme est *densité*.

Notez que c'est un mot qui ne s'applique pas seulement aux liquides. Les gaz et les solides ont également une densité, ce qu'on définit comme le rapport entre la masse et le volume. Pensez à la bonne vieille blague : « Qu'est-ce qui est plus lourd, une tonne de plumes ou une tonne de plomb ? » (D'accord… la blague est vieille, mais pas vraiment bonne.) À masses égales, les plumes occupent un volume plus grand, donc leur densité est plus faible.

Ce qu'il y a de particulier avec la densité des liquides, c'est qu'elle affecte la *flottaison* des corps qu'on y plonge. Plus le liquide est dense, plus ça flotte. Est-ce que ça vous fait penser à quelque chose ? La mer Morte, peut-être ? Plusieurs parmi vous doivent savoir que les gens qui se baignent dans la mer Morte flottent beaucoup plus qu'à l'habitude, et ce, à cause de la très grande quantité de *sel* dissout dans son eau. Or, si c'est bon pour le sel, c'est bon pour le sucre : plus un liquide est sucré, plus les objets y flottent... Eurêka !

C'est ce phénomène bien élémentaire qui est à l'origine de l'invention de l'instrument le plus souvent utilisé pour mesurer la quantité de glucides présents dans le moût ou la bière : l'*hydromètre*. Difficile de trouver plus simple comme invention [figure 2.4]. L'hydromètre est un tube en verre, long mais étroit, avec un poids à sa base afin qu'il se tienne bien droit quand il flotte. Plus le liquide est dense, plus l'hydromètre flotte et plus longue est la partie qui dépasse de la surface. Le tube étant gradué, on n'a qu'à regarder à l'endroit précis où l'hydromètre sort de la surface du liquide pour prendre une mesure. Et le tour est joué !

Il existe diverses unités de mesure pour exprimer la densité. Les vignerons utilisent ce qu'on appelle la densité spécifique, mieux connue sous l'acronyme « S.G. » (*specific gravity*), tandis qu'en brasserie l'unité généralement utilisée est le degré Plato (°P). Un degré Plato correspond à 1 gramme de sucre dissout dans 100 grammes de liquide. C'est donc un pourcentage de sucre.

Bien que le *principe* de l'hydromètre remonte à l'Antiquité, il aura fallu attendre la deuxième moitié du XVIIIe siècle pour que des inventeurs soient capables de le mettre en pratique. Presque aussitôt conçu, l'hydromètre commence à être utilisé en brasserie. Bon, c'est une innovation qui a beaucoup moins tardé

FIGURE 2.4 **Mesure de la densité à l'aide d'un hydromètre.** À la brasserie MacAuslan, une station placée à la sortie de la cuve-filtre sert à mesurer la densité du moût. La manutention de l'hydromètre exige beaucoup de concentration et de délicatesse !

que la cuve de sédimentation tourbillonnaire [38] et la cuve de fermentation cylindro-conique [57], mais quand même! À ce moment-là, l'Industrialisation anglaise était déjà bien en route; alors vous pouvez deviner à quel point les brasseurs étaient contents de pouvoir enfin mesurer la *densité de départ* (taux de sucre avant la fermentation) et la *densité finale* (après la fermentation), ce qui leur a permis de calculer le rendement de leur brasserie [28] et de déterminer le taux d'alcool de leur bière. Avant l'hydromètre, ils n'en avaient *aucune* idée…

La différence entre la densité de départ et la densité finale est ce qu'on appelle l'*atténuation*. Cela correspond au sucre qui a été transformé en alcool pendant la fermentation. Pour ne pas trop compliquer les choses, nous allons ignorer le fait que l'alcool a une densité plus faible que l'eau, ce qui vient fausser la lecture de l'hydromètre après la fermentation…

71

Les attaquants défensifs. Afin d'évaluer un attaquant, au hockey, peut-on se fier uniquement aux points qu'il a accumulés? Bien sûr que non! Un joueur qui compte de nombreux buts n'est pas si bon que ça si ses habiletés défensives sont tellement mauvaises que l'équipe adverse en compte encore davantage pendant ses présences sur la glace. Dans un cas comme celui-là, la statistique «+/−» en dira plus long sur sa performance générale. Pour obtenir le portrait complet d'un joueur, c'est un *ensemble* de statistiques qu'il faudra consulter.

De la même façon, le taux d'alcool ne raconte pas toute l'histoire d'une bière. L'alcool représente la partie fermentescible du moût, mais la partie non fermentescible – celle qui finit en sucre résiduel dans la bière [69] – est constituée d'autant de bons ingrédients qui sont entrés dans la fabrication de la bière; pourtant, l'étiquette ne dit habituellement rien à ce sujet.

C'est particulièrement malheureux dans le cas d'une bière qui a beaucoup de corps. Tout ce malt qui n'a pas donné d'alcool passe complètement inaperçu. Le brasseur professionnel pourrait choisir d'ajouter une mention à ce sujet sur la bouteille, mais je ne crois pas avoir déjà vu ça quelque part.

Il n'est pas rare, par contre, de trouver sur l'étiquette, à côté du taux d'alcool, une mention de la densité de départ. C'est plus commun dans certains pays anglo-saxons où l'expression «densité de départ» se traduit par *Original Gravity*. Voilà le sens de l'acronyme «O.G.» que vous avez peut-être déjà remarqué sur une bouteille de bière importée. À défaut de donner une information précise sur les sucres résiduels, la densité de départ donne au moins une bonne indication de la quantité d'ingrédients ayant servi à la production de la bière. Seul un initié sera en mesure de calculer la densité finale [69] en soustrayant de la densité de départ la quantité de sucre équivalant au taux d'alcool affiché.

72

La Grande Question des Ales et des Lagers. Bon! Enfin! Vous savez maintenant assez de trucs au sujet de la fermentation pour que je puisse *commencer* à vous expliquer en quoi consiste la différence entre une Ale et une Lager. Quelle jouissance! C'est à n'en pas douter dans le *top 3* des questions qu'on pose le plus souvent aux brasseurs, et bon Dieu qu'elle est embarrassante!

Pas que ce soit *excessivement* compliqué. *It's not rocket science*, disait Shakespeare. Seulement voilà, pour répondre à cette question avec un minimum de clarté et de précision, il faut quand même y consacrer un certain temps. Comme disait Noam Chomsky dans *Manufacturing Consent*, il y a des choses qui ne s'expliquent juste pas entre deux pauses publicitaires. Quand un brasseur est dans un party et que quelqu'un lui demande «Coudonc! C'est *quoi* au juste une Lager?», il sait fort bien que son interlocuteur n'est pas vraiment prêt à l'écouter plus que trente secondes. Il doit alors trouver une formule choc – un *concentré* d'explication – qui, quoique vaguement satisfaisant sur le moment, n'a pas d'effet durable. Vous pouvez être sûr que, pour cause d'ébriété ou pas, le pauvre type ne se rappellera de rien le lendemain matin. Résultat: après un million de questions dans un million de salons, *personne* n'en a la moindre idée. C'est assez! *The buck stops here*, disait Dickens...! Puisque vous êtes déjà assis, ce livre entre les mains, nous allons faire les choses comme il faut, d'accord?

D'accord. Commençons par la version courte de la réponse: Ale et Lager font référence à deux *sortes* de levure, deux grandes *familles* de levure. Les levures Ale et les levures Lager ont des caractéristiques différentes, se *comportent* différemment et produisent des bières aux *goûts* différents. Concrètement, si vous prenez un moût, que vous le séparez dans deux cuves de fermentation, que vous ensemencez l'une avec une levure Ale et l'autre avec une levure Lager, vous produirez deux bières fort différentes, et ce, malgré qu'elles sont produites à partir des mêmes céréales, de la même eau et des mêmes houblons.

73

Le plus important n'a pas d'importance. Ale et Lager sont des levures différentes. Hummm... Vous voyez bien que cette réponse n'en est pas une. C'est une tautologie, un raisonnement circulaire, de la poudre aux yeux. Les bières sont différentes parce qu'elles sont produites par des levures différentes. Les levures sont différentes parce qu'elles donnent des bières différentes. Arrrrrgghhhhh! Oui, mais c'est *quoi* la différence?!

Il y en a plusieurs. Le problème c'est qu'il y a souvent des bémols à ces différences, des «Oui, mais...». Je commencerai donc par *la* différence, *la* distinction universelle, ultime et sans équivoque: on trouve dans le moût un disaccharide appelé *mélibiose*, formé d'une molécule de glucose [67] et d'une molécule de *galactose* (un autre monosaccharide). Toutes les souches de levure Lager possèdent un gène – le gène MEL – qui leur permet de fabriquer l'enzyme *mélibiase*. Grâce à cette enzyme, les levures Lagers sont capables de métaboliser le mélibiose. Les levures Ales n'ont *pas* ce gène. Elles ne produisent donc pas l'enzyme qui peut séparer la perle glucose et la perle galactose. Pour la levure Ale, le mélibiose n'est *pas* fermentescible [69]. Pour la Lager, si. Voilà.

Oui, mais… (déjà !) Il n'y a à peu près *pas* de mélibiose dans le moût, seulement des *traces* ! Le galactose et le mélibiose font partie des glucides sans conséquence dont il ne valait pas la peine de parler auparavant [67]. Que le mélibiose soit fermenté ou non, qu'il se retrouve dans les sucres résiduels ou non, ça ne va pas changer grand-chose au résultat final. Cette distinction est donc, en pratique, plutôt théorique. (Voilà une bien drôle de phrase…)

Par contre, *il est entièrement vrai que les Ales ont tendance à présenter plus de sucres résiduels.* Si ce n'est pas à cause de la digestion du mélibiose, *pourquoi* alors les Lagers sont-elles, à l'inverse, généralement moins sucrées ? Avant de pouvoir répondre en détail à cette question, il faudra apporter quelques précisions supplémentaires au sujet de la composition du moût ainsi que de sa fabrication.

74

Le profil glucidique. Voilà bien une autre expression à éviter dans une soirée. C'est une autre *belle* expression, mais, croyez-moi, votre enthousiasme a peu de chances de trouver écho…

Le profil glucidique est la proportion que prennent les différents sucres dans le moût [67]. Jusqu'à maintenant, j'ai fait de gros efforts pour ne pas vous embêter avec des schémas et des tableaux, mais dans ce cas-ci je vais faire une exception.

Comme vous le voyez, pas de mélibiose ni de galactose dans le tableau.

9. Être las, fatigué de, ennuyé par.

PROFIL GLUCIDIQUE	
Sucres	Proportion dans le moût
Glucose	10 à 15 %
Fructose	1 à 2 %
Saccharose	1 à 2 %
Maltose	50 à 60 %
Maltotriose	15 à 20 %
Dextrines	20 à 30 %

Par contre, vous aurez remarqué que les glucides apparaissent ici en ordre *croissant* de grosseur (en commençant par les monosaccharides). Ce n'est pas un hasard, c'est une façon d'introduire un aspect important de la fermentation : parce qu'elles sont des grenouilles à petites bouches [11], les levures préfèrent les petites bouchées, c'est-à-dire les *mono*saccharides.

Pour pouvoir séparer les perles des di- et trisaccharides, et compléter le travail des enzymes du malt activés dans la cuve d'empâtage [21], la levure doit utiliser ses *propres* enzymes. Mais ça, ça nécessite trop d'effort ! La paresse étant la règle d'or de tous les êtres vivants, la levure commence toujours par le plus facile. En d'autres mots, au début de la fermentation active, elle métabolise les monosaccharides d'abord, pour s'attaquer *ensuite* aux disaccharides, et c'est seulement quand il n'y a plus rien d'autre à manger qu'elle s'attaquera aux trisaccharides – en l'occurrence, le maltotriose.

Maintenant, retenez ceci : il y a des levures qui arrêteront de manger *avant* d'en avoir fini avec le maltotriose. C'est dire à quel point c'est fort, la paresse… Ben quoi ? Ça ne vous est jamais arrivé d'être juste *tanné*[9] de manger ?

75

L'alpha et le bêta de la conversion. Revenons un instant à la cuve d'empâtage. Les enzymes amylases provenant du malt coupent les liens entre les perles pour convertir l'amidon en sucre [21]. Eh bien, je vous avais réservé une petite surprise : il y a en fait *deux* enzymes qui sont actives pendant la conversion : l'*alpha*-amylase et la *bêta*-amylase. Et les deux font la même chose, mais de *manières* différentes.

Prenez votre grand, votre *très* grand collier d'amidon. L'alpha-amylase coupe n'importe où dans le collier, *au hasard*. À elle seule, cette enzyme a tendance à produire des morceaux de collier de différentes grosseurs – des mono, di, et trisaccharides parfois –, mais surtout *beaucoup* de dextrines [67].

La bêta-amylase, elle, a un *modus operandi* beaucoup plus spécifique : elle va toujours à l'*extrémité* d'une chaîne, compte *deux* perles, et coupe. Conclusion, mes chers Watson ? La bêta-amylase est un producteur de *maltose*.

Si vous êtes de particulièrement bons détectives, vous aurez compris que les deux amylases se complètent bien : bêta est seulement capable de travailler sur les extrémités, mais alpha, en coupant au hasard, se trouve à multiplier le nombre de chaînes et, conséquemment, le nombre d'extrémités ! C'est merveilleux, seulement il y a un petit point de discorde au sein de notre duo dynamique : comme dans la plupart des couples, il y en a un qui est plus frileux que l'autre... L'activité de notre alpha-amylase est *optimale* à une température de 71 °C, tandis que pour notre bêta, c'est 63 °C [23]. Que faire ?

Attendez. Ne vous précipitez pas sur la solution du compromis. Certes, le brasseur peut optimiser le travail combiné des deux enzymes en empâtant à environ 64-65 °C. En allouant un long temps de conversion à cette température, il favorisera la production d'un moût riche en maltose et faible en dextrines, *donc* hautement fermentescible [69], *donc* moins de sucres résiduels à la fin de la fermentation, *donc* une bière plus mince en bouche, plus *sèche*.

D'autres cas de figure sont possibles. Peut-être le brasseur désire-t-il justement un peu plus de corps pour sa bière ? Il n'aura alors qu'à augmenter la température de conversion et ainsi favoriser la production de dextrines. Pour produire une bière particulièrement ronde et crémeuse – par exemple, une *Stout* –, un empâtage court à des températures environnant les 68-70 °C fera l'affaire. Notez que les Stouts n'ont pas toutes beaucoup de corps. La fameuse Guinness, par exemple, est assez mince en bouche. Si les gens ont souvent l'impression du contraire, c'est à cause de la mousse... [162].

Bref, en modifiant son *régime d'empâtage*, c'est-à-dire sa température et sa durée, le brasseur est capable de changer le profil glucidique de son moût [74] et donc sa fermentescibilité [69] et sa densité finale [70]. C'est noté ?

76

Ale *vs* Lager, troisième *round*. Ding ! « Les bières Ales sont souvent plus sucrées que les Lagers. » Ding ! Le *round* est fini.

L'action était si fulgurante qu'il a été difficile de voir ce qui s'est passé. Avez-vous au moins eu le temps de prendre une gorgée de bière ? Allez-y pendant que nous revoyons tout cela au ralenti.

Le goût sucré de la bière provient de certains sucres résiduels, non fermentescibles [69]. Cela revient donc à dire que les Ales ont généralement plus de sucres résiduels que les Lagers. Quels sont ces sucres ? Le mélibiose, d'abord, mais je vous ai déjà dit qu'il ne compte pas pour grand-chose [73].

Ensuite, il y a le maltotriose ; je vous ai parlé de levures paresseuses qui ont tendance à abandonner la fermentation avant de l'avoir complètement digéré [74]. Eh bien ! Ce sont des levures Ale dont il s'agit. Puisque le maltotriose est le plus sucré des sucres résiduels, ça fera une grosse différence si la levure Ale en laisse derrière elle à la fin de la fermentation. Les levures Lagers, elles, sont beaucoup plus travaillantes et persévérantes, et commenceront à floculer [55] seulement quand leur travail sera terminé.

Pour en finir avec les sucres résiduels, voyons les dextrines. Si certaines dextrines confèrent effectivement à la bière un goût *quelque peu* sucré, c'est principalement à cause de la rondeur qu'elles lui apportent [69]. En effet, il y a une synergie entre la densité et la *perception* du sucre ; *plus la bière est ronde en bouche, plus cela fait ressortir sa saveur sucrée*. Or, les brasseurs d'Ales favorisent plus souvent la production de dextrines avec leur régime d'empâtage. De plus, en empâtant la maische à plus haute température et en défavorisant l'activité des bêta-amylases au profit des alphas [75], ils auront encouragé la production de maltotriose. Une levure Ale paresseuse se traduit donc par plus de sucré provenant du maltotriose résiduel et plus de texture dextrineuse pour souligner, voire renforcer cette sensation de sucré.

Ouf ! C'est du pétage de broue[10] tout ça, hein ! Vous n'avez pas tout compris ? Bah ! Laissez tomber la reprise de la scène au ralenti... Détendez-vous, ne vous inquiétez pas et buvez une rasade de bière. Souvenez-vous seulement que les Ales sont souvent plus sucrées que les Lagers.

77

Peut-on avoir le beurre et l'argent du beurre ? Qu'est-ce qui empêche un brasseur de Lager de produire un moût riche en sucres non fermentescibles [69] ? Rien. Est-il possible de brasser une Lager bien ronde ? Bien sûr, en appliquant le régime d'empâtage approprié [75]. Mais entre vous et moi, ça serait plutôt illogique, pour ne pas dire stupide. La levure Lager a cette *capacité* de produire une bière moins sucrée, plus mince, plus sèche, alors pourquoi jeter un tel avantage concurrentiel par la fenêtre ?

Ce n'est pas qu'il n'existe pas de Lagers un peu plus rondes et sucrées, il y en a ! Je pense ici aux Lagers *fortes*, comme les

---

10. Action de se faire valoir, vantardise.

fameuses *Bock* et *Doppelbock* allemandes, qui ont respectivement autour de 6 et 7 % d'alcool. Ce n'est toutefois pas par choix : ces Lagers ont plus de sucres résiduels pour des raisons qui ne peuvent *pas* être évitées.

Je m'explique. Pour produire une bière forte en alcool, on doit tout simplement avoir un moût dont la densité de départ est plus élevée, n'est-ce pas ? [5] Maintenant, pensez-y deux secondes : si les sucres non fermentescibles s'expriment en *pourcentage* du profil glucidique [74], ça veut dire que plus grande est la quantité totale de sucre avant la fermentation, *en chiffres absolus*, plus il en restera *après*. Le pourcentage de sucres non fermentescibles ne change pas, mais la quantité finale, oui. Bref, en temps normal, plus le taux d'alcool est élevé, plus il y aura de sucres résiduels.

Oui, mais... (encore!) La promesse de la modernité étant d'avoir une chose et son contraire, les brasseurs contemporains ont mis toute leur science et leur savoir-faire dans le développement d'une Lager qui soit à la fois plus forte et plus mince. Résultat ? La *Dry*. Cette fameuse bière est obtenue par un contrôle parfait de l'activité enzymatique dans la cuve d'empâtage afin d'obtenir un profil glucidique *hautement* fermentescible [69], et une utilisation de souches de levures Lager hyperperformantes et *particulièrement* persévérantes qui ne laissent pas l'ombre d'une molécule de maltotriose derrière elles [74].

78

Le secret des Belges. Les brasseurs d'Ales doivent également vivre avec l'augmentation proportionnelle des sucres résiduels ; plus l'Ale est forte en alcool, plus elle est sucrée. Avec leur 9 à 10 % d'alcool (et plus!), les *barley wine* anglais [26] sont assurément parmi les bières les plus rondes et sucrées de la planète.

De l'autre côté de la Manche, les Belges ont depuis longtemps trouvé une astuce pour déjouer la Nature. Si vous connaissez les excellentes bières de la brasserie Unibroue, brassées dans la tradition belge, vous savez que si elles peuvent être très fortes en alcool, elles ne sont pas particulièrement crémeuses ou sucrées. Le secret ? Modifier le profil glucidique du moût [74] en y ajoutant des sucres *entièrement* fermentescibles qui ne proviennent *pas* du malt, par exemple des sucres de canne, de betterave ou de maïs. Les brasseurs belges aiment particulièrement utiliser le *sucre candi*. C'est essentiellement du sucre de table [67] qu'on a fait chauffer doucement. En plus de se cristalliser, le sucre candi acquiert une couleur et une saveur dont l'intensité varie suivant la cuisson.

Bon, je viens d'ouvrir bien grand la porte à un sujet complexe, très important et quelque peu litigieux : l'utilisation de *succédanés* du malt. Cette question sera traitée en long et en large au quatrième chapitre. Pour l'instant, je ne veux pas trop m'éloigner des levures... Je me contenterai de souligner que si plusieurs voient d'un mauvais œil les bières qui ne sont pas 100 % malt, la solution belge pour l'obtention d'une bière forte sans *lourdeur* exagérée est universellement acceptée et célébrée.

Au sujet des termes *Dubbel* et *Trippel* associés aux bières fortes d'inspiration belge, ils se traduisent par double et

FIGURE 2.5 **Chouffes.** C'est grâce à la collaboration entre la brasserie du Cheval Blanc et les brasseurs belges de *La Chouffe* que cette dernière a commencée à être brassée sous licence au Québec, sous le nom de Blonde d'Achouffe. Le nom avait alors été modifié afin d'éviter que les consommateurs croient que les deux bières sont *absolument* identiques.

triple, de la même façon que la Doppelbock allemande se traduit par double bock. Cela fait davantage référence à la densité de départ du moût [70] qu'au taux d'alcool final. Même dans ce sens, la relation mathématique n'est pas tout à fait exacte. Pas surprenant que l'expression Dubbel remonte au Moyen-Âge, soit bien avant l'introduction de l'hydromètre [70].

Personnellement, je me réjouis de l'intervention des succédanés chaque fois que je me tape une bonne Blonde d'Achouffe [figure 2.5]. À ta santé, Jérôme !

11. S'enivrer, prendre une cuite.

79

Suicide collectif. Le fait le plus paradoxal au sujet de la levure est sans nul doute que l'alcool qu'elle produit est toxique pour elle. (Oh ! Bien sûr, elle n'est pas la seule créature à polluer son environnement au point de mettre sa vie en danger…) C'est la raison pour laquelle vous trouverez rarement une boisson simplement fermentée dont le taux d'alcool dépasse les 13 à 14 %. Au-delà de ce seuil, les levures viennent de virer leur dernière brosse[11].

Tiens ! Ça me fait penser à une des différences entre le porto et le xérès (*sherry*). Les deux sont des vins fortifiés [6], mais le porto est beaucoup plus sucré. La raison en est simple : le porto est fortifié *avant* que la fermentation du vin ne soit complétée. Il reste encore des sucres non fermentés quand l'alcool distillé est ajouté, tuant les levures. Pour le xérès, on attend que le vin soit complètement fermenté avant de le fortifier ; puisque le moût de raisin est composé *exclusivement* de monosaccharides (surtout du fructose), il ne devrait pas, normalement, rester de sucre résiduel après la fermentation [74]. C'est pour cette raison que le xérès, tout comme le vin en général, est naturellement mince et sec. Pour adoucir le xérès, on ajoute du sucre directement dans le produit fini, parfois sous la forme de moût de raisin ; c'est ainsi qu'on produit les appellations *cream*, *medium*, etc., des expressions intraduisibles.

Mais revenons à la bière. Encore mieux : prenons une bonne gorgée de bière et revenons *ensuite* à notre propos ! On peut obtenir avec la bière un résultat comparable au porto si notre moût de départ est extrêmement, *incroyablement* sucré. En pareil cas, l'alcool atteint un niveau mortel avant que la levure ait eu la chance de terminer son travail, laissant derrière elle *beaucoup* de sucres non fermentés. C'est ce qui arrivait souvent avec les bières très fortes d'antan, lesquelles pouvaient être assez sucrées pour qu'une cuillère tienne debout dedans. (D'accord, j'exagère un peu...) En théorie, rien n'empêche les producteurs d'aujourd'hui de fabriquer de telles boissons – il y a bien les *barley wines* [26] – sinon qu'elles trouveraient difficilement preneurs... Disons que les palais modernes ont perdu l'habitude de ce genre de sirop.

80

Les dents sucrées. Assez discuté de cas extrêmes. Pour la majorité des bières, les variations dans le niveau des sucres résiduels sont si petites qu'elles sont difficiles à percevoir par le commun des mortels...

Vous ne serez pas surpris d'apprendre que je suis un avide dégustateur de nouvelles bières. Je n'ai pas les papilles particulièrement développées, mais mon enthousiasme est sans bornes. Bref, quand je croise une bière que je ne connais pas, je l'essaye. Ma Brune n'étant jamais bien loin – je parle ici de ma *conjointe* –, elle veut toujours goûter elle aussi. Or, pendant des années, il arrivait que ma Brune déclare catégoriquement que telle ou telle bière était sucrée, alors que j'étais moi-même incapable de détecter le moindre sucre résiduel. Une fois, deux fois, trois fois... Bon, je veux bien, mais quand ça fait des douzaines de fois, un gars commence à se trouver inadéquat. Comme n'importe quel mâle normalement constitué, j'en ai d'abord secrètement imputé la faute à ma Brune. Je me disais qu'elle imaginait des goûts qui n'étaient pas là, et je répondais à ses observations par un sourire vaguement approbateur qui cachait habilement ma condescendance paternaliste. Que c'est beau un homme !

Figure 2.2. Cuves cylindro-coniques. La géométrie des cuves cylindro-coniques est identique si ▶ l'on compare les cuves d'origine de GMT (à gauche) et les plus récents réservoirs des Brasseurs RJ (à droite), mais leur différence de taille est plus que notable ! (Photo : Jacques Courtemanche)

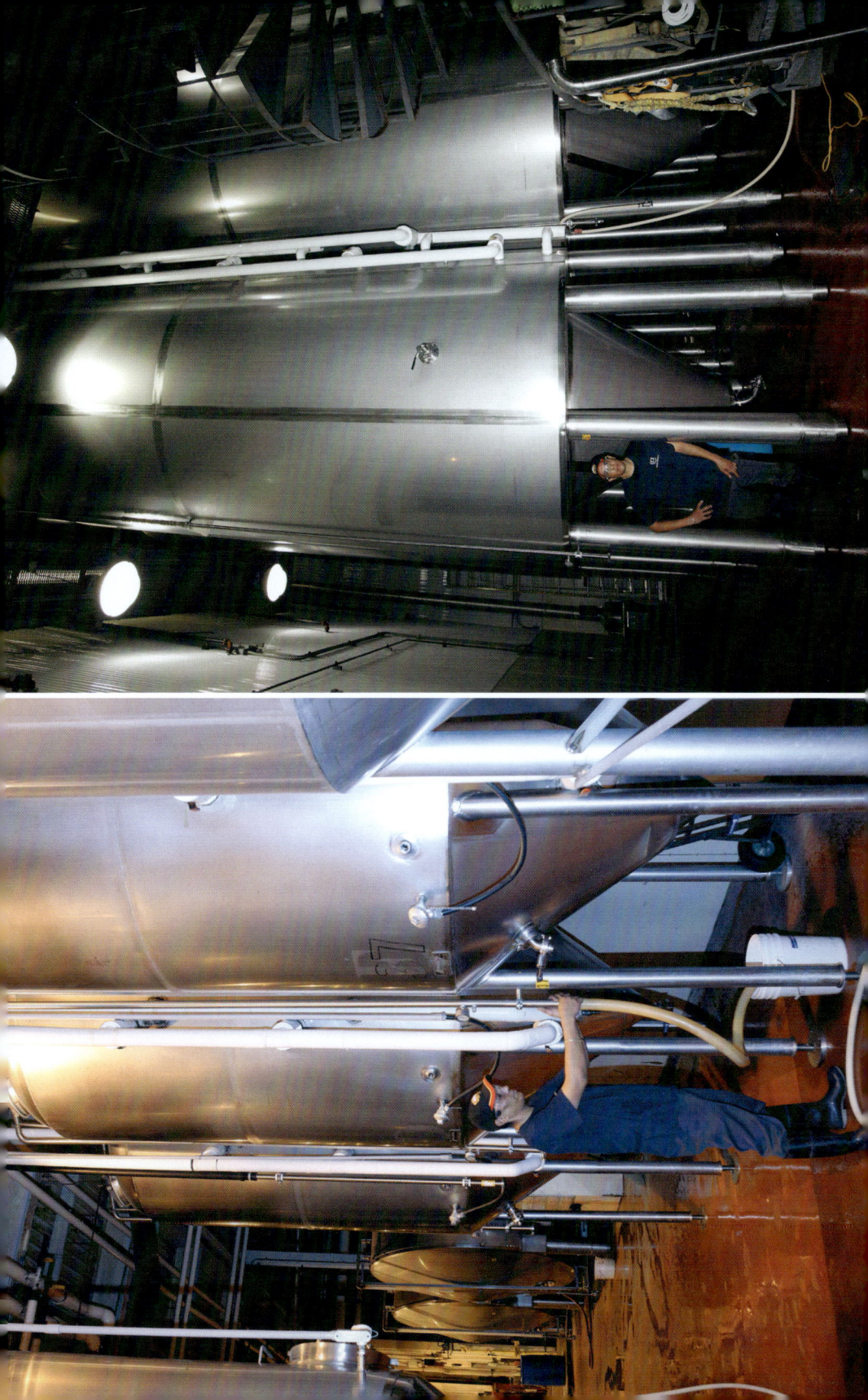

Mais voilà qu'un beau jour j'ai eu la chance de suivre une formation de brassage avancé auprès de l'irremplaçable Michel Gauthier, ex-maître brasseur chez Labatt, puis expert-conseil auprès de micro et nanobrasseries aux quatre coins du Québec. Dans une section du cours traitant de la dégustation de la bière, Michel expliquait comment les *seuils de perception* des différents goûts peuvent varier d'un individu à l'autre. (Oh ho!...) Il s'est attardé sur la question du sucre pour raconter que les personnes qui y sont très sensibles n'aiment généralement pas les desserts; la sensation est si intense que c'en est désagréable. Inversement, ceux qui ont la dent sucrée sont souvent plutôt insensibles au sucre; ils sont « capables d'en prendre ». Eh bien, devinez quoi! J'ai la dent sucrée et ma Brune n'aime pas les desserts…

La morale de cette histoire? Oui, oui, bien sûr, il faut écouter sa Brune, lui faire confiance, respecter son jugement, et gna gna… Écoutez : j'ai déjà fait mon *mea culpa* auprès d'elle. Maintes et maintes fois. La morale *ici*, c'est qu'il est important de démocratiser la dégustation. Ne soyez jamais gêné de dire ce que vous pensez, ce que vous percevez. Bien sûr, la dégustation est une habileté qui se développe avec l'expérience, mais comme chacun a ses papilles et ses talents, les opinions sont complémentaires, pas contradictoires. D'ailleurs, toutes les brasseries qui se respectent possèdent, à l'interne, un *panel* de dégustation composé d'un nombre suffisant de gens pour que tous les types de perceptions soient mis à contribution.

Contrairement à ce que j'ai suggéré plus haut, ce ne sont pas les papilles elles-mêmes qui se développent. Ce qui est à l'œuvre, c'est un processus neurologique de différenciation par lequel le cerveau apprend à distinguer les différentes sensations qui lui arrivent en bloc, entremêlées, comme c'est le cas dans une expérience sensorielle complexe comme la dégustation d'une bière ou l'écoute d'une symphonie. De la même façon, il serait faux de penser que les aveugles ont des oreilles qui entendent mieux; c'est leur *cerveau* qui est plus aiguisé.

81

Ce qu'Ales et Lagers ne sont *pas*. Nous sommes loin d'en avoir fini avec la Grande Question des Ales et Lagers! Ce dont il faut maintenant parler, c'est d'une demi-vérité trop souvent colportée, à savoir que l'Ale est une fermentation « haute » et la Lager une fermentation « basse ». C'est une distinction douteuse quand les termes font référence au *comportement de la levure à la fin de la fermentation active* [55].

Si les levures de Lager ont toujours eu l'habitude, après la floculation, de sédimenter vers le fond de la cuve – vers le *bas* –, les levures Ale ont longtemps plutôt migré vers le *haut*, à la surface du moût où elles surnageaient. C'est *là* que la levure Ale était traditionnellement récoltée afin d'être réensemencée. Voilà pourquoi les bassins de fermentation primaire étaient larges et ouverts [57]:

◀ **Figure 2.8. Arômes laissés par les sous-produits de fermentation.** La levure de la Budweiser laisse un léger goût de banane [84], la levure de la Coors une petite touche de pomme verte. Dans d'autres bières, on trouvera des flaveurs de miel, de caramel écossais, de citron, d'acétone, de chou cuit, d'anis, de rose ou de maïs! (Photo : Jacques Courtemanche)

il fallait pouvoir circuler tout autour pour écumer la levure.

L'avènement de la cuve cylindro-conique a tout bouleversé. Précisons que la migration vers le haut n'est pas une caractéristique *fondamentale* de la levure Ale ; il y a toujours eu, à l'intérieur de cette grande famille, des *variétés* de levures Ale qui préfèrent couler à pic, comme leurs cousines Lager. Au cours des dernières décennies, les souches de levures Ale « flottantes » ont graduellement été abandonnées au profit des « plongeuses », mieux adaptées au réservoir de fermentation moderne. On peut donc dire que de nos jours, toutes les fermentations sont « basses ».

Enfin… *presque* toutes. Il existe encore de rares traditionalistes. *Les 3 brasseurs* en sont ; si vous allez dans une succursale de cette chaîne de bistro-brasseries, un jour de semaine, vous pourrez peut-être voir le brasseur écumer ses cuves de fermentation primaire. Profitez-en donc pour piquer une jasette[12] avec lui [47]… ou *elle* ! [49]

82

Go with the flow ! Les plus curieux se demanderont peut-être comment des levures Ale peuvent flotter à la surface. Est-ce qu'elles savent nager ? Eh bien, ce n'était qu'une image ! Les levures n'ont effectivement pas de nageoires. (L'idée n'aurait pas été *si* farfelue, et ce même si elles ne sont que des êtres unicellulaires ; après tout, il existe effectivement des micro-organismes qui sont couverts d'espèces de « poils » qui, en ondulant, leur permettent de se déplacer.)

La méthode de flottaison des levures Ale traditionnelles est fort simple ; ces souches ont la particularité d'avoir une membrane [64] très… *collante*. Non seulement elles peuvent parfois retenir contre elles les petites bulles de CO_2 qu'elles produisent en digérant le sucre [3], mais elles sont aussi tellement floculantes [55] qu'elles peuvent commencer à se coller les unes aux autres *pendant* la fermentation, emprisonnant entre elles une partie du gaz carbonique qu'elles sécrètent. Dans les deux cas, le gaz carbonique leur sert en quelque sorte de flotteur.

La phase la plus active de la fermentation s'est méritée en allemand le nom de *krausen* (frisé) en référence à l'apparence de la mousse qui se forme à la surface de la bière, mais on se sert plus souvent de l'image du chou-fleur pour la décrire. À l'apogée de la fermentation active, il y a toujours un peu de levures dans cette belle couche de mousse, mais dans le feu de l'action, les grappes finissent par se briser, et les cellules par replonger dans la bière. C'est ainsi que la levure monte et descend dans le liquide en ébullition. C'est seulement quand la fermentation se calme que les amas de cellules Ale, qui continuent à flotter, forment une couche épaisse et dense qu'on récolte à la surface des larges réservoirs de fermentation [57].

Mais qu'en est-il des souches Ales *et* Lagers moins collantes qui ne floculent pas aussi facilement ? Elles se déplacent également grâce à l'énorme quantité de CO_2 qu'elles produisent, mais suivant

---

12. Discuter, bavarder.

un mécanisme complètement différent. D'abord, il faut comprendre que les bulles de gaz sont capables, par simple friction, d'entraîner le liquide autour d'elles. Dans une cuve cylindrique, le mouvement de masse des bulles de CO_2 se concentre au *milieu* du volume de bière, créant ainsi un *courant ascendant*: c'est l'*effet cheminée*. Comme dans n'importe quelle convection, s'il y a une masse qui se déplace vers le *haut*, il y en a automatiquement une qui se déplace vers le *bas*. Dans ce cas-ci, c'est tout le long de la paroi que redescend la bière, et c'est suivant ces courants naturels que les cellules se déplacent pendant la fermentation; c'est ainsi qu'elles sont amenées à croiser tous les sucres du moût et à le fermenter uniformément.

Comme qui dirait : « La Nature est donc ben faite! ». N'empêche qu'on peut toujours l'aider, la Nature. C'est pour cette raison que les proportions géométriques des cuves cylindro-coniques de fermentation (diamètre *vs* hauteur) sont calculées pour *maximiser* la convection, et ainsi la *vitesse de fermentation*. Avec un effet cheminée optimal, la même fermentation peut prendre jusqu'à une journée de moins que dans un réservoir traditionnel, large et peu profond. Dans une brasserie, *rien* n'est laissé au hasard!

83

Le haut et le bas qui importent. Si de nos jours on se fout pas mal des habitudes migratoires des levures [81], il y a tout de même, entre Ales et Lagers, une différence importante qui est toute en hauteur; il s'agit de la différence de *température de fermentation*. L'Ale fermente à *haute* température (autour de 20 °C) alors que la Lager fermente à *basse* température (autour de 10 °C). (Dans les deux cas, la température peut varier de plus ou moins 5 °C selon la souche de levure et la brasserie, mais faisons simple[13]). Pour éviter toute confusion, il faut prendre soin de préciser de quel haut et de quel bas on parle, car dans le cas de la température de fermentation, la différence est – ça vaut la peine de le répéter – d'une importance *capitale*.

On a vu, avec le régime d'empâtage, à quel point la température peut affecter l'activité d'une enzyme [75]. Maintenant, dites-vous bien qu'en termes de complexité, le processus de conversion de l'amidon en sucre, c'est de la petite bière comparativement à l'ensemble des réactions *enzymatiques* qui se produisent dans la fermentation [14].

Jusqu'à maintenant, le portrait que j'ai dressé de l'activité de la levure [3] se représenterait comme ceci [figure 2.6],

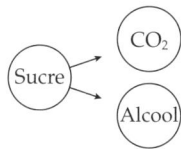

FIGURE 2.6 Simplification de l'activité enzymatique des levures

alors qu'en réalité il ressemble davantage au schéma de la page suivante. Allez voir de l'autre côté de la page et revenez. Surtout, ne paniquez pas! Prenez une *grande* gorgée de bière et détendez-vous. Si j'avais *vraiment* voulu

---

13. Ne pas compliquer les choses inutilement.

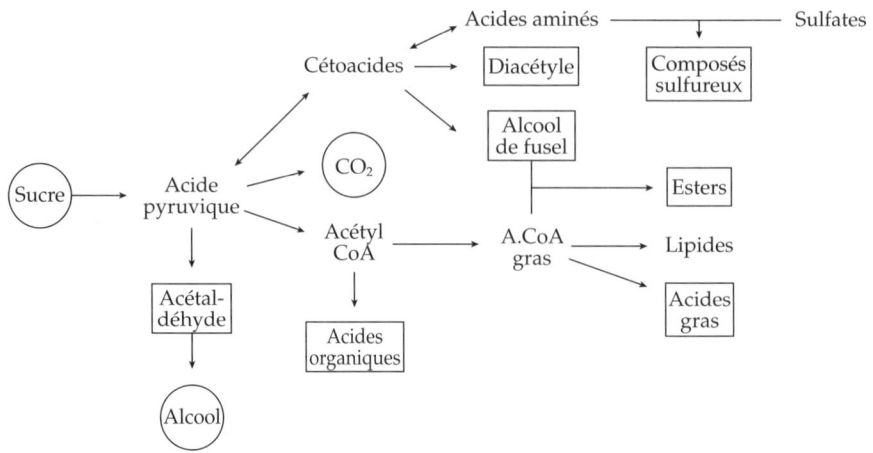

FIGURE 2.7 Processus à l'œuvre dans la fermentation alcoolique de la bière par les levures

vous faire peur, j'en aurais produit une douzaine de schémas comme celui-là [figure 2.7]. Dites-vous bien que derrière *chacune de ces* petites flèches, se cache une monstrueuse série de sous-réactions biochimiques. Pour vous dire la vérité, je ne comprends pas tout ce qui se passe pendant la fermentation, cette passion je la laisse aux chercheurs et je vous l'épargne ! Ce qu'il importe de retenir ici, c'est qu'en plus du gaz carbonique et de l'alcool, de nombreux *sous-produits* de la fermentation peuvent se retrouver dans le produit fini *et en altérer l'arôme et le goût*. Le croirez-vous : vous pouvez goûter ou sentir dans la bière chaque composé *encadré* de la figure 2.7. Ils seront tous présentés convenablement ci-après.

De plus – et c'est là le nœud de l'histoire ; soyez attentifs ! – le développement de la majorité de ces sous-produits est, entre autres choses, *influencé par la température de fermentation*. Il y a une règle générale : plus la bière est fermentée à haute température, plus elle présentera de sous-produits de fermentation, et plus elle sera goûteuse et aromatique.

84

Propre, net et précis. Il est à la fois subtil et épineux, ce merveilleux monde des flaveurs [36] liées à l'activité des levures. Certains sous-produits de fermentation sont très agréables, d'autres moins. Plusieurs apportent une contribution positive à faible dose, mais finissent par déranger si leur concentration augmente. Un composé peut être considéré comme un défaut pour un certain *style* de bière, mais un attribut recherché dans un autre ; la bête noire d'une brasserie, la *signature* spéciale d'une autre. En fait, plus compliqué que ça, tu meurs...

Pour le moment, je m'en tiendrai à l'essentiel : puisqu'elles sont fermentées à haute température [83], les bières Ales ont tendance à être plus savoureuses, fruitées, parfumées... plus *complexes*. À l'inverse, grâce à sa capacité de travailler à plus basse température, la levure Lager est *capable* de produire des bières moins aromatiques et goûteuses... plus *simples*.

Je dois préciser que dans l'utilisation du mot « simple », il n'y a pas l'ombre d'un sous-entendu péjoratif. Comme dans le cas d'une équation ou d'une loi scientifique, la simplicité d'une Lager est un gage de beauté et d'élégance. À l'inverse, s'agissant d'Ale, la complexité n'est pas *nécessairement* une qualité. Parfois, comme dit l'adage : « Trop, c'est comme pas assez ! »

Au sujet du caractère idéal d'une Lager, les professionnels peuvent difficilement se retenir d'utiliser une expression anglaise : le goût d'une Lager doit être *clean*. Une bière « propre », ça ne veut pas dire qu'elle goûte l'eau de javel, ou encore qu'elle ne goûte *rien*. Cela fait simplement référence à l'absence de sous-produits de fermentation. Dans une bonne Lager, on ne doit trouver que les saveurs de base : l'alcool, le gaz carbonique, le malt ainsi que l'amertume et la saveur du houblon. *That's it, that's all* !

Évidemment, rien n'empêche un brasseur d'utiliser une levure Lager et de la faire fermenter à haute température, comme une Ale. La Lager ainsi produite sera aussi aromatique qu'une Ale. Une bière aussi farfelue existe bel et bien ; elle est désignée, aux États-Unis en particulier, par l'appellation *steam beer*.

En ce qui a trait au CO_2 faisant partie de ce que l'on appelle les saveurs primaires de la bière, cela peut surprendre. Néanmoins, de récentes études auraient confirmé que des récepteurs normalement dédiés à la saveur aigre sont aussi capables de détecter le gaz carbonique. Même quand le gaz n'est plus là, on peut encore goûter l'acide carbonique qu'il a laissé derrière lui. Buvez un verre d'eau gazéifiée (minérale), après qu'elle ait complètement perdu son effervescence, et vous devriez être en mesure d'y goûter aussi l'acide carbonique.

85

La meilleure bière au monde. Tout le monde sait que tous les goûts sont dans la nature, que ça ne se discute pas, *et cætera*. Personne n'osera prétendre que telle ou telle bière est *la* meilleure. Récemment, la brasserie Carlsberg s'est habilement rapprochée de cet énoncé en promouvant sa Lager blonde comme « *possiblement* la meilleure au monde ». Je l'ai trouvée très astucieuse, celle-là.

Un autre slogan bien connu, beaucoup plus vieux celui-là, est *The King of Beers*. C'est également une brillante façon de suggérer la perfection. Or, dans ce cas-ci, il s'avère que c'est peut-être vrai. En effet, beaucoup de gens dans l'industrie considèrent la Budweiser comme étant, *techniquement*, la meilleure bière au monde. Ça vous surprend ? Si vous êtes un Amateur de Grandes Bières, peut-être cela vous choque-t-il ? Prenez une gorgée de *votre* bière préférée et calmez-vous un instant.

Le fait est que la Budweiser est une bière sans défaut. Sinon un *très* subtil arôme de banane (vous avez bien lu), elle ne contient aucun sous-produit de fermentation. La Budweiser est *propre, propre, propre*, tant et si bien qu'elle est souvent utilisée comme bière étalon dans des dégustations. Entre deux bières qu'on veut évaluer, on prend une gorgée de Bud, et cela a pour effet de faire ressortir les goûts et arômes les plus discrets des autres bières.

On aime bien dénigrer la bonne vieille Bud, mais quiconque connaît la brasserie Anheuser-Busch qui la produit sait quel haut degré de professionnalisme cette vénérable institution a atteint. Ils sont à la fois des leaders dans la science brassicole et les gardiens de vieilles traditions appliquées avec une méticulosité qui fait frémir [46]. Si vous pensez que la Budweiser – ou toute autre grande bière de renommée mondiale – est produite à grande vitesse et au moindre coût, détrompez-vous. Et si vous insistez pour entretenir un certain snobisme de bon aloi, dites-vous que la Budweiser est la meilleure parce qu'il est *très* difficile de faire une bière qui ne goûte pas grand-chose…

86

Sueurs et maux de tête. J'imagine que vous brûlez d'impatience d'en savoir plus sur ces arômes et saveurs correspondant aux sous-produits de fermentation. Allons-y gaiement.

Je commencerai par deux substances qui ne sont pas censées être perçues, ni dans l'Ale ni dans la Lager. Je dis bien « perçues », car les *acides gras* et les *alcools de fusel* [83] sont bien présents dans toutes les bières, mais pour qu'ils deviennent problématiques, il faut que leur concentration dépasse leur seuil de perception. Puisque les seuils de perception varient selon les individus [80], le seuil de perception de la substance elle-même fait référence au seuil « moyen » calculé dans l'ensemble de la population, c'est-à-dire à la concentration nécessaire pour qu'une substance soit détectée 50 % du temps.

Pour que les concentrations des acides gras et des alcools de fusel dépassent leur seuil de perception, il faut que la brasserie ait eu d'énormes difficultés. Heureusement, c'est plutôt rare. *Fort* heureusement, car les conséquences sont assez néfastes.

Dans le cas des acides gras, une trop forte concentration ferait apparaître des arômes de sueur, d'huile végétale, d'acide caprylique et de suif. Essayez de trouver un accord bière-mets avec ça !

Les alcools de fusel, aussi appelés alcools supérieurs, apparaissent en petite concentration dans la bière, mais leur seuil de perception étant généralement très élevé, ils passent complètement inaperçus. S'il fallait que leur concentration augmente davantage — par suite d'une trop haute température de fermentation, d'une densité de départ très élevée [70] ou de toute autre cause — ce n'est pas tant leur saveur décapante qui dérangerait que les maux de tête qu'ils pourraient occasionner. Peut-être que je ne devrais pas parler de « maux de tête » puisque ce n'est pas vraiment *douloureux*. Chose certaine, c'est une sensation étrange que provoquent les fusels, une sorte de *pression*, très localisée, à la hauteur des tempes.

À vrai dire, le lien entre fusels et maux de tête n'a jamais été prouvé, mais, personnellement, je suis porté à y croire à cause d'une expérience que j'ai eue avec une cuvée de vin maison de mon ami Bjorn ! (Non, ce n'était pas du vin rouge, et la question des sulfites doit aussi être écartée ; cet agent de conservation peut causer des réactions allergiques, mais, apparemment, pas des maux de tête…)

87

Le fruité sans les fruits. Ce que les alcools supérieurs et les précurseurs d'acide gras apportent de particulièrement important, ce sont les *esters* [83]. Il existe de nombreux esters différents, auxquels correspondent de nombreux arômes [figure 2.8, page 86]. Citons la banane, la poire et la pomme, sucrée ou verte, l'anis, la rose, le miel et le solvant… (Le solvant ! ?! Sachez qu'un arôme d'acétone, à faible dose, n'est pas du tout désagréable. Par contre, j'ai récemment dégusté un Chenin blanc qui sentait tellement le diluant pour vernis à ongles que c'en était troublant.)

La formation de ces composés très aromatiques et volatils est favorisée par plusieurs facteurs, dont la haute température de fermentation. Voilà pourquoi les Ales sont si fruitées. Et si la densité apportée par les dextrines contribue à la *perception* du sucre [76], les esters fruités font également ressortir le caractère sucré des Ales. Cette synergie entre les esters et le sucre compte pour beaucoup dans l'explication du goût de l'Ale.

88

L'haleine du géant vert. Les *composés sulfurés* [83] sont non seulement nécessaires pour la levure, ils apportent également, *à faible dose*, une petite touche intéressante au produit fini. Comme dans bien d'autres cas, c'est à de plus grandes concentrations que les arômes sulfuriques deviennent désagréables. On parle ici d'odeurs d'œufs pourris, de maïs, de chou surcuit ou d'allumette brûlée…

Beaucoup de composés sulfurés, ou de leurs *précurseurs*, proviennent des ingrédients, notamment du malt. À la sortie de la cuve-filtre [25], la concentration dans le moût est assez élevée. Heureusement, ces substances peu ragoûtantes sont assez volatiles, et la plupart sont chassées pendant l'ébullition. L'évacuation des composés *volatils* indésirables constitue une autre bonne raison de s'assurer que l'activité dans la cuve d'ébullition est *vigoureuse* [38].

Un peu la même chose se produit dans la cuve de fermentation. Cette fois-ci, c'est la levure elle-même qui produit des composés sulfurés, mais l'excédent sera tout de suite chassé par un autre *genre* d'ébullition : l'effervescence causée par le CO_2 pendant la fermentation active [82].

S'il est à peu près impossible de trouver une bière qui sent carrément les œufs pourris (hydrogène sulfuré, ou H_2S) ou l'allumette soufflée (dioxyde de soufre, ou SO_2), il y a un autre composé sulfuré qui a plus souvent l'habitude de se pointer le bout du nez : le *diméthylsulfure*, que les brasseurs ont l'habitude d'appeler par son acronyme (DMS). Vous connaissez sûrement cette odeur. Elle vous aura frappé en entrant dans une maison où des légumes ont bouilli trop longtemps, ou encore en ouvrant une conserve de maïs…

89

Un peu de bière sur votre coupe glacée ? Les *cétones* sont une famille de composés dérivés des cétoacides. Le plus fier et plus commun représentant de ce groupe est le *diacétyle* [83].

Quoiqu'il évoque aussi le miel et le beurre – on en trouve effectivement beaucoup *dans* le beurre... et certains Chardonnays! –, l'odeur qui lui est le plus souvent associée dans la bière est le caramel écossais (*butterscotch*). Ceux qui ont la dent sucrée ne se plaindront certainement pas de trouver cet arôme dans leur verre... D'ailleurs, certaines brasseries, notamment la montréalaise McAuslan, utilisent à escient une souche de levure qui beurre épais[14] (!) en diacétyle pour donner cette signature particulière à leurs produits.

C'est une autre paire de manches si l'objectif est de produire une Lager propre. Par un malencontreux hasard, le diacétyle fait partie des rares sous-produits qui sont *favorisés* par une fermentation à basse température. À plus haute température, les levures sont généralement capables d'éliminer le diacétyle qu'elles ont elles-mêmes produit. Qu'à cela ne tienne, les brasseurs de Lager n'ont qu'à laisser la bière effectuer, en *fin* de fermentation active, ce qu'on appelle une *montée libre*.

La fermentation est un phénomène *exothermique* – un autre joli mot qui veut simplement dire « qui dégage de la chaleur ». (Casanovas, prière de ne pas draguer en remplaçant : « Wow, bébé, t'es hot à souère ! » par « Houla, poupée, tu es exothermique ce soir ! », à moins que vous ne soyez à une soirée du département de chimie.) Voilà une des raisons pour lesquelles la cuve cylindroconique est équipée d'un système réfrigérant [57] : pour *maintenir* la température pendant la fermentation. Une montée libre consiste à couper la réfrigération pour laisser la température monter de quelques degrés, juste assez pour que l'activité de la levure s'accélère et métabolise son propre diacétyle. L'augmentation de la température en fin de fermentation donnera également un coup de pouce à la levure Lager qui en profitera pour finir de digérer tout le maltotriose [76].

90

House character. Certaines brasseries veulent à tout prix éviter le diacétyle, d'autres en font leur marque de commerce. Certaines brasseries travaillent fort pour minimiser la présence d'esters [87], d'autres choisissent volontairement une souche de levure qui laisse une signature fruitée particulière dans toutes leurs bières. D'un côté, certaines brasseries s'évertuent à suivre à la lettre toutes les règles de l'art [46] ; de l'autre, certaines cherchent une façon d'en déroger pour s'attribuer ce qu'on appelle un *house character*, une « particularité de la maison ». C'est de loin l'une de mes expressions préférées. D'ordinaire, elle désigne un attribut qui qualifie *tous* les produits d'une *même* brasserie, généralement à cause de la souche de levure utilisée.

Cette idée de la « particularité de la maison » me fait beaucoup rigoler, car c'est un pied de nez à la conformité, une façon de foutre en l'air toutes les traditions, une soupape de sûreté lorsque les coutumes imposent un cadre trop contraignant. On passe des siècles à développer des pratiques très strictes, une conception étroite de ce qui est bien et de ce qui ne l'est pas, mais à la marge, on se permet n'importe quoi, à

---

14. En remettre, exagérer.

la condition, bien sûr, de ne pas appeler ça « n'importe quoi »... On appelle ça *house character*. Caractère maison.

Ce n'est pas un phénomène unique à la bière, loin de là. Je dirais même que c'est un principe universel de l'humanité : « la loi du fou du roi ». Dans tout système, il faut réserver une place à l'antisystème ; seulement, ce qui est *contre* le système doit être déterminé *par* le système. Il faut encadrer ce qui sort du cadre. Il faut le définir, le nommer. *House character*.

Elle est omniprésente, dans le monde de la bière, cette idée paradoxale qu'il y a des règles très strictes, mais en même temps que tout est relatif. Rappelez-vous : « Un composé peut être considéré comme un défaut pour un certain style de bière, mais un attribut recherché dans un autre ; la bête noire d'une brasserie, la *signature* spéciale d'une autre » [84]. Ça valait la peine de tout répéter, verbatim, car nous allons en reparler encore et encore. *House character*.

91

Trip d'acide. On peut trouver au-delà de 100 différents *acides organiques* [83] dans la bière. Certains sont déjà présents dans le moût – ils proviennent donc du malt et du houblon, et de leur interaction avec l'eau – mais beaucoup d'autres sont produits par l'activité de la levure. L'acidité totale augmente considérablement en cours de fermentation, mais il n'y a pas de quoi faire un *trip*, car ce n'est rien comparé au vin qui, en fin de compte, est environ 10 fois plus acide que la bière. Il faut dire qu'au départ, le moût de raisin est sensiblement plus acide que le moût de céréale.

Ensemble, les acides organiques apportent une contribution importante au goût ; pas étonnant puisque l'acidité fait partie des quatre saveurs de base [36]. Bien que les différents acides organiques développent différents parfums (vinaigré, salé, aigre, citronné, amer, etc.), on ne peut pas dire qu'en temps normal il y en ait qui se démarquent. Par contre, il faudra reparler en détail des acides organiques qui apparaissent en forte concentration par suite d'une contamination bactérienne [135,139].

92

Un dimanche matin en banlieue. Tiens ! Je me souviens d'une *autre* ambition que j'avais étant petit [11] : passer la tondeuse à gazon. J'ai deux grands frères, alors ils ont eu bien avant moi le « privilège » de s'occuper de cette corvée estivale. Je les regardais s'exécuter et, avec toute l'innocence de mon très jeune âge, je pressais mon père de me donner la permission de le faire. Quand mon tour est finalement venu, je crois que le charme a opéré le temps de faire la moitié de la cour arrière. J'ai très vite saisi l'ampleur de ma naïveté et passé les dix années suivantes à me défiler.

Je sais maintenant que la tonte du gazon est un *rite de passage* pour l'*Homo banlieusardus*. Dans la savane africaine, on devient un homme en chassant son premier lion ; à Repentigny, c'est en maîtrisant le monstre coupeur de pieds... Je n'ai jamais oublié ces heures de torture ! Je laisse aujourd'hui aux cols bleus de la Ville de Montréal le soin de couper le gazon du terrain de jeu de ma fille, et c'est en sifflotant que je tonds mes propres 4 mètres carrés de pelouse.

Malgré tout, je suis rempli d'un doux et profond bonheur nostalgique chaque fois que le parfum unique du gazon fraîchement coupé parvient à mes narines. Quelle joie de le retrouver dans la brasserie, été comme hiver ! En temps normal, encore une fois, vous ne devriez pas rencontrer dans votre verre cet arôme laissé par l'*acétaldéhyde* [83]. De son vrai nom, l'*éthanal* (aldéhyde acétique, éthyl aldéhyde ou oxoéthane) est un produit secondaire de la transformation du sucre en alcool. Bien qu'il soit présent en grande concentration vers la fin de la fermentation active, la levure finira par le métaboliser si on lui en laisse le temps, tout comme pour le diacétyle [89].

Par contre, si le brasseur est *vraiment* pressé de servir sa bière, il pourrait alors être tenté de régler trop tôt le thermostat de sa cuve de fermentation autour de 0 °C pour favoriser la sédimentation de la levure [55]. Dans un cas comme celui-là, la levure s'endormirait avant d'avoir eu le temps de réduire l'acétaldéhyde, et ses arômes de feuille verte ou de pelouse fraîchement coupée se retrouveraient dans le produit fini. C'est le genre de chose qui pourrait survenir, par exemple, dans un bistro-brasserie qui ne réussit pas à répondre à la demande au plus fort de la saison estivale... Surtout, n'hésitez pas à demander au brasseur de vous tirer un petit verre de bière en fin de fermentation pour pouvoir découvrir ce parfum passager. Est-ce un hasard si on dit, d'une telle bière, qu'elle est encore *verte* ?

93

***Possiblement* la meilleure brasserie au monde...** Ce n'est pas d'hier qu'il y a des fusions entre les brasseries. Depuis les débuts de l'Industrialisation, l'histoire brassicole suit des cycles d'intégration, d'éclatement, d'apparition de nouvelles brasseries, suivis de nouvelles fusions, et ainsi de suite.

Il y a des avantages communs à toutes les fusions d'entreprises. Un des plus importants est sans aucun doute l'accès à de nouveaux *réseaux de distribution*. Dans le cas de la bière, la distribution c'est le nerf de la guerre. Concrètement, attaquer un nouveau marché, c'est réussir à mettre sa bouteille sur les tablettes des points de vente. La façon la plus simple d'y parvenir est d'acheter une brasserie déjà active dans ce marché, ce qui revient à acheter ses représentants de vente, ses agents de télémarketing, ses entrepôts et sa flotte de camions de livraison.

C'est grâce à ce phénomène que tout le monde aujourd'hui connaît la Heineken, la Stella Artois, la Bass, et j'en passe. Ce que les gens qui voyagent peu peuvent ignorer, c'est que les brasseurs de ces produits importés ont souvent, dans leur marché local, un portfolio de bière *beaucoup* plus grand. Sur les marchés étrangers, ils ne commercialisent généralement qu'*une* bière, leur bière phare (*flagship beer*). Que ce soit la plus populaire sur le marché local ou celle qui, par ses attributs, a le plus de chances de percer dans tel ou tel marché étranger, cette bière a nécessairement une marque *forte* qui sera le fer de lance de la fidélisation des consommateurs. Les *autres* produits de la brasserie ne seront étalés que sur les tablettes du pays d'origine.

C'est donc avec un bonheur égal à ma surprise que j'ai un jour découvert les nombreux produits de la brasserie Carlsberg [85]. C'était lors d'un court séjour au Danemark. J'arrivais du nord de l'Allemagne où j'avais fait de belles expériences gustatives ; pourtant, ce fut la révélation : le portfolio de Carlsberg est très large, très varié, et *toutes* les bières que j'ai eu le temps de déguster étaient excellentes.

94

... *certainement* avec une place importante dans l'Histoire. C'est à Copenhague, en 1881, qu'un certain Emil Hansen a développé une technique de laboratoire qui allait transformer l'industrie de la bière, en plus de donner un bon coup de main à tous les chercheurs en microbiologie [figure 2.9]. Hansen, alors au service de la brasserie Carlsberg, a trouvé le moyen d'*isoler* une *cellule de levure*.

Pour bien saisir la difficulté de cet exploit, imaginez un éleveur qui a identifié un taureau ayant toutes les qualités recherchées chez un géniteur parfait. Il peut isoler cet animal sans difficulté et s'assurer qu'il soit le seul à avoir une descendance. Imaginez maintenant que le troupeau est composé de créatures *microscopiques*. Vous voyez ? Isoler un spécimen est un défi inversement proportionnel à la taille du sujet !

FIGURE 2.9   **Laboratoire brassicole**. La bière Carlsberg a pendant longtemps été brassée sous licence par Labatt. Aujourd'hui, c'est sur d'autres grandes bières que les techniciens de laboratoire de leur brasserie de Montréal font des analyses.

Aussi n'est-il pas étonnant qu'on ait baptisé l'espèce à laquelle appartiennent les levures Lager en l'honneur de la brasserie où cet exploit a été réalisé : *Saccharomyces Carlsbergensis*. D'un point de vue taxonomique, la levure à bière appartient au genre *Saccharomyces* [3] auquel appartiennent différentes espèces ; l'espèce est caractérisée par le deuxième nom latin. Ainsi, la levure Ale a pour nom *Saccharomyces cerevisiæ* (du mot gaulois qui a aussi donné « cervoise »). Mais la levure Lager ne porte pas toujours le nom de *Saccharomyces Carlsbergensis* ! Il convient de préciser qu'un *autre* nom scientifique est également utilisé pour la désigner : il s'agit de *Saccharomyces uvarum*, en référence à la forme ovale que prennent les cellules Lager. Les cellules de levure Ale, si vous voulez savoir, sont plutôt rondes.

95

Sélection naturelle et artificielle. Il va de soi qu'Emil Hansen n'a pas *inventé* la Lager. Comme la majorité des autres espèces vivantes, la levure Lager est le résultat de mutations naturelles. Il y a fort à parier que cela ne s'est pas passé au Danemark, mais plutôt en Allemagne, en *Bavière* pour être plus précis. Dans cette région, comme un peu partout en Europe, ce sont les *moines* qui, à partir du Moyen Âge, ont été les premiers à produire de la bière à plus grande échelle. Bien que la bière était aussi servie aux voyageurs, on ne peut pas encore parler d'industrie ; la production était principalement à des fins de consommation domestique, quoiqu'à cette époque, les monastères étaient beaucoup plus populeux. Or, il faisait froid dans les monastères de Bavière ; les conditions étaient réunies pour qu'y prolifère une espèce de levure résistante aux basses températures.

Avant Hansen, toutes les cultures de levure étaient *mixtes*. Eut-il été possible, à cette époque, de prélever un échantillon de levure, quelle que soit la brasserie, on y aurait trouvé de nombreuses variétés de levures, ce qui inclurait, en toute probabilité, quelques variétés sauvages, plus ou moins indésirables [42], ainsi que des bactéries [135-139].

Comme toutes les créatures sur Terre, les différentes variétés d'une culture mixte étaient en compétition pour la Domination Universelle du moût. Dans les caves des monastères de Bavière, où la bière fermentait tranquillement au frais, vous auriez pu trouver des levures Ale parmi les cultures mixtes, mais, étant donné la basse température, elles ne pouvaient tout simplement pas se reproduire aussi rapidement et efficacement que les Lager [83] ; ce sont ces dernières qui gagnaient invariablement la guerre – un peu par défaut, puisque les compétiteurs dormaient au gaz. Les moines allemands brassaient donc de la Lager, mais tout à fait accidentellement.

À partir du moment où il a été possible d'isoler une seule cellule de levure et de la laisser se multiplier, on a vu apparaître les cultures *pures*. Aujourd'hui, plusieurs centaines de variétés de levures Ale et Lager sont répertoriées, et des spécimens purs sont conservés dans des congélateurs un peu partout sur la planète. Les brasseurs ont maintenant l'embarras du choix, non seulement entre Ale et Lager, mais au sein de chaque espèce, entre une myriade de souches qui ont chacune leur comportement particulier, leur singularité, leur *signature* [84].

96

Symbiose et diversité. La relation entre l'être humain et la levure est fascinante. Comme on l'a vu [12], il y a entre les deux espèces un échange de bons services, un contrat qui profite bien aux deux parties : nous récoltons de la bière, et les levures ont la chance de se propager et de se diversifier à un niveau impossible à atteindre sans notre collaboration.

Il n'y a pas si longtemps, il était coutume pour un brasseur d'en dépanner un autre quand ce dernier avait, pour une raison ou une autre, « échappé » sa levure, c'est-à-dire brisé le cycle du réensemencement [55]. L'existence de ce code d'honneur officieux aura permis à maintes variétés de se promener sur le territoire. Si une nouvelle variété apparaissait chez un brasseur par suite d'une mutation spontanée, il suffisait que le brasseur du village d'à côté manque de levure pour que la nouvelle variété voie du paysage, tout comme ses consœurs de la culture mixte [95]. (Les mutations spontanées sont plus fréquentes que vous ne le pensez. Elles se produisent lors de la duplication de l'ADN, donc plus une espèce se reproduit rapidement, plus il y a de chances qu'apparaissent de nouvelles souches. Pensez au virus de la grippe…)

Même si de nos jours les grandes brasseries ont tendance à protéger jalousement l'identité de leur souche de levure [118], la diversité de souches préservée depuis Hansen est proprement incroyable. Il y a sûrement de nombreuses espèces de grenouilles et de baleines qui aimeraient bien que les êtres humains les trouvent aussi utiles…

97

La plus *vieille* bière au monde. En théorie, on pourrait réutiliser la même culture de levure indéfiniment [55] et c'est à peu près ce que faisaient les brasseurs avant l'ère moderne. De nos jours, pour minimiser les risques de mutation, il est recommandé de ne pas réensemencer la même levure plus d'une quinzaine de fois. Conséquemment, les brasseries industrielles contactent périodiquement leur banque de levure, qui garde au congélateur des cellules de souche pure [95], pour faire démarrer une nouvelle propagation.

Quelques brasseurs se sont amusés à recréer la bière mésopotamienne [50] à partir d'une recette trouvée sur des tablettes de cunéiformes. L'un de ces brassins a même été baptisé Ninkasi, en l'honneur de la Déesse sumérienne de la bière. Si la majorité des ingrédients sont encore aujourd'hui faciles à trouver, le problème de la levure à utiliser demeure entier. Où dénicher une souche authentiquement antique ? Le meilleur candidat jamais identifié a été débusqué en Égypte… dans une *boulangerie* !

Peut-être savez-vous que la levure utilisée pour fabriquer le pain au levain peut aussi être réutilisée indéfiniment. (Bien qu'elles appartiennent au genre *Saccharomyces*, les levures à pain sont moins performantes que les levures à bière : elles produisent moins d'alcool et laissent plus de sucres résiduels [69-70]. En plus, le levain contient des lactobacilles [135]). Il suffit de mettre de côté un peu de pâte remplie de levure, avant d'enfourner le reste, et d'ajouter cette petite boule à une nouvelle recette pour l'ensemencer.

Eh bien ! Figurez vous que cette boulangerie égyptienne se vantait d'avoir maintenu le même levain actif, de façon ininterrompue, depuis des siècles et des siècles ! Cette souche a été recueillie par une entreprise américaine, spécialisée dans les cultures de levain, et est maintenant accessible au monde entier. Bien qu'elle ne soit pas idéale pour la production de la bière, peut-être était-elle réellement utilisée par les brasseurs de la Mésopotamie. Peut-être...

98

Le sang du Christ. À notre époque, ce qu'il y a de plus normalisé, c'est peut-être l'être humain lui-même. Il y a certaines existences qui nous sont devenues difficiles à comprendre. En haut de la liste, il faudrait inscrire la vie de moine. Parfois, bien que cela me paraisse pure folie, il m'arrive de penser, au milieu de certains tourments aussi intenses qu'inutiles, qu'au fond leur vie est la plus *saine* qui puisse être... Force est de constater que ces étranges créatures ont historiquement été un rouage important dans la transmission du savoir. Il en fut ainsi pour plusieurs champs de connaissances, mais celui qui nous importe ici est évidemment la bière. Je voulais revenir sur la question [95], car j'ai personnellement toujours été fasciné par le fait que ce sont des *religieux* qui ont pendant longtemps porté le flambeau du savoir brassicole. C'est quand même surprenant, non ? Ce qui aurait été encore plus cocasse, c'est qu'on serve de la bière à la place du vin pendant la Dernière Cène !

Si, à partir du Moyen Âge, les monastères ont pendant longtemps figuré parmi les plus importants centres brassicoles, il ne subsiste aujourd'hui qu'une poignée de bières authentiquement monacales. En Belgique, il reste six abbayes où la bière est brassée par les moines eux-mêmes. Il s'agit d'Achel, Chimay, Orval, Rochefort, Westmalle et Westvleteren. Il y en a une autre de l'autre côté de la frontière, la néerlandaise Koningshoeven. Seuls les produits de ces sept brasseries peuvent légalement porter l'appellation *bière trappiste*.

L'expression *bière d'abbaye* est un peu plus vague. Elle peut faire seulement référence au *style*, lui-même assez imprécis. Vous trouverez aussi sur le marché des produits qui sont associés à de réels monastères, mais sans y être brassés. Ces bières sont brassées sous licence, dans des installations modernes, et les religieux ne sont généralement pas très impliqués dans cette entreprise. Souvent, comme dans le cas de la Leffe, la communauté monastique ne fait que donner la permission à une entreprise privée d'exploiter son nom, en échange de redevances, bien entendu. Si le contenu de la bouteille n'est pas *vraiment* de la bière d'abbaye (sauf l'inspiration de la recette), au moins les moines en tirent un profit.

Je ne crois pas que les moines de Bavière brassent encore de la bière, mais je peux vous raconter cette anecdote amusante : pendant les quatre semaines précédant Noël (l'Avent) et les fameux quarante jours avant Pâques, les moines allemands – notamment les disciples de Saint-François-de-Paul qui étaient installés à Munich depuis 1627 – s'interdisaient de consommer toute nourriture *solide*. Ils s'évertuaient donc à brasser la bière la plus nutritive possible puisqu'elle allait devenir, le temps du jeûne, leur « pain liquide ».

Cette pratique a grandement contribué au développement des Lagers fortes en alcool [77], et ce n'est pas un hasard si encore aujourd'hui la Doppelbock la plus célèbre, maintenant produite par la très laïque brasserie *Paulaner* de Munich, s'appelle *Salvator* (Sauveur). Cette bière est tellement célèbre qu'elle est à l'origine de la tradition universelle de donner à chaque Doppelbock un nom qui se termine avec « ator » : *Kulminator*, *Celebrator*, *Albator*...

99

Se donner à une brune d'expérience. Vous souvenez-vous encore des trois étapes de la fermentation ? Si oui, allez vous chercher une nouvelle bière, vous la méritez bien. Sinon, allez quand même vous en chercher une ; l'important, c'est de participer.

Nous avons jusqu'ici parlé en long et en large de la *respiration* et de la *fermentation active*. La troisième et dernière étape est – notre titre aura vendu la mèche – la *maturation* [figure 2.10]. La bière peut, au préalable, avoir été transférée dans une cuve dédiée à cette fin, mais, plus communément, la maturation se fera à même la cuve cylindroconique où se sont déroulées les deux premières étapes [57].

La maturation est l'étape la plus longue [51], mais étrangement, c'est d'elle que je parlerai le moins. Faut dire que

FIGURE 2.10 Bière vieillie en fût de chêne. Chez les brasseurs artisanaux, la bière vieillie en fût de chêne est devenue très populaire ces dernières années. Cette méthode s'harmonise bien à certaines bières, souvent les plus fortes et les plus goûteuses (brasserie Dieu du Ciel ! à Saint-Jérôme).

le plus important a déjà été expliqué : après la fin de la fermentation active, la température de la bière est abaissée près du point de congélation, ce qui encourage les cellules de levure à floculer et puis à sédimenter [55].

À cause de la basse température, une troisième cassure de protéines aura également lieu [59]. La formation de ce dernier trouble est beaucoup plus lente, et les flocons ainsi formés sont tellement petits qu'ils peuvent prendre beaucoup de temps à sédimenter. C'est seulement à l'étape de la filtration finale qu'on s'en débarrassera vraiment.

De manière plus générale, la maturation servira à «raffiner» la saveur de la bière. (Beaucoup d'autres produits bénéficient ainsi d'un vieillissement dans des conditions contrôlées.) C'est un phénomène assez subtil, impliquant une série de réactions qui ne sont pas toutes encore très bien comprises. Le résultat final est double : d'une part le goût *s'adoucit*, en ce sens que des flaveurs désagréables se dissipent, et d'autre part, il *s'arrondit*, car les saveurs se *lient* pour ainsi dire les unes aux autres. Phénomène étrange : on dirait que dans une bière trop jeune, les saveurs sont séparées, compartimentées, et que la maturation les unit pour former un *tout*.

100

Elle est très mature pour son âge. Oh ! En passant, j'ai pour vous une petite pépite d'information assez intéressante : dans la langue allemande, le mot *lager* peut se traduire par «lit», «camp» ou «entrepôt». Le verbe *lagerung* veut dire «poser», comme dans «déposer», «reposer», «entreposer». C'est exactement ce que l'on fait avec la bière Lager quand elle fermente et mûrit sur de très longues périodes : elle *lagern*.

Comme toujours, tout est relatif. On ne peut pas comparer les temps de fermentation et de maturation de la Lager à ceux du vin, qui sont beaucoup plus longs. Il est vrai qu'à l'origine, on prenait des *mois* pour produire une Lager, mais de nos jours sa fabrication ne prendra habituellement que 15 à 30 jours. C'est quand même beaucoup plus que les 10 à 15 jours nécessaires à la production d'une Ale.

Au cours des dernières décennies, les brasseries industrielles ont déterminé qu'il était possible de raccourcir le temps de maturation traditionnellement alloué à la Lager, sans en altérer le goût et la qualité. Elles optimisent la productivité de leur parc de réservoirs en raccourcissant le séjour de chaque brassin. Pari gagné ? Il ne sert à rien de vous inquiéter si vous êtes un amateur de Lager : il reste encore de grandes brasseries fidèles aux traditions qui ne sont pas prêtes à faire de concessions sur le temps de maturation. Après tout, ce n'est pas en tournant les coins rond[4] qu'on produit la meilleure bière au monde...

101

La vie du brasseur professionnel. Histoires monastiques, réensemencements infinis, traditions millénaires, tout cela me rappelle une autre expression favorite de ce cher Jérôme [8]. Ce n'est pas tout le monde qui a la chance d'avoir, dans sa profession, un tel guide spirituel (*sic*); aussi je me fais un devoir de partager avec vous cette importante leçon de vie qu'il se plaît à répéter, toujours avec un large sourire : « La bière, c'est un long tunnel noir… et il n'y a *pas* de lumière au bout! »

Plusieurs parmi vous, pratiquant différents métiers dans différentes industries, se reconnaîtront dans cette boutade aigre-douce. J'en retiens que face aux incessantes demandes qu'impliquent le dévouement à un standard de qualité, face aux besoins tyranniques de tout procédé sans fin, face à la condamnation à vie qu'impose une réputation beaucoup plus difficile à maintenir qu'à acquérir, face aux attentes du consommateur qui se fout pas mal de savoir si vous aviez mal à la tête ce jour-là ou si le camion de votre fournisseur était tombé en panne, face à toute cette folie, bref, qui revient jour après jour après jour, il est impératif de garder son sens de l'humour…

Ne pensez pas une seule seconde que l'interminable noirceur rende ennuyant le tunnel dont parle Jérôme. Cet homme a la chance de travailler dans une brasserie où le mot « routine » est inconnu. Au cours de mon propre séjour dans cette entreprise, j'ai vu la production totale croître de presque 300 %! Pendant ces huit années, je ne crois pas qu'il se soit passé une seule semaine sans une nouvelle recette, une nouvelle procédure, une nouvelle pièce d'équipement, un nouvel ingrédient ou un nouveau produit nettoyant… ou un nouvel imprévu, une nouvelle erreur humaine, un nouveau bris mécanique ou une nouvelle contamination! Je crois bien que ces huit années d'expérience en valent le double! Quant à Jérôme, les maîtres-brasseurs comme lui ne sortent pas de sitôt d'un tunnel aussi distrayant. À ce stade de leur carrière, ce qui les pousse à continuer, c'est le *sport*!

Théorie de la stabilité restreinte et générale
Troisième chapitre

102

Westfalia. J'ai récemment fait la rencontre de l'ami d'un ami. Quand il a appris que je rédigeais un livre sur la bière, il m'a demandé s'il allait s'y trouver une référence aux fourgonnettes Westfalia de Volkswagen. Je savais déjà que l'homme est un passionné de ce genre de véhicule, mais il y a quand même des limites à être hors propos. Se défendant de voir des Westfalia dans sa soupe, le type m'explique en quoi sa question n'est pas si bizarre qu'elle en a l'air; il avait récemment lu une autobiographie où l'auteur avait structuré son récit selon les voitures dont il avait été propriétaire au cours de sa vie.

L'idée était intéressante, mais je ne me connais pas d'anecdotes reliant voiture et bière. J'avance donc que je parlerai sans doute de la *Westphalie*, la région

d'Allemagne qui a donné son nom à la fourgonnette. Ma réponse a eu pour effet de lancer l'homme dans le récit du nom et de l'origine de la célèbre auto-caravane. Quand Volkswagen a eu l'idée de ce véhicule, en 1951, il aurait confié à un équipementier chevronné la fabrication des éviers, des comptoirs et des couchettes rétractables, une entreprise nommée... eh oui, Westfalia ! De nos jours, termina-t-il, sans comprendre l'énorme coïncidence qu'il était sur le point de dévoiler, Westfalia (qui avait commencé au XIXe siècle dans les calèches) est surtout connue pour ses *séparateurs centrifuges*. L'homme ignorait qu'au-delà de la séparation du gras du lait dans les laiteries, ces appareils effectuaient *la séparation de la levure et de la bière...* Comble du hasard, j'ai moi-même participé à la mise en fonction d'une centrifugeuse achetée chez GEA-Westfalia ! L'anecdote serait vraiment fantastique si ce n'était de la conclusion : un sympathique représentant de GEA-Westfalia m'a informé qu'il n'y a *aucun* lien historique entre leur entreprise et Westfalia-Werke, le sous-traitant de Volkswagen : la parenté n'est que *géographique* !... Eh bien, parlons-en de la Westphalie.

103

Westphalie. Nous avons des amis originaires de Bochum, en Westphalie, que nous visitons à l'occasion. Bochum, Dortmund tout près, et les autres villes de la région de la Ruhr forment un des plus importants centres industriels de l'Allemagne. Comme il s'agit d'un bassin de population énorme, il n'est pas étonnant qu'on y trouve de très grandes brasseries.

Il y a d'ailleurs un style spécifique de Lager qui s'y est développé, un style qu'on appelle la *Dortmunder Export*. Le « Export » vient du fait que ces bières étaient en grande partie destinées aux marchés étrangers, comme la Molson Export, à l'origine. La Dortmunder est une Lager dorée et ronde qui fait beaucoup penser à la Pilsener, sans pour autant être aussi houblonnée [210]. Vous trouverez, à la Société des Alcools du Québec, la plus célèbre représentante de ce style, la DAB, un acronyme pour *Dortmunder Actien Brauerei*. Son nom évoque le fait que c'est une entreprise publique, en ce sens qu'elle appartient à ses *action*naires. Pépite d'information aussi intéressante que superflue, j'en conviens...

104

Et ça tourne! Nous reprenons ici le récit de la production de la bière à partir de la fin de la période de maturation [99], alors détendez-vous et prenez une bonne gorgée de DAB, si vous en avez, sinon n'importe quelle bonne broue fera l'affaire.

Les séparateurs industriels [102] sont des machines qui tournent très vite, créant ainsi une force centrifuge qui expulse les particules solides : la levure, dans le cas de la bière, mais aussi le trouble [99] et plusieurs autres impuretés telles que des résidus de houblon qui ont tendance à coaguler avec d'autres molécules.

Le séparateur n'éliminera pas *toute* la levure, mais presque. La centrifugation ne remplace pas la filtration proprement dite ; elle ne fait que la faciliter en opérant un genre de *préfiltration*. Autrement, on ne pourrait pas envisager de filtrer la bière avant que la majorité de la levure ait sédimenté naturellement, ce qui pourrait prendre du temps. Avec beaucoup de levures en suspension, le filtre se bloquerait trop rapidement.

Ce ne sont pas toutes les brasseries qui peuvent se permettre ce genre d'équipement, mais chez les plus grandes, les centrifugeuses sont devenues la norme [figure 3.1, p. 119]. Le séparateur est particulièrement utile lorsqu'il est jumelé à l'utilisation de propagateurs à levures [55]. Quand on n'a pas à s'inquiéter de devoir récolter la levure dans le réservoir de fermentation [figure 3.2, p. 120], on peut utiliser une souche de levure dite *poudreuse*. On qualifie ainsi les levures qui n'ont pas tendance à floculer vers la fin de la fermentation active. Comme la levure poudreuse sédimente moins rapidement et reste plus longtemps en suspension dans la bière, elle est plus apte à mener la fermentation à terme, sans laisser de maltotriose derrière elle [74]. Cela facilite la production de bières plus mince en bouche, plus *dry* [78].

n'est pas seulement belle, elle *brille*. Ahhhh! Cette façon envoûtante qu'a la bière de saisir la lumière, de s'en revêtir pour ensuite scintiller de mille feux, éclater de toute sa splendeur, existe-t-il plus beau spectacle? Certes, ma Brune est très jolie, mais elle ne brille pas comme *ça*.

Pendant longtemps, la principale façon de clarifier la bière consistait en une période de maturation, au frais, surtout dans le cas de la Lager, qui passait parfois des mois en cave [100]. Il était commun d'ajouter aux Ales, surtout celles de tradition anglaise, des clarifiants (*finings*) pour aider la levure à sédimenter. Ces substances sont traditionnellement entièrement naturelles, comme l'ichtyocolle (gélatine de poisson), l'albumine (blanc d'œuf) et la bentonite (type d'argile).

Est-ce un pur hasard que le développement de techniques de clarification de la bière a historiquement coïncidé avec l'accroissement de l'utilisation des verres en verre? Chose certaine, seul un verre transparent permet de pleinement apprécier la robe lumineuse d'une bière filtrée [31].

105

Une blonde brillante? Oui, c'est possible. Il faut dire qu'en sortant de la centrifugeuse *ou* d'une très longue période de sédimentation [99], la bière est déjà pas mal belle. À la regarder, on peut se demander ce qu'on pourrait encore améliorer, mais il suffit de la comparer avec une bière convenablement filtrée pour saisir la différence: la bière filtrée

106

Stabilité colloïdale. Imaginez que vous achetez une bouteille de bière non réfrigérée, une bière tablette[15]. Vous la placez devant une lumière intense et vous regardez: à travers la paroi brune, la bière est très belle. De retour à la maison, vous placez la bouteille au frigo et – fidèle à cette

---

15. Bière conservée à la température de la pièce.

mauvaise habitude nord-américaine dont nous reparlerons – vous attendez que la bière soit *très* froide avant de la verser. Surprise! Votre bière est maintenant légèrement embrouillée, voilée. Vous sentez : l'arôme est impeccable. Vous goûtez : rien d'anormal dans la saveur non plus. Constatant que la bière est somme toute très bonne, vous commencez à la boire. Parle, parle, jase, jase[15], la moitié du verre y passe et l'autre moitié se réchauffe. Un tout petit peu. Quelques degrés à peine. Vous jetez distraitement un coup d'œil à votre verre et voilà que votre bière est redevenue parfaitement transparente et brillante. *Que pasa*?

Vous venez de rencontrer – par l'inadvertance de ma mise en scène – le *trouble à froid* (*chill haze*). C'est un problème purement esthétique, mais il donne du fil à retordre au brasseur. Que se passe-t-il, en fait? Comme les autres troubles [31, 59, 99], le trouble à froid est une cassure de protéines provoquée par une baisse de température. Dans ce cas-ci, les très petites protéines qui restent dans la bière sont incapables de coaguler entre elles, mais elles ont une très forte attirance pour les molécules de polyphénols, ou tannins [28].

La *stabilité colloïdale* est le nom *sexy* (*sic*!) qu'on donne à la capacité d'une bière de *résister* au trouble à froid. On l'a vu, le trouble à froid est réversible; c'est une instabilité colloïdale temporaire. Il existe aussi le trouble permanent de nature colloïdale, mais c'est beaucoup plus rare. Généralement, le trouble permanent est de nature microbiologique [142]. Cette stabilité a tendance à *décroître* sous l'effet du temps et de la température. Plus les bouteilles stagnent dans l'entrepôt ou sur la tablette, plus la température d'entreposage est élevée, et moins la bière résistera au trouble à froid. Comme la bière destinée à l'exportation passe beaucoup de temps en transport, il est doublement important de prendre les mesures qui s'imposent pour *stabiliser* la bière.

107

Héraclès contre l'Hydre. La stratégie communément employée par les brasseries pour garantir la stabilité colloïdale est fort simple : attaquer l'une ou l'autre des têtes du monstre protéine-polyphénol. Dans les deux cas, il s'agit d'ajouter une substance entre la centrifugation et la filtration, une substance qui cherche à se lier soit aux polyphénols (tanins), soit aux protéines. Cela a pour effet de faire précipiter les molécules indésirables, hors solution.

Le meilleur produit pour éliminer les polyphénols est le *nylon polyvinyle polyprolidone* (affectueusement appelé PVPP). Ça fait un peu peur, un nom pareil, mais tout est ensuite éliminé à la filtration. Le PVPP étant assez dispendieux, ce n'est pas l'option généralement privilégiée.

Le produit le plus économique est le *gel de silice*, qui s'attaque aux protéines. Le gel de silice, c'est le dessiccatif qu'on trouve dans les petits sachets insérés dans l'emballage de différents produits, souvent électroniques. Si! Si! C'est écrit sur le sachet qu'il ne faut pas en manger, mais ça ne se retrouvera pas dans votre verre de bière, c'est

---

16. Parler pour le plaisir de parler.

garanti ! Le seul hic avec cette technique, c'est qu'il faut prendre garde de ne pas enlever *toutes* les protéines. En effet, les protéines ne sont pas complètement indésirables, elles sont un facteur primordial dans la formation de la *mousse* [158].

Heureusement, le gel de silice est assez sélectif et il éliminera d'abord les protéines qui nuiraient à la stabilité colloïdale. C'est seulement si on l'utilise mal qu'il se mettra à capturer les plus grosses molécules qui aident normalement à la stabilité de la *broue* !

108

Eisbier. Le point de congélation de l'alcool est sensiblement plus bas que celui de l'eau. Si vous refroidissez la bière, il s'ensuit que les molécules d'eau gèleront en premier, pour ensuite *dégeler* en *dernier*. Ce phénomène est à l'origine de la *Eisbock*, une variation de la Lager forte allemande [77].

C'est probablement par accident que cette bière a été développée. On présume qu'il a simplement fallu qu'un baril de bière soit oublié au froid et que son contenu gèle complètement. En laissant le baril se réchauffer, on se serait rendu compte que le premier liquide qui en sortait était plus fort en alcool et très savoureux. La tentation aurait été forte de ne pas *tout* laisser fondre, de ne récupérer que la bière concentrée, en laissant de côté une grande quantité d'eau glacée.

Si vous y pensez bien, le gel est une autre façon de distiller une boisson alcoolique [2]. Une façon beaucoup plus sécuritaire que l'utilisation d'un alambic. Amusez-vous à produire votre propre cidre de glace, vin de glace, etc. ; ce n'est pas tout à fait la même chose que l'original, mais le résultat sera quand même intéressant. Je ne crois pas que cette pratique soit interdite par la loi. Si oui, n'allez pas raconter que c'est moi qui vous en ai donné l'idée...

Mais revenons à la *Eisbier*. Rapidement, elle a révélé une autre de ses caractéristiques : sa très grande limpidité, même servie bien froide. C'est ainsi qu'on a découvert, purement accidentellement, que *la glace emprisonne le trouble à froid* ! Geler la bière et éliminer une partie de la glace est donc une autre façon, entièrement naturelle et sécuritaire, de la stabiliser [106]. Comme les autres types de stabilisation, elle se situe entre la centrifugation et la filtration [104].

Voilà ce qui se cache derrière la bière *Ice* inventée au courant des années 1990. Le procédé consiste à baisser graduellement la température pour que des cristaux de glace se forment, tout en gardant la bière en mouvement afin que les cristaux demeurent en suspension, et le mélange uniforme. Quand environ 5 % de l'eau est ainsi transformée en glace, on pompe la bière à travers le lit de glace, retenu par un filtre.

En enlevant 5 % du volume d'eau, un taux d'alcool initial à 5,2 % par volume n'augmentera qu'à environ 5,5 %, ce qui, au Canada, n'est pas assez pour que la boisson soit légalement considérée comme ayant été *distillée*. Ce n'est pas le cas chez nos voisins du Sud, si bien que dans les *Ice* américaines, le volume de glace éliminé doit être remplacé par de l'eau fraîche.

109

De la poudre aux yeux. Pour réellement *polir* la bière [105], il faut la faire passer par un filtre. Il y a sûrement des images qui vous viennent en tête, des images de filtres en papier ou en carton, de membranes, de cartouches, ou même de cylindres remplis de sable ou de charbon. En réalité, la méthode la plus répandue pour filtrer la bière est beaucoup plus ésotérique : il s'agit de l'utilisation de *terre diatomée*.

La terre diatomée n'est pas utilisée qu'en brasserie. En horticulture, on combat les parasites qui se déplacent au sol en encerclant le potager d'une ligne ininterrompue de terre diatomée.

Cette poudre très fine est extrêmement abrasive, si bien qu'un insecte qui traverse cette ligne verra le moindre recoin ou articulation de son minuscule corps l'absorber, et comme il continue de bouger, l'action mécanique de la poudre aura tôt fait de le taillader au point de le blesser mortellement. C'est mignon comme tout. Aussi mignon est l'effet qu'aura la poudre sur les poumons si vous avez l'habitude d'en respirer...

La terre diatomée est extraite de certains déserts, en particulier aux États-Unis. Son nom est trompeur, car il ne s'agit pas vraiment de *terre,* mais de *fossiles*. Si ! Si ! Vous avez bien lu ! Les déserts en question étaient, dans la nuit des temps, recouverts d'océans ; quand l'eau s'est retirée, elle a laissé derrière elle d'immenses sédiments de micro-organismes marins. La terre diatomée est donc obtenue par le raffinement de cette masse de matière organique fossilisée. Trop cool, non ?

Également fascinante est l'observation de cette poudre au microscope. Elle révélera les magnifiques profils géométriques et symétriques des squelettes de ces créatures préhistoriques. Chaque particule est alvéolée à l'extrême : c'est cette incroyable porosité microscopique qui prête à la terre diatomée son grand pouvoir filtrant. C'est ainsi qu'une multitude de trous minuscules emprisonne les levures, les protéines ou polyphénols coagulés [107] et autres infimes particules.

Concrètement, il y a bel et bien un appareil de filtration en action, avec une entrée et une sortie, entre lesquelles se trouve un ensemble de plaques successives sauf que, comme la cuve-filtre de la salle de brassage [25], ce n'est pas l'appareil lui-même qui filtre [figure 3.3, p. 137].

Que les plaques du filtre soient faites d'un fin grillage d'acier inoxydable ou recouvertes d'une membrane de cellulose, elles ne servent qu'à retenir la terre diatomée injectée dans la bière au fur et à mesure que cette dernière entre dans l'appareil. La poudre s'accumule sur les plaques à mesure que la filtration progresse, formant un *gâteau* poreux à l'intérieur duquel sont emprisonnées les impuretés.

Tout comme pour la silice et le PVPP [107], vous n'avez pas à craindre de *boire* de la terre diatomée. Bien avant l'emballage (l'embouteillage ou l'enfûtage), des *filtres de finition* très fins (cartouches ou cartons) auront éliminé la moindre petite particule de poudre qui se serait échappée du gâteau.

110

Caca de taureau. Traduisez ce titre en anglais, et vous saurez ce que je pense de certaines campagnes publicitaires. Je jubile, à l'instant, de pouvoir vous présenter une des plus grandes bêtises qui peuvent être dites au sujet d'une bière : qu'elle est *filtrée à froid* ! On passe des années sans se faire enfirouaper[17] avec ça, mais il y a toujours une brasserie pour revenir périodiquement à la charge (tout récemment encore !) et se vanter que leur bière est filtrée à froid. *Big deal* ! Mes chers amis, TOUTES les bières sont filtrées à froid !

Il est absolument impératif que la bière soit maintenue le plus froide possible, de la maturation à la filtration en passant par la stabilisation, afin de maintenir coagulées toutes les particules colloïdales [106]. Tant qu'elles demeurent *hors solution*, ces particules pourront être éliminées par la filtration, mais si on laisse la bière se réchauffer le moindrement, les précurseurs du trouble à froid se dissoudront et pourront passer au *travers* du filtre... Toutes les mesures prises préalablement l'auront été en vain ! « Filtrée à froid »... Sans blague !

111

La cuve de garde. À plusieurs points du processus, la bière ou le moût peuvent séjourner temporairement dans un réservoir de construction fort simple, qu'on appelle parfois *cuve tampon*. Ça peut se produire, par exemple, entre la centrifugation [104] et la filtration [109], surtout si ces étapes se déroulent à des *débits* différents et ne peuvent être réalisées de manière continue.

La cuve tampon où la bière fera son dernier séjour avant l'emballage, celle qui se trouve à la sortie du filtre, est plus souvent désignée par l'expression *cuve de garde*. Les Anglais l'appellent *bright beer tank* en référence à la brillance de la bière filtrée [105], qu'ils appellent *bright beer*.

L'expression « cuve de garde » porte à confusion, car on l'utilise aussi parfois pour désigner un réservoir dédié à la *maturation* [99]. En réalité, avant que la filtration ne devienne une pratique répandue, au XXe siècle, la bière était souvent embouteillée ou enfûtée directement à partir du réservoir de maturation, ou cuve de garde, d'où l'amalgame entre les deux fonctions.

La cuve de garde moderne est *cylindrique*, mais elle ne se tient pas toujours debout comme une cuve de fermentation [57]. Elle sera préférablement *couchée*. D'une part, la formation et l'évacuation de sédiments ne sont pas un problème à cette étape et, d'autre part, la configuration horizontale permet d'éviter une *stratification du dioxyde de carbone*, ce gaz qui donne à la bière...

112

Les bubulles. Désolé de vous casser les oreilles avec des termes techniques,

---

17. Se faire avoir, se faire embobiner, se faire berner.

mais sans eux ce livre ne serait pas complet. Dans le jargon professionnel, le dioxyde de carbone (ou gaz carbonique, alias le CO_2) est ce qu'on appelle *les bubulles*. D'accord… ça ne relève pas *vraiment* du jargon professionnel. Ce n'est que moi !

Ce n'est qu'une fois que la bière est filtrée [109] qu'elle peut être *gazéifiée*. Cela peut se faire « en ligne », c'est-à-dire à même le tuyau qui transporte la bière du filtre à la cuve de garde, ou encore dans la cuve de garde elle-même, une fois qu'elle est remplie.

Dans les deux cas, on facilite la dissolution du gaz dans le liquide en l'injectant à travers des très, très, très petits trous. Dans une cuve, le gaz est diffusé grâce à des *pierres de gazéification* qui présentent une très fine porosité, alors que dans la bière qui circule dans un tuyau, on utilise un point d'injection d'unique : la tête d'épingle (*pin point*).

J'ai beau avoir une relative aisance avec la science, il y a des choses assez banales que je n'arrive juste pas à comprendre. Par exemple, comment un gaz peut-il se *dissoudre* dans un liquide ? Je ne sais pas. Ce que je sais par contre, c'est que le gaz s'échappera du liquide s'il le peut. C'est ce qui arrive dans un verre de bière, une bouteille de boisson gazeuse laissée ouverte, ou encore une cuve de fermentation.

Tiens ! Mais pourquoi justement est-ce qu'il faut injecter du CO_2, alors que la levure vient tout juste d'en produire en quantité [82] ? Si par le passé certains brasseurs se sont dit qu'il serait plus simple d'empêcher le gaz de s'échapper, ils ont dû apprendre à la dure

qu'un réservoir de fermentation fermé avait tendance à, disons… *exploser* !

De nos jours, il est possible de pressuriser un réservoir sans danger, grâce à des *valves de sécurité* qui laissent sortir le gaz quand la pression excède un certain seuil. Pourquoi ne pas laisser juste assez de gaz carbonique s'accumuler dans la bière pendant la fermentation ? Principalement parce qu'il est important que certains sous-produits indésirables de la fermentation puissent s'échapper facilement – les composés soufrés, par exemple [88]. Sans l'élimination de ces composés volatils, la bière serait tout simplement moins bonne.

De plus, la température d'un liquide affecte sa capacité à garder un gaz dissout ; plus la température est élevée, moins il peut absorber de gaz. À une température de fermentation – surtout dans le cas des Ales [83] – la bière devient rapidement saturée de gaz carbonique, à un taux de gazéification [120] beaucoup trop faible. Alors il faudrait tout de même en rajouter une fois la bière refroidie.

Enfin, qui dit CO_2 dit *mousse*. Pensez à la délicatesse avec laquelle on doit remplir un verre de bière, puis imaginez les difficultés que présenteraient la centrifugation et la filtration d'une bière déjà complètement gazéifiée…

113

Serre fort, chéri. Une petite parenthèse à l'intention des buveurs de boisson gazeuse : dans un contenant *scellé*, il y a un rapport mathématique précis entre la quantité de CO_2 dissoute *dans* le liquide et la quantité qui s'accumule sous pression dans l'espace vide sous le bouchon – et le gaz cherchera toujours à trouver l'équilibre entre les deux.

Si vous servez une partie de la boisson gazeuse et refermez immédiatement la bouteille, le liquide qui reste perdra une partie de son effervescence quand du CO_2 migrera vers l'espace vide désormais plus grand. Cette migration se poursuivra jusqu'à ce qu'intervienne un nouvel équilibre entre effervescence dans le liquide et pression dans la bouteille. S'il reste moins de la moitié de liquide dans la bouteille, vous aurez beau prendre soin de bien revisser le bouchon, il est inévitable que le liquide perde presque toute son effervescence, l'espace vide à pressuriser étant devenu trop grand.

Ce propos n'intéresse guère le buveur de bière, car même avec les bouteilles qui se rebouchent, *qui* laissera pour plus tard un tiers du nectar ? Je tenais pourtant à traiter de cette partie de la physique des gaz au bénéfice des personnes qui ont l'habitude d'accuser leur conjoint de ne pas avoir bien refermé la bouteille de Perrier. Est-ce que je pense à quelqu'un en particulier ? Non, non, pas du tout !

Notez que la migration du gaz peut se faire dans les deux sens. Si on applique une pression constante de gaz dans l'espace vide au-dessus d'une bière non gazéifiée, le CO_2 cherchera à nouveau à s'équilibrer, mais cette fois en migrant de l'espace vide vers le liquide. C'est une façon de gazéifier la bière, une façon extrêmement lente et artisanale, mais qui fonctionne.

114

L'empreinte d'une brasserie. De plus en plus de gens s'inquiètent des gaz à effet de serre qu'ils produisent. Devrez-vous renoncer aux plaisirs de la bière parce que vos rots menacent l'équilibre planétaire ? Nullement.

Avant même de rassurer les écolos qui culpabilisent trop facilement, je tiens à préciser que le CO_2 contenu dans la bouteille représente une quantité infime par rapport à la quantité produite pendant la fermentation [83]. Pour être bien clair, chiffrons tout cela : pour produire un litre de bière nord-américaine moyenne, titrant à 5 % d'alcool par volume, on doit fermenter un moût qui présente environ 110 grammes de sucre. Pour produire assez de gaz pour *gazéifier* ce même litre, la fermentation d'une *dizaine* de grammes de sucre suffira. Conclusion : la levure produit 10 fois plus de CO_2 que ce qui est nécessaire pour mettre des bubulles dans la bière !

Poussons plus loin. D'où vient ce sucre ? Du malt, n'est-ce pas ? Et d'où vient ce malt ? De l'orge qui a poussé dans le champ. Et que fait l'orge en croissant ? Comme toute autre plante qui croît, l'orge *retire* du CO_2 de l'atmosphère. Le nœud de l'histoire, c'est que la quantité de gaz éliminée par l'orge et le houblon équivaut à celle que produit la levure. C'est une boucle écologique parfaite dont le bilan de gaz à effet de serre est *nul*. Rien ne se perd, rien ne se crée.

Rien ne se perd ? La boucle est-elle vraiment *parfaite* ? Euh… Ce n'est pas aussi simple. Les brasseries utilisent *beaucoup* de CO_2 en dehors de la gazéification, notamment pour «pousser» sur la bière chaque fois qu'elle est transférée d'une cuve à une autre, d'un procédé à un autre. *Chaque fois.* Car il faut toujours s'assurer qu'il n'y ait jamais de contact avec l'oxygène de l'air [43].

La fermentation produit assez de CO_2 pour toutes ces applications, mais ce gaz doit être récolté et surtout *purifié* de toutes les substances volatiles indésirables et autres impuretés [112] avant d'être réutilisé. Bien qu'il y ait un avantage économique à éviter d'acheter du CO_2 chez un fournisseur externe, seules les grandes brasseries sont en mesure d'investir dans des dispositifs de lavage des gaz (*scrubbers*). Or, ces entreprises produisent la majorité de la bière consommée, si bien que l'impact de l'ensemble de l'industrie est probablement assez neutre, et ce, malgré que les plus petites brasseries «gaspillent» un peu plus de CO_2. Bref, y'a pas de quoi devenir fou avec ça...

115

Les blondes et les rousses voilées. La façon naturelle de gazéifier la bière est la *refermentation en bouteille*. Mais attention! Il faut faire ici une importante distinction qui échappe à bien des gens qui ne sont que vaguement familiers avec les bières non filtrées : toutes les bières refermentées en bouteille sont des *bières sur lie*, mais ce ne sont pas *toutes* les bières sur lies qui sont refermentées en bouteille!

Je m'explique : la lie est le *dépôt de levure* qui se forme au fond de la bouteille si on lui laisse assez de temps pour sédimenter. L'expression «bière sur lie» indique uniquement la présence de levure ; cela ne veut *pas* dire que ce sont ces levures qui mettent les *bubulles* dans la bière. En réalité, de nombreuses bières sur lie sont gazéifiées «artificiellement» (gazéification forcée) [112].

Pour sa part, la refermentation en bouteille est un processus naturel qui consiste spécifiquement à *l'ajout de sucre dans la bière au moment de l'embouteillage*. Une très petite quantité [114] suffira pour que la levure produise assez de CO_2. Pour que la levure demeure métaboliquement active, il est important de garder la bière au chaud après l'embouteillage. C'est seulement une fois que la refermentation est complétée, après deux semaines environ, que les bouteilles peuvent être mises au frais. (Bien sûr, la quantité d'alcool augmentera proportionnellement à celle du gaz carbonique [84]. Cette hausse du taux d'alcool – d'environ 0,5 % par volume – est prise en compte dans la recette du brasseur afin que le taux final, après refermentation, corresponde à ce qui est écrit sur l'étiquette. Au Canada, la loi permet une variation de plus ou moins 0,2 % entre le taux affiché et la quantité réelle dans la bière.)

Tout cela est plutôt délicat. La refermentation en bouteille étant un processus entièrement naturel, elle est plus difficile à contrôler que la gazéification forcée. Les résultats peuvent varier ; il peut arriver que la bière manque d'effervescence ou qu'elle en ait beaucoup trop – ce qui saura grandement amuser le consommateur quand il ouvrira sa bouteille...

C'est pour cette raison que les producteurs de bière sur lie, au fur et à mesure que s'industrialise la production, ont tendance à abandonner ce procédé en faveur de la gazéification forcée. En d'autres mots, ils préfèrent injecter du CO_2 dans leur bière sur lie exactement de la même façon que pour une bière filtrée [112].

Il n'y a rien de mal là-dedans. Certains prétendent que la bière refermentée en bouteille a des bulles plus fines, mais franchement, cela me laisse dubitatif. Du CO_2, c'est du CO_2, et la grosseur des bulles est principalement déterminée par la nature du gaz utilisé. Certains gaz, notamment l'azote, forment effectivement des bulles plus délicates [161].

Chose certaine, *toutes* les bières sur lie profitent de la présence de levures. Les levures contribuent directement au goût et, en éliminant toute trace d'oxygène [60], elles préviennent l'oxydation [43] et augmentent du coup la durée de vie du produit.

116

Double ou triple, pas si simple que ça. Si on ajoute du sucre au moment de l'embouteillage afin d'obtenir une gazéification naturelle, la *re*fermentation effectuée est sans conteste une *deuxième* fermentation, distincte de la première. On est alors en droit de parler de *double fermentation*.

Selon votre humble auteur, il serait abusif d'utiliser l'expression « double fermentation » dans le cas d'une bière qui est simplement transférée d'un réservoir à un autre pendant la fermentation active. Il arrive en effet qu'on distingue entre la fermentation *primaire* et la fermentation *secondaire*, mais cela fait simplement référence au fait qu'il peut rester encore un peu de sucre à fermenter quand la bière passe de la cuve de fermentation à la cuve de maturation [57]. Dans ce cas, il y a un peu d'effervescence avant que commence la période de maturation proprement dite. Il ne s'agit quand même pas d'une *nouvelle* fermentation ; c'est seulement la fin de la même fermentation active qui se poursuit dans un nouveau réservoir.

On représente par une *courbe d'atténuation* [70] la réduction de la quantité de sucre tout au long de la fermentation. La vitesse de fermentation augmente de façon manifeste au début, pendant que la levure respire et se reproduit [63], jusqu'à atteindre un plateau. La courbe d'atténuation est très prononcée au plus fort de l'activité de la levure [88], pendant que le maltose est métabolisé [67]. Par contre, la courbe s'adoucit considérablement quand il ne reste ni mono-, ni disaccharides. Le fait que les rares trisaccharides – le maltotriose, en particulier – soient plus difficiles à digérer [74] explique que la fin de la fermentation active soit disproportionnellement longue.

Je crois qu'il serait par contre convenable de parler d'une deuxième fermentation quand on ajoute une nouvelle *levure* pendant la fermentation. C'est une méthode parfois utilisée dans la production de bières très fortes. Il faut comprendre que les différentes souches de levure n'ont pas toutes la même tolérance à l'alcool [79]. Si on commence avec une levure qui cesse de fonctionner convenablement au-delà de 7 ou

8 %, il devient absolument nécessaire d'ajouter une nouvelle souche – une levure à Champagne, par exemple – pour métaboliser les sucres fermentescibles encore présents dans le moût [69]. Je vous accorde *deux* étoiles autocollantes dorées si vous devinez pourquoi le brasseur ne commence pas tout simplement la fermentation avec la souche résistante à l'alcool...

Réponse ? Parce que le brasseur n'aime pas la *signature* de cette souche [84]. Il débute avec une première variété de levures parce qu'il recherche ses sous-produits de fermentation [83] et termine avec la deuxième souche uniquement pour augmenter le taux d'alcool. C'est donc une autre manière d'obtenir le beurre et l'argent du beurre !

En conclusion, bien qu'il soit possible de faire une *triple* fermentation (deux en cuve et une en bouteille), on ne sait pas toujours à quels procédés réfère exactement une brasserie qui imprime cette expression sur ses bouteilles ! Méfiez-vous, il n'est pas improbable qu'on vous serve une nouvelle assiettée de caca de... vous savez quel animal [110] !

117

Le décompte des têtes de pipes. La *quantité* de levures présente dans une bouteille de bière non filtrée doit respecter une certaine norme. Je ne parle pas d'une loi ou d'une réglementation spécifique, mais de la norme du « gros bon sens » : s'il n'y a pas assez de levures, la bière sera à peine voilée, et le consommateur se posera des questions. De plus, dans le cas d'une bière *refermentée* en bouteille, un compte de levure trop faible nuira grandement à la gazéification naturelle : elle forcera à allonger le séjour en chambre chaude, ou pire, elle mènera à une refermentation incomplète [115].

À l'inverse, s'il y a *trop* de levures dans la bouteille, la bière ressemblera davantage à de la boue. Le sédiment formé sera ridiculement épais, et le consommateur saura pertinemment que cela n'a pas de sens.

Concrètement, les meilleurs résultats sont obtenus avec un *compte de levure* d'environ 5 à 10 millions de cellules par millilitre de bière. Si, si ! Vous avez bien lu : des *millions* par *millilitre* ! Dans l'infiniment petit, comme dans l'infiniment grand, toutes nos connaissances intuitives prennent le bord[18]. Notre sens des proportions, acquis dans l'univers de l'infiniment moyen, est à l'évidence mal adapté à l'appréciation d'une population de levures [figure 3.4, p. 138].

Comment exactement peut-on *compter* des cellules microscopiques ? Habitués que vous êtes à des miracles technologiques, vous imaginez déjà une machine dans laquelle on n'a qu'à verser la bière et pif ! paf ! pouf ! elle affiche le compte de levure. C'est effectivement le cas, mais, comme d'habitude, il n'y a que les grandes brasseries qui peuvent s'offrir ce genre de joujou.

Pour les autres, il est possible d'évaluer la quantité de levures simplement en observant la *turbidité* de la bière : à l'œil

---

18. Être écarté tout à fait ; devenir totalement inutile.

nu, comme un pro, ou à l'aide d'un appareil optique relativement commun, le turbidimètre. Si on veut en avoir le cœur net, il existe un moyen abordable de réellement, *littéralement* compter les cellules. Sans blague ! On ne les compte pas *toutes*, bien sûr. On prend un échantillon de bière d'une taille précise, on le dilue dans de l'eau distillée dans des proportions tout aussi précises, et on mélange. On place ensuite une goutte de cette bière diluée sur la plaquette *quadrillée* d'un microscope, et on compte les cellules, carreau par carreau. On multiplie le total final par le facteur de dilution, et le tour est joué.

118

Filtration des bières non filtrées. La seule chose que j'ai retenue du roman *Kim*, de l'auteur anglais Rudyard Kipling, est ce conseil donné au personnage principal : « Il y a deux habiletés qu'il faut maîtriser dans la vie : savoir s'asseoir et savoir attendre. » Sagesse tout orientale, n'est-ce pas ?

Bien que cela aille à l'encontre du sens commun en Occident, c'est exactement ce que le brasseur artisanal de bière sur lie [115] doit faire afin d'obtenir le bon compte de levure : s'asseoir et attendre. Pendant la maturation – donc la sédimentation de la levure [99] – il observe régulièrement la bière. Quand la turbidité est bonne, il emballe le produit, tout simplement. S'il attend *trop* longtemps et que la bière est devenue trop claire [105], pas de souci !, il n'a qu'à *ajouter* de la levure. C'est plus facile que d'en enlever.

Si le producteur de bière sur lie est équipé d'une centrifugeuse [104], c'est une tout autre histoire. Grâce à l'utilisation de turbidimètres [117] et de voies de détournement, l'appareil peut être réglé pour opérer une séparation *partielle* et laisser derrière lui le bon compte de levure.

Plusieurs brasseries iront même jusqu'à *complètement* centrifuger et puis carrément *filtrer* leur bière, pour ensuite remettre de la levure *fraîche* dans la cuve de garde [111]. Le procédé n'est pas aussi débile qu'il en a l'air ; il permet un contrôle parfait non seulement de la quantité de levures dans la bouteille, mais aussi de sa qualité, c'est-à-dire de sa vitalité [53] et de sa viabilité [55]. Le brasseur pourra également choisir de mettre dans la bouteille une souche de levure *différente* de celle qui a été utilisée pendant la fermentation. Ici, l'avantage est double : on peut choisir, pour l'embouteillage, une variété dont les caractéristiques se prêtent mieux à cette application, et en même temps *protéger l'identité de la variété principale* [96]. En effet, puisque la levure dans une bière sur lie est bien vivante, n'importe qui peut la récolter au fond de la bouteille pour la réutiliser. La seule difficulté (si c'en est une…) réside dans le nombre de bouteilles à caler[19] pour récolter une quantité de levures sédimentée suffisante pour ensemencer son propre moût [52] !

119

Les bières à mottons. L'expression colorée « bière à mottons » n'est pas de

---

19. Boire rapidement jusqu'au bout, vider d'un trait.

mon cru. Je l'ai entendue de la bouche de représentants commerciaux à propos de bières sur lie. De façon informelle, il va sans dire ! Coquins, parler ainsi de nos bières !

À leur décharge, il faut reconnaître qu'il arrive parfois que ce type de bière ait des problèmes de floculation dans la bouteille. Normalement, la levure d'une bière sur lie doit rester poudreuse [104]. Cela veut dire que même si elle finit par se déposer [115], il suffira de faire tournoyer la bouteille pour remettre le sédiment en suspension et obtenir une bière joliment voilée. Cette particularité de toujours rester poudreuse est l'une des caractéristiques désirables des levures destinées à former la lie.

Par contre, si la levure se met à floculer dans la bouteille [55] ou si le sédiment repose trop longtemps et finit par faire une croûte, cela fait problème. Qui dit floculation dit formation de *flocons*. Or, alors qu'une bière voilée est attrayante, rien n'est moins ragoûtant que de voir des petites galettes ou des flocons beiges virevolter dans votre verre et se déposer au fond. Cela n'a absolument aucun impact sur le *goût*, mais l'esthétique est très importante. Personne n'aime voir et boire des petits mottons.

Il m'est arrivé plus d'une fois de tomber sur des transcriptions de commentaires de consommateurs recueillies sur le site web de la brasserie, où de pauvres âmes se plaignaient que leur bière était tout embrouillée – pas avec des mottons, juste parfaitement voilée – alors qu'il s'agissait justement d'une bière sur lie ! Comme quoi informer est ô combien important...

120

Volumes de gaz. Il reste une chose importante à expliquer sur la gazéification de la bière. Cependant, au risque d'ennuyer les mécaniciens parmi vous, j'aimerais vous parler d'abord de systèmes hydrauliques – vous savez, ces espèces de cylindres qu'on voit sur les excavatrices en tous genres et qui font bouger les bras mécaniques et les godets en s'étirant et en se compressant ? On les appelle « hydraulique » parce que c'est du *liquide* qui se trouve à l'intérieur de ces cylindres.

Les liquides, chers amis non mécaniciens, ne se compriment *pas*. Cela veut dire qu'ils occuperont toujours le même volume, même si on pousse très fort dessus. C'est ce qui arrive avec les cylindres des pelles hydrauliques : on applique une pression sur le liquide à une extrémité, le liquide exerce une force égale sur *l'autre* extrémité, ce qui fera s'étirer le cylindre.

Contrairement aux liquides, les gaz *peuvent* se comprimer. Une quantité précise de gaz peut occuper différents volumes, et plus on force le gaz dans un petit volume, plus la pression est grande. La température influence aussi la pression, mais par souci de simplicité, nous allons l'ignorer.

Bon ! Maintenant, *tout le monde* est prêt pour la suite : peu importe la bière, qu'elle soit voilée ou non, refermentée en bouteille ou gazéifiée artificiellement [115], on en mesurera le niveau de gazéification en *volumes de* CO_2, l'unité de

Figure 3.1. Centrifugeuse. La centrifugeuse de la brasserie McAuslan ressemble à une soucoupe volante ! Bien que relativement petite, elle peut centrifuger 6 500 litres de bière par heure.

volume du CO_2 étant l'espace qu'il occupe à la température ambiante, quand il n'y a *pas* de pression. Imaginez une bouteille de bière vide, que vous remplissez de gaz carbonique *sans mettre le bouchon*. La quantité de gaz dans la bouteille est 1,0 volume.

À 3 °C, soit la température du frigo, la pression dans une bouteille de bière moyennement (ou *typiquement*) gazéifiée est d'environ 14 livres/pouce carré (*pound per square inch*, ou *psi*), ce qui par un pur hasard équivaut à peu de choses près à la pression étalon des systèmes de mesure modernes, c'est-à-dire 1 bar, ou encore 100 kilopascals (14,5038 psi). Ces étalons sont basés sur la pression atmosphérique au niveau de la mer. Est-ce à dire qu'il y a autant de pression sur nos épaules que dans une bouteille de bière ? Non. Il faut distinguer entre la pression mesurée et la pression absolue. Quand un manomètre indique une pression de 0 psi (0 bar, ou 0 kPa), ce n'est pas vraiment 0, puisque la pression atmosphérique fait toujours son petit effet. Ainsi, dans une bouteille de bière, la pression absolue est en réalité de 28,5 psi : les 14,5 psi de l'atmosphère, plus les 14 psi ajoutés par la gazéification : vous me suivez ? Non ? Ce n'est pas grave... C'est juste une parenthèse.

Voici le punch : le taux de gazéification d'une Lager nord-américaine moyenne étant d'environ 2,75 volumes, cela veut dire que dans *une* bouteille de bière sont *dissoutes* 2,75 bouteilles de CO_2 ! Évidemment, comprimer tout ce gaz dans le liquide fera également augmenter la pression dans l'espace vide [113], pression qui s'échappera avec un « pssssh ! » jouissif quand vous déboucherez votre bouteille.

Avouez qu'à force de parler, ne serait-ce qu'en onomatopées, de ce bruit magique qui s'échappe de la bouteille, ça donne le goût de s'en déboucher une tout de suite ! Pourquoi s'en priver ? Allez-y ! Je vous attends.

121

Buvabilité. Ça y est ? Vous êtes de retour ? Elle est bonne ? Excellent...

Vous savez peut-être déjà qu'il y a peu de bières au monde qui présentent un taux de gazéification aussi élevé que les Lagers nord-américaines. Ce n'est pas une mauvaise chose en soi ; force est d'admettre que les goûts varient, non pas seulement d'un individu à une autre, mais d'une *culture* à une autre. Il est par contre tout aussi important de constater que le gaz carbonique a un impact appréciable, tant sur le goût que sur ce qu'il convient d'appeler la *buvabilité* (néologisme inspiré de *drinkability*).

On a déjà été mentionné que le CO_2 lui-même constitue une saveur importante et imposante dans la bière [84]. Le fait est que plus il est présent, plus il *masquera* d'autres saveurs plus subtiles. Ça pourrait être regrettable si saveurs

◀ **Figure 3.2. Salle de fermentation.** Chez les Brasseurs du Nord, la salle répond à des objectifs écologiques et est superbement éclairée. Même en regardant par le trou d'homme d'un réservoir de fermentation, le gaz carbonique n'en demeure pas moins invisible... (Photos des pages 119 et 120 : Jacques Courtemanche)

subtiles il y avait; dans une Lager très propre [84], il n'y a pas de mal à laisser le CO_2 s'exprimer.

Par contre, il restera toujours le problème de la buvabilité : une bière fortement gazéifiée prend beaucoup de place, tant dans la bouche que dans l'estomac; elle *descend* moins bien. Personnellement, ça m'agace un peu. La solution que j'ai trouvée pour régler ce problème est très simple : sortir la bouteille du frigo, verser la bière dans un verre et *attendre*. Je sais, je sais. C'est *très* difficile [118], mais après au moins 15 à 20 minutes de supplice, la bière aura gagné quelques degrés, et de ce fait, perdu un peu de CO_2 [112] ; elle sera ainsi prête à révéler *tous* ses attributs et descendra *tellement* bien!

Parlant de bières qui rentrent au poste[20], pensez à la fameuse *Bitter* [189]. Dans un pub anglais, elle sera servie *tiède* et avec un taux de gazéification entre 0,75 et 1,25 volume de CO_2. Non seulement elle exprimera tout son malt et son amertume, mais elle présentera une buvabilité hors du commun, ce qui facilitera l'ingurgitation d'un nombre élevé de pintes. Heureusement, ces bières affichent un taux d'alcool très bas...

122

Sortir du placard ou du frigo? Je viens tout juste de faire quelques allusions à la température de service, mais ça vaut la peine de revenir là-dessus. Ça vaut *vraiment* la peine.

Le principe ici est très simple : plus un aliment est froid, moins ça goûte. Oui, il y a beaucoup de choses comme la bière qui gagnent à être refroidies, mais en dessous d'un certain seuil, elle commence à *perdre* de sa saveur.

Je crois qu'on a fini par apprendre notre leçon avec le vin blanc : il ne faut pas le boire trop froid. Par amour, non pas pour la bière elle-même, mais pour mes concitoyens auxquels je ne souhaite que le meilleur, j'espère qu'on en fera autant avec les Ales et Lagers.

La température idéale varie d'une bière à une autre et aussi, bien entendu, d'un individu à un autre. En règle *générale*, je dirais qu'une Lager est à son meilleur quelque part entre 5 et 10 °C, tandis qu'une Ale s'épanouit entre 10 et 15 °C. *N'importe quelle* bière servie entre 15 et 20 °C sera intéressante. À une température aussi élevée, la buvabilité [121] sera un peu moins grande, mais le goût deviendra *explosif*. Quiconque a déjà essayé la fameuse Lager nord-américaine tablette[15] sait comme il est surprenant d'y découvrir des saveurs autrement jamais suspectées, en particulier celles du malt, qui ont tendance à se faire plus discrètes au froid.

Si des gens persistent à boire leur bière *glacée*, ça ne regarde qu'eux. Par contre, je suis très critique à l'égard de certaines campagnes de publicité [110] qui vantent la froideur du produit final, comme si les brasseries avaient quoi que ce soit à voir avec le bon fonctionnement de nos réfrigérateurs...

---

20. Aller résolument et exactement au bon endroit ; analogie avec la syntonisation d'un poste de radio ou télévision à un canal ou une station.

123

« La fois que j'ai eu l'air le plus fou. » Revenons-y, à la brasserie. Quand un employé vide un réservoir de maturation [57], que ce soit pour transférer la bière vers la centrifugeuse [104], vers le filtre [109] ou directement vers une cuve de garde [111], il doit continuellement injecter du gaz carbonique pour « pousser » la bière et combler proportionnellement l'espace libéré [114]. S'il oublie de le faire, l'air pourrait entrer dans la cuve et venir en contact avec la bière [43]. Pire encore, si la cuve est bien étanche, il se créera un *vacuum* dans le réservoir au fur et à mesure que le liquide sera pompé vers l'extérieur.

Les réservoirs d'acier inoxydable ont une forme cylindrique. En effet, le rond est la meilleure forme pour supporter le poids et la pression d'une masse importante de liquide qui, gravité aidant, voudrait *sortir*. Ils ne sont pas faits pour résister à une pression en sens inverse, de l'extérieur vers l'intérieur ; c'est ce qui arrive quand un vacuum attire vers lui la matière qui l'entoure. La Nature a horreur du vide, c'est connu. Heureusement, les réservoirs sont équipés de valves de sécurité qui laissent non seulement sortir l'excédent de pression [112], mais aussi *entrer* l'air s'il se crée un vacuum assez fort pour faire *imploser* la cuve.

Qu'arrive-t-il si la valve de sécurité est défectueuse ? Eh bien ! C'est comme si une main géante et invisible écrasait l'immense cuve en acier inoxydable, aussi facilement qu'une cannette d'aluminium vide. Assez spectaculaire.

Je n'étais pas sur place la fois où un pauvre diable a ainsi envoyé à la ferraille un réservoir valant plusieurs dizaines de milliers de dollars. Il paraît que tout le monde dans la vaste brasserie a entendu le bruit de la tôle d'inox se froisser. C'est fou ce qu'une petite pompe centrifuge [52] d'*un seul* cheval-vapeur (hp) est capable de faire !

Non, le gars n'a pas été congédié. Dans le feu de l'action, il arrivera toujours qu'un soldat gaffe magistralement [8]. En revanche, les photos de la carcasse de cette cuve sont encore aujourd'hui affichées sur le mur du maître brasseur, en guise d'avertissement…

124

Rites initiatiques. L'image de la bouteille remplie de CO_2, sans bouchon, vous a sans doute semblé improbable [120], mais sachez que c'est physiquement tout à fait possible. Le dioxyde de carbone est, voyez-vous, un peu plus lourd que l'air (lui-même principalement composé d'azote). En théorie, le CO_2 peut donc demeurer dans un contenant ouvert, comme le ferait un liquide. En pratique, le moindre courant d'air passant au-dessus du contenant aura tôt fait d'entraîner une partie du gaz carbonique vers l'extérieur, surtout si l'ouverture est grande.

Avant de nettoyer une cuve cylindro-conique [57], il faut éliminer toute trace de CO_2. Comme il est acide, il annule le pouvoir nettoyant des solutions *caustiques* (alcalines) communément utilisées. Il faut donc commencer par *dépressuriser* le réservoir, ce qui produit un « pshhhhhh » beaucoup plus sonore et long que celui d'une bouteille... À ce moment-là, il n'y a plus de pression, mais le réservoir est rempli de gaz.

Si on monte sur la passerelle pour atteindre le haut de la cuve et qu'on ouvre le trou d'homme situé sur le dôme [figure 3.4, p. 138], il ne se passera absolument rien ; le CO_2 demeurera sagement dans le réservoir, comme le liquide dans une bouteille débouchée. Quand on regarde dans la cuve par l'ouverture, on peut tout voir parfaitement : la paroi intérieure, salie par la mousse de la fermentation [82], quelques traces de levure sur le cône inversé tout en bas...

On ne peut *pas* voir le gaz carbonique, pourtant il remplit tout le volume de la cuve et déborde même tranquillement de l'ouverture en volutes invisibles qui coulent paresseusement sur la paroi extérieure du dôme.

C'est le moment que je choisissais pour faire aux employés en formation un gag cruel, mais instructif. Je les invitais tout simplement à se mettre la tête dans l'ouverture du trou d'homme pour mieux regarder à l'intérieur. Soudainement immergé dans un bain de CO_2, le corps ne prend que quelques millisecondes pour comprendre qu'il est dans un environnement hautement toxique. C'est une sensation difficile à décrire. Une chose est claire, la réaction est presque instantanée : la personne se sort la tête de là à une vitesse fulgurante.

Hé ! Hé ! Hé !... Sadique, certes, mais l'employé vient d'apprendre une leçon qu'il n'est pas prêt d'oublier : il faut se méfier de ce tueur invisible et silencieux.

125

Brassage à haute densité. Bon ! Le moment est encore venu de prendre une petite gorgée, de relaxer et voir où on en est. La bière a été centrifugée, stabilisée, filtrée et gazéifiée... Parfait ! Pour la brasserie moyenne, le produit est prêt à être emballé. Pour la brasserie industrielle, il y a encore tout un monde de possibilités qui s'ouvre, mais revenons d'abord en arrière quelques instants.

J'ai dit que la température de fermentation influence la production de différentes substances [83], mais j'ai pris bien soin de préciser que ce n'est pas le seul facteur à considérer. Plusieurs autres éléments ont un impact sur le déroulement de la fermentation. Celui qui nous concerne ici est la *densité de départ*, c'est-à-dire la quantité de sucre présente dans le moût avant que ne commence la fermentation [70].

Que ce soit une question de sous-produits de fermentation, ou encore d'influence sur la capacité de la levure de bien mener à terme la digestion du maltotriose [74], la densité de départ a un impact direct sur le goût final de la bière. Ça, les brasseurs le savent depuis longtemps ! Mais voilà que les énormes avancées scientifiques des dernières décennies ont permis de minimiser les conséquences négatives de la fermentation d'un moût fort en sucre. Cela a ouvert la porte à une toute nouvelle pratique industrielle : le brassage à haute densité (*high gravity brewing*).

Cette méthode consiste à fermenter une bière forte en alcool à partir d'un moût très sucré, pour ensuite *diluer la bière avec de l'eau* de façon à ramener le taux d'alcool au niveau désiré. La dilution a généralement lieu entre le filtre [109] et la cuve de garde [111], mais seulement après qu'on ait pris soin de complètement *désoxygéner* l'eau [43].

126

Productivité oblige. Le brassage à haute densité présente des avantages certains, mais aussi quelques désavantages. Pour le consommateur, le principal inconvénient est une tenue de mousse réduite. (Précisons que le brassage à haute densité n'est pas seul responsable de cette tenue des bières industrielles ; il y a aussi l'utilisation du gel de silice [107] et d'autres facteurs [225].) La brasserie doit également faire de petits sacrifices au niveau de l'extraction du sucre dans la cuve-filtre [28] et de celle des résines et huiles essentielles du houblon dans la cuve d'ébullition [35]. Ces modestes pertes de rendement dans la salle de brassage sont plus que compensées par une augmentation substantielle de la productivité générale.

La brasserie a déjà augmenté sa capacité de production en économisant de l'espace grâce à l'utilisation de la cuve cylindro-conique [57] et en épargnant du temps grâce à un temps de maturation réduit [100]. Le brassage à haute densité va dans le même sens : si au lieu de fermenter 1 000 litres à 5 % d'alcool, on fermente 1 000 litres à 8 % et qu'on dilue juste avant la cuve de garde pour revenir à 5 %, c'est 1 600 litres qu'on pourra embouteiller.

Cela revient à augmenter le rendement par volume du parc de fermenteurs. Il est vrai que les cuves de garde seront plus sollicitées, mais c'est rarement un problème. Le séjour dans la cuve de garde [111], juste avant l'emballage, est *très* court ; le temps d'ajuster le taux de gazéification [120], de vérifier que tout est conforme, et on embouteille ! Les cuves de garde se vident presque aussi rapidement qu'elles se remplissent, si bien qu'il est à peu près impossible de créer un *goulet d'étranglement* à cette étape, c'est-à-dire un ralentissement qui ne manquerait pas d'affecter le reste de la chaîne de travail et diminuerait la productivité générale. Le goulet d'étranglement varie selon les entreprises et la nature spécifique des équipements et installations. Peu importe où est le problème, si on enlève le bouchon, on augmente la productivité de tout le processus.

127

La mère et ses filles. Je vous ai promis un monde de possibilités avec le brassage à haute densité [125]. Nous y voilà : si cette technique rend possible la production, *à partir d'une même bière*, de plusieurs bières présentant des taux d'alcool différents simplement en ajustant le taux de dilution – d'où l'existence sur le marché de la même marque déclinée à 7, 8, ou 9 % d'alcool –, pourquoi ne pas profiter de l'occasion pour modifier le produit *davantage* ?

Il n'y a pas que le CO_2 et l'eau désoxygénée qui peuvent être injectés, « en ligne », à la sortie du filtre [112]. On peut aussi ajouter des *colorants* (certains entièrement naturels, à base de malt) et des *extraits liquides de houblon* [37]. En modifiant de cette façon la couleur, le goût et l'amertume – en *plus* du taux d'alcool – il est possible de manufacturer, à partir de la *bière mère*, un grand nombre de *bières filles* très différentes ! Le brassage à haute densité permet donc à la fois d'augmenter la productivité *et* de multiplier les marques sans que cela devienne un casse-tête pour l'organisation de la chaîne de production.

Supercherie ? Sacrilège ? Vous me connaissez, cher lecteur ; je ne suis pas là pour juger. Il y a toutes sortes de bières pour toutes sortes de gens, et si tout le monde est content, votre dévoué brasseur est content. Seulement, je vous avoue que ça me fait parfois grimacer, que les brasseries industrielles viennent empiéter sur les platebandes des petits joueurs. Ce qui me désole n'est pas tant qu'un brasseur se permette de mettre du colorant dans une blonde et de l'appeler rousse, mais que le consommateur ne s'en rende même pas compte !

Or, le plus moyen des dégustateurs *pourrait* faire la différence, si seulement il s'en donnait la peine. Faites l'expérience, mes chers amis. Il suffit d'être *deux* pour s'amuser à faire des dégustations à l'aveugle. Achetez des produits prétendument comparables, versez-les en secret dans des verres identiques et testez-vous mutuellement. Vous risquez de faire d'étonnantes découvertes – au sujet des produits, bien sûr, mais surtout de vos propres préférences.

128

Les faux saints. Permettez que je poursuive sur cette lancée éditoriale. C'est d'abord et avant tout en distribuant des produits importés que nos grandes brasseries font la concurrence aux plus petites [93]. Les gros joueurs ont parfois également recours à des tactiques plus subtiles, telles que l'acquisition de microbrasseries pour pouvoir exploiter l'image d'artisanat et d'authenticité de la petite entreprise et de ses bières, et ce, même si le produit d'origine est transformé et dénaturé à des fins industrielles [127]. Les grands brasseurs iront jusqu'à créer une marque de toutes pièces et à la commercialiser en lui donnant une allure, un *look*, qui porte à croire qu'elle provient d'une petite brasserie, alors que ça n'a *jamais* été le cas.

Il y a quelques années, une brasserie régionale s'est insurgée publiquement contre cette pratique (et contre une « fausse » marque en particulier). Du point de vue des affaires, c'est de bonne guerre. Par contre, je n'apprécie pas les dérives idéologiques, du genre « les micros lavent plus blanc ». En ce qui me concerne, la question n'est pas de savoir *qui* a produit la bière, mais est-elle bonne, encore meilleure ou excellente ?

Pour les brasseries industrielles, la situation ressemble à celle des constructeurs automobiles qui doivent créer une sous-marque pour commercialiser leurs voitures haut de gamme. Personne ne veut payer 100 000 $ pour une berline de luxe de marque Toyota, mais appelez-la Lexus et les gens l'achèteront. C'est bête, c'est irrationnel, c'est « humain, trop humain », mais c'est comme ça. « *Menschliches, Allzumenschliches* », disait Friedrich Nietzsche pour tourner en dérision l'image que l'Homme se fait de lui-même, les belles qualités (intelligence, sagesse, jugement, etc.) qu'il s'attribue un peu trop hâtivement, s'élevant du même coup au-dessus du reste du règne animal. Année après année, les psychologues et les neurologues, sans parler des primatologues et des spécialistes en marketing, confirment cette intuition que nous ne sommes, en fait, qu'humain, trop humain… Tout de même, si les gens peuvent être émotifs dans leurs choix, ils ne sont pas carrément stupides. Ils ont ce qu'il faut pour reconnaître une meilleure voiture ou une meilleure bière.

La majorité des grands brasseurs sont enfermés dans une image qu'on qualifie, pour le meilleur et pour le pire, de « populaire ». Ils doivent parfois manœuvrer pour s'en éloigner, mais ça devient ridicule si ce n'est au bout du compte que pour commercialiser un produit qui est *juste* « bon ».

L'authentique petit brasseur est en droit de défendre son territoire, mais il faut aussi respecter l'intelligence du client qui est capable de faire la différence entre une bière moyenne et une bière supérieure. Pour ce qui est du consommateur qui a moins de discernement, la situation nécessite encore plus de tact ; la ligne est fine entre éducation et snobisme, et il faut prendre garde de ne pas se salir les mains en dénonçant le « caca de taureau » [110] des compétiteurs. Pourquoi ne pas laisser cette tâche ingrate et délicate à l'auteur impartial ?

129

L'importance d'être Constant. Je suis déjà tombé sur un vieil article dans lequel *Signor* Denys [8] était interviewé. À l'époque où l'article avait été rédigé, Jérôme était à la tête de sa propre petite brasserie, qu'il a ultérieurement vendue dans le cadre d'une fusion [58]. Dans cette entrevue, il exprimait la surprenante opinion que si le consommateur trouve normal que le même vin change légèrement de goût d'une année à l'autre, pourquoi s'attendre à ce qu'une bière artisanale soit toujours exactement pareille ?

Cette idée va à l'encontre de l'idéal de constance brassicole [45-46], mais je dois reconnaître qu'il faut parfois se résigner à être *réaliste*. Malgré toute sa bonne volonté et son savoir-faire, le brasseur artisanal n'aura jamais les moyens techniques pour garantir la même uniformité que son compétiteur industriel. Cela, beaucoup de consommateurs le comprennent, même que certaines personnes apprécient tout particulièrement cette petite variabilité qu'on retrouve dans la bière artisanale – je l'ai déjà lu, textuellement, dans le courriel d'un client !

Comment la bière industrielle arrive-t-elle à être constante à ce point ? Leurs équipements et leurs procédés sont à la fine pointe, leurs ressources humaines tout aussi excellentes, mais il n'en demeure pas moins que la bière est un produit *naturel*. On ne peut pas contrôler la Nature *parfaitement*. Il y a toujours des petites variations : dans les champs d'orge et de houblon, chez le malteur, dans la salle de brassage, dans le comportement des levures, *et caetera*. Comment la grande brasserie réalise-t-elle le même exploit, jour après jour ?

Le truc est fort simple. Cela se résume à un mot : le *mélange*, ou *assemblage*. Après la fermentation, la moindre petite variation, d'un réservoir de maturation à l'autre, est identifiée (autant par les appareils sophistiqués des laboratoires que par les papilles expertes des dégustateurs [80]) et différents brassins sont mélangés dans la cuve de garde [111], selon les besoins. C'est donc là, tout juste avant l'emballage, que se trouve l'ultime manœuvre pour garantir une uniformité quasi parfaite.

En théorie, les plus petits brasseurs pourraient faire de même, mais dans la réalité – cette indomptable réalité – la cadence de production, le nombre de bières identiques en maturation et toute l'organisation du travail ne le permettent tout simplement pas.

Bah ! Si le défaut ne peut être corrigé, on peut toujours le récupérer en lui donnant le statut de caractère maison. [90] *House character* !

130

Le pied sur l'accélérateur. C'est amusant de constater comment, au fil de ma courte carrière, j'ai été témoin d'une évolution des méthodes d'emballage. En Colombie-Britannique, pour commencer, je produisais des fûts réguliers de 50 litres et les clients venaient embouteiller leur bière eux-mêmes – à la main ! Le fût était connecté à une *tireuse à bière* (comme on en trouve dans tous les bars) et les gens remplissaient leurs bouteilles en prenant soin de ne pas faire mousser la bière. Trente minutes suffisaient à deux personnes (l'une qui remplit les bouteilles à partir d'un flot ininterrompu et l'autre qui capsule) pour embouteiller un fût au complet, soit 6 caisses de 24 bouteilles, un format nord-américain standard.

De retour à Montréal, la brasserie qui m'a engagé était équipée d'une *soutireuse*, qui remplit et encapsule les bouteilles [figure 3.5, p. 155], et d'une *étiqueteuse*. Ces deux machines avaient chacune une capacité maximale de 125 bouteilles par minute, mais on ne les employait pas à la vitesse maximale, car *tout le reste* était fait à la main : mettre les bouteilles vides sur le convoyeur, former les boîtes, mettre les bouteilles dans les boîtes, les fermer et les coller, et finalement empiler les caisses sur une palette de bois. Cette ligne d'embouteillage employait une quinzaine de personnes.

Pendant mon séjour, la brasserie a fait l'acquisition de machines pour former les boîtes, mettre les bouteilles dedans et les fermer. Cette automatisation partielle a fait perdre seulement quelques emplois, mais elle a beaucoup augmenté la cadence de production, la soutireuse et l'étiqueteuse fonctionnant maintenant à pleine capacité.

Dans une grande brasserie industrielle, *toute* la ligne d'embouteillage est automatisée et robotisée. Des opérateurs de chariots élévateurs apportent des palettes de bouteilles vides et repartent avec des palettes de caisses pleines. Entre les deux, 5 ou 6 techniciens suffisent pour superviser l'emballage de 500, 1 000, voire 1 500 bouteilles à la minute !

131

Une gracieuseté de notre ami Louis. Je ne m'étendrai pas outre mesure sur la ligne d'embouteillage, et ce malgré que ce soit, dans la moyenne et la grande brasserie, l'étape qui frappe le plus l'imaginaire. La soutireuse et l'étiqueteuse qui crachent des centaines de bouteilles à la minute, les longs convoyeurs où défilent les bières à une vitesse vertigineuse : cet incroyable ballet industriel est fort impressionnant, mais il n'est pas le propre de l'industrie brassicole. L'emballage du jus de pomme, de la soupe au poulet et de l'acétaminophène est tout aussi impressionnant ; les opérations et les équipements se ressemblent. Vous avez déjà vu ça maintes fois à la télé.

Je veux maintenant attirer votre attention sur un morceau d'équipement qu'on trouve sur les chaînes d'embouteillage des brasseries de taille appréciable : le *pasteurisateur à tunnel*. Cette très grosse machine est située tout juste après la soutireuse. Une fois que les bouteilles sont remplies et capsulées, mais *avant* que l'étiquette soit apposée, le convoyeur à bouteille s'élargit graduellement. Jusque-là, les bouteilles étaient contraintes d'avancer l'une derrière l'autre, en file indienne, mais voilà que leur chemin s'élargit progressivement, leur permettant d'avancer deux de front, puis cinq, puis dix, puis vingt – et ainsi de suite jusqu'à ce que le convoyeur soit devenu très large et que la file indienne ait été transformée en un vaste bataillon d'infanterie, marchant lentement, mais résolument à travers la plaine.

Les bouteilles avancent *lentement,* car élargir ainsi le convoyeur aura naturellement eu pour effet de ralentir la vitesse du groupe. C'est donc à pas de tortue – comparativement à la cadence effrénée à la sortie de la soutireuse – que le bataillon s'engouffre dans le pasteurisateur. À l'intérieur, les bouteilles sont graduellement chauffées, jusqu'à ce que la bière atteigne une température de pasteurisation (entre 60 et 64 °C), ce qui aura pour effet de tuer la plupart des micro-organismes qui auraient pu s'y trouver. Elles sont ensuite refroidies tout aussi graduellement.

Quand les bouteilles finissent par sortir du pasteurisateur à tunnel, après une trentaine de minutes, le convoyeur rétrécit jusqu'à ce que la file indienne se reforme. Les bouteilles – maintenant à la température de la pièce – peuvent filer à toute allure vers l'étiqueteuse.

132

Le *foam-picker.* Dans une des brasseries de la compagnie Labatt, il y a quelques décennies, un opérateur d'étiqueteuse avait l'habitude d'étendre le bras, de temps à autre, pour saisir une bouteille et la mettre de côté. Quand son superviseur finit par remarquer ce manège, il lui en demanda la raison. L'employé répondit que ces bières n'étaient pas bonnes parce que les bouteilles étaient sales. Le superviseur inspecta les bouteilles et y trouva effectivement des particules ; or, ces saletés étaient tellement minuscules qu'on avait de la difficulté à les voir à l'œil nu. Comment diantre ! l'employé arrivait-il à les détecter alors que les bouteilles défilaient sur la ligne d'embouteillage ? Il se fiait simplement à la présence de *mousse* dans le collet de la bouteille. Cet homme perspicace avait observé que seuls quelques rares soldats du bataillon étaient coiffés de mousse ; il avait fini par comprendre que cette mousse se formait pendant la pasteurisation, mais seulement lorsqu'il y avait dans la bière une particule solide qui pouvait servir de *point de nucléation* au gaz carbonique.

Le mot *nucléation* a de nombreux sens, mais ici il s'applique à l'évaporation du gaz carbonique, donc à la *formation des bulles*. Les points de nucléation sont des imperfections physiques qui provoquent l'évaporation du CO_2. Elles vont de la moindre égratignure à la surface interne d'un verre en verre, aux irrégularités des parois d'un verre styromousse. (Il est fortement déconseillé de boire de la bière dans un verre de styromousse : il n'y a *rien d'autre que* des points de nucléation !)

D'un point de vue strictement *théorique*, l'employé ignorait tout de la nucléation du gaz carbonique, mais ça ne l'avait pas empêché de faire cette découverte empirique. Sa vigilance fut récompensée par l'employeur (quelques milliers de dollars, paraît-il), ce qui n'a pas empêché la nouvelle d'éventuellement arriver aux oreilles des autres grandes brasseries. C'est ainsi qu'est née la fonction « repérage de mousse » (*foam-picking*) à la sortie des pasteurisateurs à tunnel. Preuve s'il en est que Thomas J. Watson, le fondateur d'Industrial Business Machines (IBM de son petit nom) avait raison d'afficher, dès les années 1930, cette devise sur les murs de son entreprise : « *Think !* ».

133

La stabilité microbiologique. Les brasseries qui n'ont ni l'espace, ni les moyens d'installer un tunnel pasteurisateur [131] se contentent de faire passer leur bière à travers un filtre *très* fin,
juste avant l'embouteillage. Un filtre de finition équipé d'une membrane d'une porosité de 0,45 micron (µ) empêche la majorité des micro-organismes d'entrer dans la soutireuse avec la bière [130] ; cependant, il sera impossible d'éviter que la bière se contamine *pendant* l'embouteillage, si la soutireuse elle-même est déjà sale. On peut aussi pasteuriser la bière « en ligne » avec un *flash pasteurisateur*, une sorte d'échangeur à plaques [41], mais les risques liés à l'embouteillage subséquent demeurent.

Faut-il le rappeler (allez, je m'offre une lapalissade !), les bières sur lie [115] ne peuvent subir de filtration juste avant l'embouteillage, car elles ne seraient plus sur lie ! Elles ne peuvent pas être pasteurisées non plus ; la levure doit rester vivante si on veut éviter un problème d'autolyse [56] ou réaliser une refermentation en bouteille. Cette impossibilité de garantir la *stabilité microbiologique* des bières sur lie est un défi de plus dans leur fabrication et leur mise en marché.

Il fut un temps où des produits chimiques étaient ajoutés pour prévenir la prolifération de micro-organismes dans la bière filtrée, mais cette pratique a été abandonnée au cours des années 1980. Les plus âgés parmi vous se rappelleront des campagnes publicitaires qui claironnaient cet important changement dans l'industrie. De nos jours, il est plutôt rare qu'un brasseur se donne encore la peine de préciser que son produit est « sans agents de conservation ».

La pasteurisation en bouteille est donc la solution de prédilection. Toutefois, cette stabilité microbiologique a-t-elle un prix ? En théorie, *oui*, car la chaleur est un important facteur de vieillissement et peut également dénaturer les composés aromatiques les plus délicats. En pratique, les changements au niveau du goût sont assez subtils, si bien que rares sont les brasseurs qui en perdront le sommeil. Le prix à payer est infime comparé à l'énorme bénéfice de la pasteurisation : écarter presque complètement tout risque de...

134

Contamination !? Il m'est arrivé à maintes reprises de déclarer, au beau milieu d'une soirée entre amis : « Tiens ! Cette bière est contaminée... » Je ne remarque pas toujours la stupéfaction sur les visages, encore moins sur celui de la personne qui m'a *offert* la bière, le cas échéant. Ma Brune, *elle*, ne rate jamais une réaction : « Tu fais peur à tout le monde avec tes histoires de contamination ! »

Désolé... déformation professionnelle ! Ça fait bien une demi-douzaine de fois que je vous parle de contamination, mais il n'est pas trop tard pour apporter la clarification qui s'impose : *la bière contaminée n'a rien de dangereux* ! À cause de l'acidité et de l'alcool, aucun micro-organisme *pathogène* ne peut survivre dans la bière ; vous ne pouvez même pas en être un *peu* malade. Le *pire* qui peut arriver, c'est que votre bière n'a pas bon goût. C'est tout.

Par contamination, on entend uniquement la présence de micro-organismes qui produisent des substances indésirées. Indésirées, non pas indésirables. Cette proximité sémantique dit à quel point l'idée de contamination est toute relative. La présence d'un micro-organisme autre que la levure constitue une grave erreur dans une bière, mais devient un caractère distinctif dans une autre [90].

135

Lactobacillus. L'exemple parfait du microbe potentiellement désirable est le *lactobacillus*. De toutes les bactéries qu'on rencontre dans la bière, accidentellement ou non, le lactobacille est probablement la plus commune. Heureusement, ce qu'elle produit n'est pas très désagréable, au contraire. Il s'agit principalement de l'*acide lactique*.

Cet acide organique [91] est toujours présent dans la bière, mais la levure n'en produit qu'une infime quantité. C'est seulement quand le lactobacille s'en mêlera qu'on en viendra à *goûter* l'acide lactique. Sa saveur aigre, surette – celle du yogourt et de la crème sûre – est très appréciée par certains.

Le lactobacille est délibérément utilisé dans la fabrication de certaines bières, comme les Oud Bruin, Rouges de Flandres, celles de la famille des *lambics* [42], ainsi que la moins connue mais tout aussi agréable *Berliner Weisse* [figure 4.11, p. 223], une rafraîchissante bière de blé originaire de Berlin.

Surtout produite en saison estivale, la Berliner Weisse présente un taux d'alcool très faible (environ 3 %) et une acidité lactique très prononcée, si bien qu'elle est rarement servie telle quelle (jaune). Selon la préférence du client, on lui ajoutera au moment de servir un sirop de cerise (rouge) ou un sirop d'aspérule odorante (vert), les deux étant juste assez sucrés pour équilibrer l'acidité. Mettez les trois déclinaisons l'une à côté de l'autre et vous avez un feu de circulation – ne manque plus que le célèbre *ampelmann*, le pictogramme qui indique aux piétons quand traverser !

La Berliner Weisse est gazéifiée au-delà de 3,0 volumes, ce qui représente une *multitude* de bubulles [120] ; c'est probablement la raison pour laquelle les soldats de Napoléon l'avaient baptisée « le champagne du Nord » !

On équilibre également l'aigreur des lambics par l'addition de fruit, à la différence près que l'ajout se fait à la brasserie, *avant* l'embouteillage. C'est le cas de la *kriek*, aux cerises, et de la *frambozen*, aux framboises.

136

Spécial du mois. Le brasseur qui m'a remplacé en Colombie-Britannique avait précédemment travaillé dans un bistro-brasserie de Victoria, la capitale provinciale. En plus de nos trucs et conseils, nous avons échangé quelques anecdotes, dont celle que voilà.

Parmi ses brassins spéciaux, ce brasseur avait déjà produit une Ale aux bleuets qui s'était *accidentellement* contaminée au lactobacille, probablement par suite de l'ajout de fruits frais pendant la fermentation. En effet, il y a presque partout des micro-organismes, sur les bleuets comme sur les raisins [52].

Les employés de la bistro-brasserie ont tous goûté à la bière et convenu qu'elle n'était pas mauvaise du tout. Rien de surprenant puisque les fruits et l'acide lactique vont bien ensemble. Plutôt que de tout jeter au drain, le brasseur a donc décidé de bien la gazéifier (à l'instar de la Berliner Weisse) et de la servir très froide aux clients. Ces derniers en ont raffolé ! Le seul problème... ils en ont redemandé. « Quand allez-vous la faire à nouveau ? » demandèrent-ils. « Euhh... », répondit le brasseur, qui ne s'appelait pas Constant [129].

137

Le secret de l'Irlandais. Les lactobacilles ne se retrouvent pas seulement sur les bleuets frais et dans la vallée de la Senne [42]. Il y a aussi des microbes sur le *malt* [30].

Il est ainsi possible de produire de l'acide lactique pendant l'*empâtage* [21]. Il suffit, une fois que la conversion de l'amidon est complétée [23], de ne pas procéder immédiatement au soutirage du moût [25], mais d'attendre *une journée ou deux* !

Quelques bactéries devraient avoir survécu aux températures de conversion (60-70 °C), mais pour mettre toutes les chances de son côté, on peut *ensemencer* la maische en y ajoutant un peu de malt concassé *frais*. On évite ensuite de chauffer la maische, pour la laisser plutôt descendre à une température qui favorise la prolifération des bactéries (soit 30 à 40 °C [41]. Oui, bien sûr, avant de transférer la maische vers la cuve-filtre 24 à 48 heures plus tard, il faudra enlever la couche verte et immonde qui se sera formée à la surface... mais je vous assure cette *maische acidulée* (*sour mash*) sera délicieuse !

La maische acidulée est non seulement une manière alternative d'acidifier des bières aigres [135], mais elle est également utilisée dans la fabrication de la Guinness! En effet, une double maische acidulée est produite séparément et ajoutée à chaque brassin régulier, à une hauteur de 3 % par volume, pour donner à la célèbre Stout irlandaise un petit « je-ne-sais-quoi ». Cette petite proportion de maische acidulée est ajoutée et mélangée juste avant le soutirage. Elle est préalablement stérilisée, bien qu'il n'y a pas vraiment de danger que les lactobacilles contaminent le brassin régulier puisque le moût se retrouve rapidement dans la cuve d'ébullition [30].

Je tiens cette information de Charlie Papazian, qui la rapporte dans *The Homebrewer's Companion* (1994). J'ai contacté la brasserie Guinness pour une confirmation, mais ils refusent de commenter: secret professionnel!

Il ne faut pas confondre l'utilisation de maische acidulée au brassage avec la technique utilisée pour fabriquer les Sour Mash Whiskies du Tennessee et du Kentucky, mieux connus sous le nom de *Bourbons*. Dans ce cas, l'expression *sour mash* fait référence à une pratique qui consiste à recueillir une partie de ce qui reste dans l'alambic après la distillation et à l'ajouter à la cuvée suivante.

Il existe plusieurs termes pour désigner ce résidu légèrement acide, le plus coloré étant « slop ». Les distillateurs peuvent choisir de réintégrer le « slop » à différentes étapes de la production du whisky, mais tous s'entendent pour dire que l'objectif de cette manœuvre n'est *pas* de donner une saveur acidulée au produit final. Certains ont beau parler d'assurer la constance du goût d'un brassin à l'autre, mais, à mon sens, la meilleure justification invoquée est l'ajustement de l'acidité pour une meilleure activité enzymatique, par exemple avant la conversion de l'amidon au sucre ou avant la fermentation. Le degré d'acidité constitue un facteur non négligeable dans la fabrication du whisky, comme de la bière [174].

138

Pediococcus. Avec de jolis noms comme *pediococcus*, pas besoin de chercher des titres originaux… Les pédiocoques constituent une autre source très fréquente de contamination [134]. Ils produisent également un peu d'acide lactique; en fait, les pédiocoques font partie de la famille des lactobacilles [135], mais leur signature plus spécifique est le *diacétyl* [89]. Puisque les arômes de caramel écossais ne sont pas étrangers à certaines bières, les pédiocoques peuvent facilement passer inaperçus si le degré de contamination est faible.

139

Acétobacter. Je ne ferai pas toute la nomenclature des bactéries qui peuvent contaminer la bière. Bien qu'elles aient toutes de très jolis noms, ce ne serait pas vraiment pertinent. Par contre, je ne peux pas résister à l'envie de vous parler d'une bactérie que j'ai personnellement rencontrée pour la toute première fois de ma vie tout récemment (ce n'est pas une contamination très commune). Il s'agit de l'*acétobacter*, qui est sollicité dans la production du *vinaigre*, et plus particulièrement de l'*acide acétique*.

L'acide acétique est un acide organique [91] qui peut être produit en doses infiniment petites par la levure lors de la métabolisation des glucides [83] : cela s'arrête donc avec la fin de la fermentation. L'acétobacter, lui, produit de l'acide acétique en métabolisant l'*alcool*. C'est donc une tout autre histoire ; quand cette bactérie se met de la partie, la boisson alcoolique affectée cessera de « tourner au vinaigre » seulement quand il n'y aura plus d'alcool !

Voilà donc que je suis tombé sur une bouteille de bière importée contaminée à l'acétobacter. Joie ! Que pensez-vous que j'ai fait de ma bouteille, cher lecteur ? Jetée au drain ? Demandé un remboursement ? Jamais ! Je l'ai transvidée dans une bouteille qui se rebouche afin de l'utiliser en cuisine... Une bouteille de bière de moins, mais du *vinaigre de bière* de gagné !

Puisque mon vinaigre de bière n'a pas été filtré, les bactéries sont bien vivantes et continueront de se multiplier, possiblement au point de former une pellicule fine et translucide flottant sur le dessus du liquide. S'il est continuellement « nourri » d'alcool, l'amas d'acétobacters continuera de grossir au point de devenir une peau gélatineuse, potentiellement épaisse de plusieurs centimètres ; c'est ce qu'on appelle une mère de vinaigre. On pourra alors prélever une partie de la mère pour ensemencer une nouvelle boisson alcoolique, afin de produire une nouvelle quantité de vinaigre. Boissons alcooliques [55], pain au levain [97], yogourt et vinaigre : micro-organismes différents, même combat !

140

Im-bu-vable ! Il y a au moins *une* bouteille de bière que je me souviens avoir vidée dans l'évier. C'était d'autant plus déchirant que c'était une bière que j'avais brassée à la maison avec mon ami Gilles (qui possède un très beau vinaigrier en porcelaine et sait tout ce qu'il y a à savoir sur les mères de vinaigre). J'oublie quel type de bière nous avions brassé, mais dans ce cas-ci, le souvenir de la réaction de mes convives est indélébile [134].

Personne dans cette soirée n'a eu besoin de se laisser convaincre que cette bière était contaminée tellement elle puait. Il s'agissait d'une contamination par une *moisissure* ; vous pouvez donc facilement vous imaginer l'odeur infecte qui émanait de cette bière, bière qui en tout autre point avait l'air parfaitement normale : pas de vert-de-gris, pas de mousse blanche, aucun indice du crime qui avait été perpétré.

Les contaminations aux moisissures sont extrêmement rares, car elles sont causées par des champignons qui ne peuvent pas survivre *dans* un liquide [3] ; ils sont exclusivement aérobies [60]. Les moisissures ne peuvent donc pas se reproduire, ni dans la bière, ni dans l'espace vide *sous* le bouchon de la bouteille puisque *normalement*, il ne devrait pas y avoir d'air... Dans le cadre d'un brassage maison, hautement artisanal, il est plus difficile d'éviter complètement une prise d'oxygène au moment de l'embouteillage. Tout de même, sur plus de 1000 bouteilles (pas mal quand même !), c'est dans cet unique cas qu'une spore de moisissure aura réussi à survivre sous le bouchon assez longtemps pour gâter la bière.

Dans d'autres cas, les moisissures peuvent s'attaquer aux ingrédients – au malt, par exemple – ou encore se développer dans un conduit ou un réservoir. On peut s'en débarrasser par l'ébullition [30] ou par une filtration [133], mais les substances qu'elles auront eu le temps de produire avant de disparaître — cette odeur immonde — ne pourront jamais être éliminées. Comme quoi, dans toute contamination, ce ne sont pas les micro-organismes qui inquiètent, mais les substances qu'ils relâchent dans leur environnement (notre bière!). Idem pour les pathogènes qui nous rendent malades. La *salmonelle*, par exemple, n'est pas en soi problématique, ce sont les toxines qu'elle excrète qui nous empoisonnent.

Viennent ensuite les levures sauvages (*Levadura libre*!). Il existe de nombreuses variétés catégoriquement *indésirables*, mais il y a au moins une famille de levures sauvages généralement *indésirée* [134]. Il s'agit des *Brettanomyces*, les « champignons de Bretagne ».

Les *Brettanomyces* vivent habituellement sur la peau des fruits, mais elles peuvent libérer des spores dans l'atmosphère (comme celles qu'on trouve dans certains coins de la Belgique) et contribuer à ensemencer naturellement les lambics [42, 135]. Elles ont une signature très particulière, très forte en esters [87]; toutefois, elles développent aussi des arômes qui rappellent la selle de cheval – si, si !, c'est-à-dire les odeurs du cuir et de la couverture qu'on insère entre le cheval et la selle…

141

Arômes équestres. Après les bactéries et les moisissures, le troisième et dernier groupe de contaminants à s'attaquer à la bière est composé des levures elles-mêmes.

Commençons par repousser encore plus loin les limites du relativisme : une bière peut être « contaminée » par une *excellente* souche de levure. Cette possibilité est bien réelle dans une brasserie qui en utilise plusieurs variétés différentes, pour produire autant de bières différentes [95]. Si par erreur la mauvaise souche se retrouve dans le mauvais moût, le brasseur a sur les bras ce qu'on appelle une *contamination croisée*. La bière pourra être très bonne, mais elle ne sera pas la bière *voulue* [45].

142

Un tenancier dans le trouble. Un jour que je me joins aux autres membres de mon clan sur la grande terrasse d'une auberge de campagne, je remarque que mes tantes et oncles ont à la main des verres remplis d'une bière voilée. Je leur demande ce qu'ils boivent, leur réponse me surprend. Je connais bien la bière en question, et elle ne devrait pas être voilée. Il y a, à l'évidence, anguille sous roche. Inspecteur bière goûte, et le verdict est sans appel : lactobacille ! [135] Personne ne s'en était plaint, car la saveur surette n'était pas désagréable en cette chaude journée d'été [136]. Par principe, j'informe quand même l'aubergiste que son fût est contaminé et qu'il devrait demander à son fournisseur de le remplacer.

Ce qui est intéressant dans cette histoire – sinon qu'elle donne de moi l'image d'un gars qui connaît son affaire —, c'est la question de la turbidité. Ceux parmi vous qui aviez hâte que je décerne de nouvelles petites étoiles autocollantes dorées, vous en méritez bien une si vous pensez que mon récit présente un cas de *trouble à froid* [106]. Je la décerne surtout pour l'effort, parce que vous n'avez pas *nécessairement* raison.

Le trouble était-il de nature colloïdale ou d'origine *microbiologique*? Si une contamination est passablement avancée, les micro-organismes auront eu le temps de se reproduire au point d'être *visibles* [106]. Le voile ainsi formé sera *permanent*, à l'inverse du trouble à froid qui, comme mes chouchous le savent (oui, oui, je vous ai vus, vous pouvez baisser vos mains), est *réversible*.

Dans des cas extrêmes de trouble d'origine microbiologique, plutôt que de former un voile, les micro-organismes se regroupent en colonies qui prennent des formes diverses, mais toutes moins ragoûtantes les unes que les autres: mottons, filaments, etc. [118]. Autrement, ces contaminants ne s'observent qu'au microscope [figure 3.6, p. 156].

Le trouble à froid *et* le trouble d'origine microbiologique ont en commun deux facteurs aggravants, soit le temps et la température d'entreposage. Nous avons déjà vu que la stabilité colloïdale se détériore avec l'âge et la chaleur [106]. Eh bien! C'est la même chose pour la stabilité microbiologique; s'il y a *une* bactérie dans la bière au moment de l'enfûtage et que vous lui laissez beaucoup de temps, la coquine finira par se reproduire assez pour causer un problème. Si en plus le fût est entreposé à la température ambiante (ou pire), la chaleur aura accéléré la vitesse de reproduction des micro-organismes *en même temps* que la vitesse d'apparition du trouble à froid.

Ce jour-là, donc, le lien entre la turbidité et la contamination était ou *causal* (il y a assez de bactéries pour produire un voile), ou l'effet d'une *corrélation* entre temps, température et contamination (entraînant du même coup le trouble à froid colloïdal). Chose certaine, mes chers Watson, il y *avait* un lien.

143

La stabilité gustative. Le temps et la température n'affecteront pas uniquement la stabilité microbiologique et la stabilité colloïdale; ils sont également d'importants facteurs dans le processus d'*oxydation* qui a la fâcheuse habitude d'altérer le goût. L'oxydation est de loin la plus commune des transformations que subira la bière en vieillissant [43].

Avec le temps, la saveur de la bière se transformera également d'autres façons. L'amertume du houblon aura tendance à s'atténuer et ses arômes plus fins à se dissiper quelque peu, mais ce n'est rien en comparaison de l'impact de l'oxydation sur la *stabilité gustative*.

Figure 3.3. Appareil à filtration. Sur le filtre des Brasseurs RJ, on voit bien la distinction entre les ▶ plaques plus espacées (à gauche) qui retiennent la terre diatomée et les plaques plus rapprochées des filtres de finitions (à droite). Le tout doit être bien serré pour éviter et les pertes de bière et les prises d'oxygène. (Photo : Jacques Courtemanche)

De quoi s'agit-il exactement ? Une bière oxydée développe des arômes de papier, de cuir et de carton mouillé. On dira alors que la bière est *éventée*. Bon... franchement, je ne sais pas qui le dira d'une bière. Les brasseurs parlent invariablement d'oxydation. Le terme « éventé » est *très* juste qui appartient au langage courant, mais peu de gens l'utilisent, car peu savent ce que c'est.

En fait, si. Beaucoup de consommateurs savent ce qu'est une bière éventée, mais ils ne considèrent pas pour autant que ce soit un défaut. Comment est-ce possible ? D'abord, il faut reconnaître que l'odeur d'oxydation n'est pas *révoltante*. D'ailleurs, chez certains styles de bières très forts en alcool et en saveurs, le goût de « vieux » se marie harmonieusement à l'ensemble ; l'oxydation apporte une saveur de xérès (*sherry*) [3] fort agréable.

Sans être nauséabonds, les arômes liés à l'oxydation ne sont jamais *positifs* dans une bière plus douce. Pour s'en convaincre, il suffit de boire une même bière quand elle est *fraîche* et ensuite quand elle est éventée. Or, l'oxydation est sans conteste le défaut rencontré le plus fréquemment sur les tablettes des points de vente. Comment expliquer que beaucoup de consommateurs tolèrent cela ? Le manque d'expérience et donc de discernement ? En partie, sûrement, mais ce n'est pas tout.

Dans une certaine mesure, l'acceptation de l'oxydation par une partie du public est une conséquence du marché de l'importation. Puisque les bières importées doivent effectuer un long voyage, elles sont invariablement moins fraîches et donc plus souvent éventées. Le consommateur, convaincu d'avance que le produit est supérieur, en déduit que les arômes d'oxydation sont des caractéristiques *prisées*...

Ne pensez surtout pas que se manifeste ici le cynisme d'un brasseur offusqué. Ce que je vous raconte, ce sont des faits avérés. Dans le même ordre d'idée, une autre étude a récemment démontré – dégustation à l'aveugle à l'appui – qu'un vin goûte meilleur quand on sait qu'il coûte plus cher... Il n'y a pas l'ombre d'un doute, chers lecteurs : nous ne sommes qu'humains, trop humains [128]. Consolons-nous avec une bonne et grande gorgée de bière bien fraîche !

144

Une guerre d'attrition. Les bières importées, minutieusement brassées par de grandes brasseries bien équipées, présentent généralement une stabilité gustative supérieure. Cependant, le combat contre l'oxygène est perdu d'avance. Le brasseur ne peut pas gagner la guerre du vieillissement, mais seulement repousser le moment de la défaite. Il faut dire que l'ennemi est l'*air* et qu'il a indéniablement l'avantage du terrain : il est *partout*. À défaut de pouvoir brasser la bière dans l'espace, les brasseurs sont condamnés à repousser les incessantes attaques de l'oxygène tout au long du processus de fabrication.

◀ **Figure 3.4. Du voilé à la brillance.** La turbidité de la première Belle-gueule Originale (gauche) indique qu'elle aurait juste assez de levure pour être refermentée en bouteille. Elle sera plutôt centrifugée (centre) puis filtrée (droite). Pour déceler la différence de turbidité, comparez les reflets de plus en plus clairs des verres de bière centrifugée et filtrée. (Photo : Jacques Courtemanche)

Il faut distinguer deux phases à cette guerre : l'offensive estivale et l'offensive hivernale. Les premières attaques de l'oxygène ont lieu dans la caniculaire salle de brassage. Au fil des nombreuses manipulations – de la cuve d'empâtage [21] à la cuve d'ébullition [30] en passant par la cuve-filtre [25] – le moût entrera inévitablement en contact avec l'air. L'occupation de notre territoire par l'ennemi ne sera pas très longue, car l'ébullition aura tôt fait de chasser tout l'oxygène qui a pu se dissoudre dans le moût chaud. Bien qu'on réussisse à repousser ainsi l'ennemi, les dégâts qu'il aura eu le temps de causer sont irréparables. Très actif dans cet environnement tropical, l'oxygène travaille rapidement et laisse derrière lui des *précurseurs* de réactions oxydatives : les semences du vieillissement sont plantées !

La levure est la meilleure défense contre les attaques ; toujours très gourmande en oxygène [60], elle ne fait pas de quartiers aux incursions d'air. Par contre, avec la fin de la fermentation active et l'arrivée des grands froids [99], elle s'endort et n'est plus d'aucun secours. (Plus chanceuses, les bières sur lies continuent de profiter de la protection de la levure jusque dans la bouteille [115]).

Commence alors l'offensive hivernale. Centrifugation [104], filtration [109], et emballage [130] sont autant de moments critiques où le brasseur doit rester sur ses gardes. L'oxygène attaque alors moins vigoureusement, mais s'il a réussi à pénétrer le territoire, ce sera – à l'inverse du cruel front russe – pour s'y incruster. En effet, l'oxygène, tout comme le gaz carbonique [112], se dissout plus facilement dans un liquide froid. La moindre prise d'oxygène est fatale ; l'ennemi est maintenant moins actif, mais entre l'entrepôt de la brasserie et votre verre, il peut se passer *beaucoup* de temps. L'oxygène dissout à froid, de pair avec les précurseurs d'oxydation qui se sont infiltrés pendant le front estival, aura tout le temps voulu pour miner la stabilité gustative dans la bouteille même.

145

Forcer la note. Parmi les nombreux tests effectués par le département de contrôle de qualité d'une brasserie figure le *vieillissement forcé*. Cette technique fort simple consiste à laisser les bouteilles dans un bain d'eau chaude, soit environ 50 °C. Non seulement la chaleur accélère le processus d'oxydation [144], mais elle encourage également la prolifération de contaminants et la formation du trouble à froid [142]. Le vieillissement forcé permet de provoquer, en quelques *jours*, la perte de stabilité – colloïdale [106], microbiologique [133] *et* gustative [143] – qui prendrait normalement des *semaines*.

Une bière présentant un taux d'alcool moyen commencera à se détériorer *un à deux mois* après son brassage. Malheureusement, puisque la date de fabrication n'est pas toujours indiquée sur l'emballage, vous pouvez rarement vérifier sa fraîcheur... À moins qu'il n'y ait de la poussière sur la caisse ! Chose certaine, si vous ne buvez qu'une bière par semaine ou n'en gardez à la maison que pour vos rares invités, pour l'amour du ciel, n'achetez pas des caisses de vingt-quatre !

À défaut d'avoir une emprise sur le facteur « temps », assurez-vous de bien contrôler le facteur « température » : n'achetez jamais une caisse de bière placée en plein soleil ou près d'une source de chaleur ; si vous avez le choix entre une caisse réfrigérée et une caisse sur les tablettes, prenez la froide ; et une fois à la maison, de grâce ! remisez votre bière au frais. Le petit espace entre le chauffe-eau et la chaudière au gaz n'est pas un bon endroit !

Si malgré toutes vos précautions vous vous retrouvez avec une vieille bouteille, ou une bouteille qui a vieilli prématurément à cause de la chaleur, transformez vite ce fâcheux événement en une occasion spéciale et positive : courez acheter une bouteille bien fraîche de la même bière et organisez-vous une petite dégustation à l'aveugle. Vous pourrez enfin mettre le doigt sur les arômes liés à l'oxydation ! [143]

146

Small is beautiful ? À bien y penser, je ne peux pas vous laisser avec l'impression que seules les bières importées peuvent présenter un problème de fraîcheur [143]. Les enquêtes qui faisaient un parallèle entre l'image de marque des bières provenant de l'étranger et l'acceptation des arômes liés à l'oxydation datent de plusieurs années. Au cours des deux dernières décennies, plusieurs facteurs ont contribué à améliorer la qualité des produits importés : l'augmentation de la demande, l'amélioration des réseaux de distribution [93] et le raffinement continuel des procédés de fabrication.

Peut-être êtes-vous tentés de croire que les bières produites par de très petites entreprises locales seront toujours fraîches et bonnes... Résistez à cette tentation. La triste vérité est que les bières de microbrasseries ont parfois une durée de vie *très* limitée. Ces brasseurs sont pleins de bonne volonté, mais n'ont tout simplement pas les moyens techniques des grandes brasseries [129].

Dans une bière industrielle, on peut trouver si peu d'oxygène dissout [144] que le niveau sera sous le seuil de détection de l'appareil de mesure utilisé en laboratoire. Dans un cas pareil, le niveau d'oxygène dans la bouteille est, au bout du compte, égal à zéro. Michel Gauthier [80] m'a déjà raconté avoir obtenu ce résultat avec une Budweiser [85]. Techniquement, c'est un tour de force – je parle ici de la fabrication de la bière, pas de l'analyse de laboratoire.

Avec les bières de microbrasseries, c'est plutôt le contraire qui arrive : il peut y avoir tellement d'oxygène au moment de l'embouteillage que la bière risque de s'éventer prématurément [143]. Oh, bien sûr, la bière est impeccable quand l'artisan vient tout juste de l'embouteiller ! Cependant, c'est une autre histoire quand la bouteille a passé un mois ou deux dans l'entrepôt de la brasserie, peut-être un mois ou deux dans l'entrepôt du distributeur, et un autre mois ou deux sur la tablette d'un point de vente. Quand on finit par la verser dans un verre, la bière est parfois – trop souvent à mon goût – horriblement éventée. Sans être mauvaise langue, je suis porté à croire que c'est à cause des préjugés positifs envers les bières artisanales que beaucoup de gens s'imaginent aujourd'hui que l'oxydation est une caractéristique recherchée... (Et c'est sans parler de l'acide lactique [135] puisque la contamination bactérienne empire aussi avec le temps [142].)

Heureusement, les bouteilles qui vieillissent mal risquent de se faire de plus en plus rares sur le marché, grâce au programme de contrôle de qualité que l'Association des microbrasseries québécoises s'affaire présentement à implanter.

147

La Grande Question du fût. C'est avec la joie la plus profonde que je vais répondre à une question qui hante beaucoup d'amateurs de bière : « Fût ou bouteille : quelle bière est la meilleure ? » Bien entendu, je tiens pour acquis qu'on compare la bière embouteillée et la bière pression de la *même* marque.

Écoutez, je peux vous donner tout de suite la version courte de la réponse, mais vous ne l'aimerez pas : *en théorie, le fût est meilleur; en pratique, c'est la bouteille*... Encore une réponse sibylline ! En fait, je n'y suis pour rien s'il est souvent impossible d'attraper la vérité avec un gant de baseball. Ça prend des mains agiles et un doigté délicat, alors commençons l'opération !

À une époque pas si lointaine, *la bière en fût n'était pas pasteurisée* [131]. Si on prenait cette bière d'une cuve de garde [111], qu'on en enfûtait une partie et qu'on embouteillait l'autre, la bière du fût n'étant nullement affectée par le processus de pasteurisation devait donc goûter *un peu* meilleur [133]. Autrement dit, la bière en bouteille était déjà quelque peu vieillie du seul fait d'avoir été soumise à la chaleur du pasteurisateur. Avantage fût.

De nos jours, la majorité des grandes brasseries utilisent un flash pasteurisateur [133] pour stériliser la bière en ligne, juste avant l'enfûtage. La seule chose restée inchangée, c'est la bière en bouteille portant l'appellation *Genuine draft*; cette bière en « fût authentique » n'est tout simplement pas pasteurisée, en référence à l'époque où les fûts ne l'étaient pas non plus. C'est donc dire qu'aujourd'hui, les bières en bouteille *Genuine draft* sont plus *authentiques* que les *bières pression* elles-mêmes ! Avantage bouteille.

Si la bière en fût est tout aussi pasteurisée que celle des bouteilles régulières, y a-t-il encore une différence ? *Oui*, car les barils, une fois remplis, sont immédiatement entreposés dans une *chambre froide*, en attendant d'être livrés. Même les clients auront tendance à les garder au froid, pour que la bière soit prête à servir le temps venu. (En effet, un fût de 50 litres qu'on laisse réchauffer est long à refroidir à nouveau, au grand dam des consommateurs assoiffés.) Au contraire, la bière en bouteille n'est jamais gardée au froid à la brasserie; même au dépanneur[21] ou à l'épicerie, elle est souvent remisée à la température ambiante. La bière en bouteille est donc sujette à un vieillissement plus accéléré que celle des barils [145]. Avantage fût !

Cette discussion concerne peu les nanos et microbrasseries, car si elles pasteurisent rarement les bouteilles *ou* les fûts,

---

21. Petite épicerie de quartier typique où l'on trouve de tout ; du verbe dépanner.

elles n'ont très souvent pas de chambre froide non plus. Pour leurs bières, il ne devrait pas y avoir de différence entre le fût et la bouteille.

148

Anatomie d'un baril. Détendez-vous, ne vous inquiétez pas, et prenez une bonne bière. Nous allons continuer de disséquer la question du fût.

Je présume que vous savez au moins vaguement à quoi ressemble un fût moderne en acier inoxydable. On en voit parfois dans les pubs télé, et plus régulièrement dans les films américains dont l'action se déroule sur le campus d'un collège ou d'une université…

J'attire votre attention sur la petite ouverture sur le *dessus* du baril, là où on connecte le boyau qui mène à la tireuse. Cette ouverture cache un mécanisme très ingénieux qui permet à la bière de *sortir* du fût en même temps qu'y *entre* du gaz. Le gaz sert à combler l'espace vide grandissant, à mesure que le niveau de la bière descend. Cela permet d'éviter la création d'un vacuum [123] et de conserver le bon taux de gazéification à la bière [113].

À l'aide d'une clef spéciale, il est possible de complètement déconnecter le mécanisme d'entrée-sortie et d'« ouvrir » le baril. En soulevant le mécanisme, on voit qu'il est relié à une longue tige de métal [figure 3.7]. Quand l'assemblage est en place, cette tige descend jusqu'au fond du baril, et c'est par là que monte la bière pour sortir. Le gaz qui « pousse » sur la bière pénètre dans le baril par des trous situés tout juste sous l'ouverture, là où la tige est reliée au mécanisme. Le gaz arrive donc directement dans l'espace vide au-dessus de la bière.

Maintenant, revenons en arrière, dans la brasserie, au moment du *remplissage* du fût. Quand il est installé sur l'appareil d'enfûtage, le baril est *à l'envers*, le fond en haut et l'ouverture en bas. La bière n'entre pas par l'extrémité de la tige – maintenant en haut – sinon elle retomberait comme une fontaine. La bière entre plutôt par les petits trous à la *base* de la tige, là où le gaz pénétrera au moment du service. À mesure que le niveau de bière monte, le gaz qui était *déjà* dans le baril sort par la tige – et c'est exactement là que je voulais en venir…

Avant le remplissage, on pressurise les barils vides avec du CO_2 ; c'est essentiel pour maintenir une contre-pression qui évitera à la bière de mousser et à son taux de gazéification de baisser [113], mais aussi *afin d'éviter tout contact avec l'air pendant le remplissage* [144]. Pendant le remplissage des *bouteilles*, la soutireuse [130] prend les *mêmes* précautions, mais les deux machines (enfûteuse et soutireuse) ne sont pas nécessairement parfaites, et peuvent laisser un peu d'oxygène dans l'espace libre au-dessus du liquide. Quelle est la différence, alors ? Très simple : quand un baril est plein, le volume de l'espace vide est proportionnellement très petit par rapport au volume de *bière*. Dans une bouteille, le *ratio* entre le volume d'espace vide et le volume de bière est beaucoup moins avantageux. En conclusion, la bière risque d'être affectée par la présence d'oxygène dans l'espace libre davantage dans une bouteille que dans un baril. Avantage *fût* !

FIGURE 3.7   Fût. Chez les Brasseurs Illimités, à Saint-Eustache, le brasseur sort non pas le lapin du sac, mais la tige du baril !

149

Quel âge me donnez-vous ? Un baril *plein* présente donc une stabilité colloïdale [147] et gustative [148] plus grande qu'une bouteille. La stabilité gustative est également accrue du fait que le baril est parfaitement *opaque*, ce qui protège la bière des effets néfastes de la lumière [37]. Si ce n'est du risque – somme toute minime – de contamination, le fût peut attendre sagement pendant un certain temps, surtout si c'est dans une chambre froide.

Tout change *dès que le fût est entamé*. À titre indicatif, on dit qu'un fût doit être vidé au cours du *mois* qui suit. *Un mois.* C'est là que le bât blesse. Un baril fraîchement entamé sera généralement meilleur qu'une bouteille, mais comment savoir s'il l'est vraiment ? Avec les bouteilles, c'est plus facile ; on ne vous sert jamais une bouteille débouchée depuis longtemps… Dans le cas des fûts, pas facile de savoir depuis quand il est ouvert.

Je vous le dis tout de suite : dans le doute, *demandez*. C'est vous le client, parbleu! ne vous gênez pas pour revendiquer vos droits. Il se peut que le serveur vous toise d'un air bizarre – moitié ignare, moitié exaspéré. S'il répond bêtement qu'il ne sait pas exactement *quand* le fût a été entamé, la sous-question suivante devrait aider le bougre : « Ça fait deux semaines ou ça fait deux mois ? »

Si vous êtes trop timides pour ce genre de truc, regardez autour de vous. Est-ce un endroit achalandé ? Est-ce que vous apercevez sur les tables plus de bouteilles que de bière pression ? Voudriez-vous d'une bière que *personne* ne boit ? Ces indices devraient vous mettre la puce à l'oreille.

Sans généraliser, mes pires expériences de fût ont été dans des restaurants. Malgré le fait que ceux-ci achètent souvent des fûts de 30 litres au lieu des barils standards de 50 litres, il arrive que la demande ne justifie pas réellement l'installation d'une tireuse. Je me souviens très bien de la fois où j'étais tellement content de trouver une *Pale Ale* anglaise [187] en fût sur le menu que j'ai négligé de suivre mes propres conseils. Résultat : je me suis retrouvé avec une bière éventée comme c'est pas possible [143]. J'ai bu ma bière au goût cartonné en silence, tout en me promettant de m'en tenir au gin-tonic à l'avenir.

150

La science du service. Le baril a été entamé il y a peu de temps, et la bière n'est pas contaminée [134]. Un verre de bière en fût sera parfait ? Pas nécessairement…

Je passe sous silence l'habileté du tireur. Je ne parlerai pas non plus de la salubrité des lignes de bière. Tout établissement qui se respecte fait nettoyer, sur une base régulière, la tireuse ainsi que les boyaux qui mènent aux barils – à défaut de quoi la bière qui dort dans les lignes entre les services se contaminerait rapidement. Bien avant ces considérations, il faut que le système de fût et de contre-pression ait été convenablement installé et calibré.

Dites-vous que la pression dans un baril obéit aux mêmes règles que dans une bouteille ou dans la cuve de garde : une pression insuffisante, et du CO_2 migre de la bière vers l'espace vide, et la bière se dégazéifie [113] ; trop de contre-pression, et la migration du CO_2 se fait vers la bière et en *augmente* le taux de gazéification [120].

Le réglage du système de fût et de contre-pression est *littéralement* une science. La constance de la température dans la chambre froide, la longueur des boyaux qui mènent aux tireuses ainsi que la dénivellation entre la tireuse et les barils (la chambre froide est-elle au sous-sol ou au deuxième étage ?) sont autant de facteurs qui entrent en ligne de compte. Un système mal calibré donnera de la bière qui mousse trop ou qui manque d'effervescence.

Dans le meilleur des cas, l'établissement s'aidera en utilisant un mélange d'azote et de CO_2 pour pousser sur la bière. C'est un peu plus dispendieux que du CO_2 pur, mais l'azote a l'avantage d'être *très* difficile à dissoudre dans la bière, ce qui a pour effet de diminuer le risque d'une variation dans le taux de gazéification.

Dans le *pire* des cas, c'est un *compresseur à air* qui pousse sur la bière. Puisque vous êtes maintenant des pros de l'oxydation, je n'ai pas besoin de vous expliquer en quoi c'est horrifiant. (Si vous venez tout juste de vous joindre à nous, allez lire 143). Un gars m'a déjà raconté avoir livré un baril dans une taverne où des repas étaient préparés. Non seulement utilisaient-ils un compresseur à air pour le service, mais le compresseur était installé tout juste à côté des fûts ; il tirait donc son air à même la chambre froide où étaient entreposées, en plus de la bière, les réserves de nourriture... Le pauvre livreur s'était fait haranguer par le tenancier parce que ses clients se plaignaient que la bière sentait non seulement le papier, mais aussi le chou-fleur, la carotte, l'oignon...

151

La *vraie* bière. Par le plus grand des hasards, 1971 est non seulement l'année de ma naissance, mais marque également, en Angleterre, la fondation de *Campaign for Real Ale* (CAMRA). Cette « campagne en faveur de la vraie bière » a été instiguée par deux enthousiastes qui se désolaient de voir la bonne vieille Ale anglaise perdre du terrain à la faveur de la Lager. Il faut préciser que ce mouvement, encore actif aujourd'hui, n'a manifestement jamais été *contre* la Lager, mais *pour* la préservation de la « vraie bière » et de tout le savoir-faire qui entoure sa manipulation et son service.

Commencez-vous à être impatients d'apprendre c'est *quoi*, de la *Real Ale* ? Hé ! Hé ! Hé ! J'exploite sans vergogne cette intrigante expression, qui fut de toute évidence retenue, marketing oblige, pour son pouvoir d'attraction et de provocation. Ce qui est désigné par le terme « vraie bière » n'a en réalité rien de mystique ; il s'agit de la « Ale refermentée en fût » (*Cask-Conditionned Ale*). Vous voyez bien que « Real Ale » est beaucoup plus racoleur...

L'Ale refermentée en fût de chêne est la manière ancestrale de servir la bière dans les *pubs* anglais. C'est une bière non filtrée [109], non pasteurisée [131] et gazéifiée naturellement [115]. Au moment de l'enfûtage, il arrive qu'on y ajoute – en plus du sucre pour la refermentation – des clarifiants [105] qui aident les levures à sédimenter une fois la gazéification complétée, réduisant ainsi le temps de maturation [100]. En général, quelques jours dans la cave du *pub* suffisent.

Parfois, on ajoute également un peu de fleurs de houblon [33] au moment de l'enfûtage ; c'est ce qu'on appelle le « houblonnage à froid » (*dry-hopping*). Comme pour le bac à houblon [40], les fleurs aident à « retenir » le sédiment, en plus d'apporter le parfum le plus frais possible. Dans les brasseries modernes, le houblonnage à froid est plus communément pratiqué dans la cuve de maturation [99], mais cette pratique demeure peu répandue, notamment à cause des risques de contamination.

Le service d'une Ale traditionnelle est tout aussi particulier. Pour être qualifiée de Real Ale, la bière doit être pompée à l'aide d'une *tireuse manuelle*, sans pousser sur la bière avec du gaz carbonique (ni azote), sans même la moindre contre-pression dans le fût. Il sera ainsi non seulement impossible à l'Ale de maintenir un taux de gazéification élevé [121], mais puisque c'est de l'*air* qui comble l'espace grandissant dans le fût, la bière s'éventera à coup sûr et dans le temps de le dire [150]. Voilà pourquoi, pour vider un fût de Real Ale, on recommande un délai maximum de *trois jours* au lieu d'un mois [149] !

152

La pinte parfaite. En ce qui me concerne, la plus belle expérience de fût est sans conteste la plus belle expérience de bière possible, et le meilleur endroit pour la vivre est probablement le bistro-brasserie [47].

Attention ! Le bistro-brasserie n'est pas une valeur *sûre*. On est parfois déçus. Il arrive que la bière soit intéressante, sans plus. Ça peut aussi être pire, personne n'étant à l'abri d'erreurs. Une maladresse technique ou une faute de jugement a tôt fait de donner une bière mal équilibrée.

Il n'en demeure pas moins que c'est dans ce genre d'établissement que vous avez le *plus* de chances de tomber sur une *excellente* bière. Que ce soit une reconstitution fidèle d'un style classique ou une création originale, voire débridée, ça sera fort probablement brassé avec professionnalisme et beaucoup, *beaucoup* d'amour ; ça sera frais, aussi frais qu'humainement possible ; ça sera manipulé et servi avec toute l'attention méritée ; et surtout, *surtout*, ça sera dégusté en bonne compagnie.

Comme pour de nombreuses boissons et victuailles, l'appréciation de la bière est décuplée en présence de ceux qu'on aime. Si, au fil des conversations animées, vous n'avez qu'une fraction de seconde pour réaliser consciemment que le verre que vous avez déjà presque terminé était particulièrement bon, alors c'est tant mieux !

En fait, vous pourrez vivre cela dans n'importe quel établissement. Le plus important, c'est d'être bien entouré. D'ailleurs, le mot *pub* est une contraction de *public house*. Eh oui, à l'origine, le *pub* était une vraie maison, à l'intérieur de laquelle une ou deux pièces étaient réservées à la consommation publique d'alcool. J'adore cette expression « maison publique ». Ça évoque le confort de l'intimité *en même temps* que le plaisir d'appartenir à une collectivité. C'est comme si ces deux pôles de la psyché humaine trouvaient enfin à se fondre harmonieusement. Mes amis, cela est Juste et Bon ! et je crois qu'il faut le célébrer avec une bonne bière !

153

La totale. Quel plaisir que de prendre une petite bière entre amis, alors que les esprits s'échauffent et que les langues se délient. La modération a peut-être meilleur goût, mais soyons honnêtes, l'alcool fait partie intégrante de la bière et l'ébriété est indissociable des autres plaisirs qu'elle nous apporte. Cependant, nous ne buvons pas de la bière seulement pour l'alcool. Elle a tant d'autres bonheurs à nous offrir. Presque tous nos sens peuvent être sollicités, pourvu bien entendu que nous lui donnions la chance de s'exprimer pleinement, ce qui m'amène à la question des gens qui boivent leur bière à même la bouteille...

Parbleu ! Boit-on le vin à même la bouteille ? Et le scotch ? Et le porto ? C'est quoi le problème ? Vous aimez tellement le camping que vous avez l'habitude de toujours faire comme si ? Avez-vous déjà entendu parler de *verres* ?... Bon ! je me calme... Loin de moi l'idée de jouer la carte du Bon Goût, ni même du goût tout court. Vous l'aurez aussi dans la bouteille, le *goût* de la bière. Mais c'est *tout* ce que vous aurez. Vous ne pourrez pas jouir de la magnifique vision de sa robe scintillante [105], de son immaculé collet de mousse, des jolies bulles qui s'élèvent gracieusement vers la surface [112]. Vous ne pourrez pas non plus humer son délicieux parfum, ses effluves de houblon, d'épices et d'arômes de fermentation [32, 35, 83], ni sentir contre votre visage la fraîcheur des vaguelettes de gaz carbonique qui déferlent en même temps que la bière coule du verre [124], ni entendre son doux pétillement... Les attributs de la bière sont là, pourquoi s'en priver ?

Je vous concède que la bouteille (ou la cannette) est *très* pratique. Il existe bon nombre de situations où le verre est peu commode, et c'est grâce à la bouteille, à la commodité de la portion individuelle portative, que la bière peut nous accompagner dans toutes nos activités. Tout de même, ne perdons pas de vue que pour apprécier la richesse de l'expérience de la bière, la bouteille est loin d'être idéale. Cela dit, je ne refuse *jamais* une bière parce qu'elle ne m'est pas offerte dans un verre. Je ne suis pas *fou*, quand même !

154

Les formes, mythes et réalités. L'utilitariste anglais Jeremy Bentham a dit : « Il existe en ce monde deux types de personnes : ceux qui divisent l'humanité en deux types et ceux qui ne le font pas. » Derrière ce trait d'esprit se cache la même dichotomie Classique-Romantique empruntée à Robert Pirsig [48] dans l'avant-propos.

Personnellement, je suis un grand Classique (!), quoique la rigueur du classicisme n'implique pas rigidité. Je ne bois pas toujours ma Boréale dans mon verre Boréale, ma Heineken dans mon verre Heineken, ni ma Cheval Blanc dans mon verre Cheval Blanc. J'adore les verres à bière – les minces et les trapus, les grands et les petits, les verres de tout acabit – mais il ne faut pas faire de la concordance entre styles de verres et styles de bières une religion. Personne n'est obligé de prendre une Pils dans une flûte ou une Pale Ale dans une pinte.

Certains tenteront de vous convaincre que la Chimay [98], par exemple, est meilleure dans un verre de Chimay. Pas dans n'importe quel verre sur pied, large et avec une ouverture évasé... Non : elle serait meilleure dans *le* verre Chimay, spécialement conçu, dans ses moindres détails, pour mettre en valeur cette bière en particulier. Caca de taureau que tout cela ! [110] Les verres à bière, c'est surtout une histoire de marketing promotionnel, d'image. *Ou de simple tradition*. L'exemple de la Chimay est bien choisi puisque les Belges sont les champions du verre associé à une marque. C'est intégré dans leur culture brassicole.

Il y a tout de même une part de vérité dans cette histoire de verres. Il est vrai que, dans une certaine mesure, les différentes formes mettent en valeur certains attributs plutôt que d'autres. Ça se résume à la couleur versus l'arôme.

Commençons par la couleur : plus le verre est grand et étroit, plus la colonne de liquide est mince, plus la bière semble pâle. L'histoire de la bière au cours des derniers siècles est un inexorable mouvement vers une bière de plus en plus pâle [184, 205]. Pas étonnant, donc, que la flûte soit l'archétype du verre à Pils – sa forme accentue la pâleur de cette Lager. Le prix à payer avec ce verre, c'est *une plus petite surface sur le dessus du liquide*, ce qui laisse moins de chance aux arômes de « s'envoler ».

À l'inverse, le petit verre évasé donne à la bière beaucoup plus de surface, une plus grande piste de décollage pour les parfums. Avec un corps très large, il est également possible que l'ouverture du verre se « referme » un peu pour retenir et concentrer les arômes davantage tout en restant accessible à la bouche. Enfin, qu'un verre trapu soit ballonné ou non, la masse du liquide y sera invariablement plus large et fera paraître la bière plus foncée.

Voilà toute l'histoire. Rien de plus, rien de moins. Les seules autres considérations sérieuses que je puisse imaginer sont d'ordre *pratique*. Par exemple, l'immense bock bavarois (et son anse) est sans doute la seule façon de se promener avec un litre de bière sans avoir à le tenir à deux mains… La fameuse pinte anglaise est plus raisonnable, mais tout aussi commode : assez large pour contenir beaucoup de liquide (*et* être très stable quand on la dépose sur le comptoir), mais assez étroite pour tenir fermement dans la main quand on est coude à coude dans un pub bondé.

Au-delà de ces facteurs peu nombreux, rien ne justifie « rationnellement » le nombre prodigieux de variations sur les formes et les styles, sinon le désir de chaque brasserie de donner à son produit un « look » unique, une « spécificité ».

155

Köln et Kölsch. Certains verres sont associés non pas à un produit précis, mais à un style de bière. Prenez les grands verres de Weissbier [219], par exemple, ces espèces de grosses flûtes aux courbes généreuses. En tant que chef-d'œuvre de sensualité, le verre de Weisse est probablement le plus Romantique de tous.

Le plus cartésien, le plus Classique des verres que je connaisse (et donc mon favori) n'est pas uniquement associé à un style spécifique, mais aussi à une *ville*, puisque ce style et cette ville ne font qu'un. Il s'agit d'une autre allemande, la Kölsch, originaire de Cologne. (Notez que chez les Germains, la prononciation du « o » coiffé d'un tréma s'apparente à notre *eu* ; dans ce cas-ci, il faut donc dire K*eu*ln et K*eu*lsch.)

Avant de parler du verre, quelques mots sur la bière. En allemand, la ville de Cologne est appelée *Köln*. Le mot « kölsch » veut essentiellement dire « de Cologne » (mais n'allez pas penser qu'« eau de Cologne » se traduise par *Kölsch wasser* !). « Kölsch » désigne non seulement la bière de Cologne, mais aussi le dialecte local ; on dira donc du Kölsch que c'est la seule langue qu'il est possible de boire !

Comme d'autres grandes villes allemandes, Cologne fut presque complètement rasée par les Alliés, vers la fin de la Deuxième Guerre mondiale. Heureusement, les bombardiers anglo-saxons ont infligé peu de dégâts au *Kölner Dom*, cette impressionnante cathédrale gothique qui est le joyau de toute la région. Les photos de la ville prises juste après la guerre sont assez spectaculaires : on peut y voir une mer de ruines fumantes, au milieu de laquelle seul le Dom reste debout, comme un paquebot dans la tempête.

Les brasseries de Cologne n'ont pas toutes eu la même chance que la cathédrale, la majorité ayant succombé aux bombes des Alliés. Au cours des décennies qui ont suivi la guerre, les brasseurs de la ville se sont serré les coudes afin de relancer leur industrie, tout en essayant de préserver l'identité de la bière locale, face à l'incessante montée en popularité de la Lager blonde.

En 1986, dans un geste de solidarité commerciale aussi rare qu'admirable, ils ont tous participé à l'élaboration et à la signature de ce qui fut baptisé la « Kölsch Konvention », dont l'objectif était la reconnaissance et la protection de leur bière patrimoniale, une Ale fermentée à plus basse température que normalement, soit entre 15 et 20 °C [83], et mûrie plus longtemps, ce qui résulte en une Ale relativement sèche [76] et hautement buvable [121]. Ce pacte brassicole établit plusieurs règles, une des principales étant les paramètres du style. Il est plutôt rare, dans le monde de la bière, qu'un style soit défini de manière officielle. Ce qui est carrément unique, c'est que les brasseurs de Kölsch ont réussi à convaincre le gouvernement de leur accorder l'exclusivité du nom, ce qui fait de cette bière la seule au monde qui soit une appellation d'origine contrôlée !

La Kölsch Konvention délimite le territoire géographique à l'intérieur duquel l'appellation est légitime. Cette protection légale est maintenant étendue à toute l'Union européenne, mais pas au reste du monde. En 2003, le Canada s'est engagé à respecter certaines appellations de vins et de spiritueux, mais, à ma connaissance, l'entente ne couvre par la Kölsch. Aux États-Unis et au Japon, vous pouvez être certains de rencontrer des « fausses » Kölsch, mais à petite échelle, généralement dans des bistro-brasseries. En règle générale, les Américains sont particulièrement réticents à l'idée de respecter les A.O.C. parce qu'ils considèrent que beaucoup de noms (champagne, parmesan, etc.) sont passés dans la langue courante. Pas surprenant de la part de nos vampires culturels préférés [244] !

156

... **et Krash !** Les signataires de la *Kölsch Konvention* se sont naturellement entendus sur le verre qui serait associé à leur bière. Comment est-il ce fameux verre ? D'une simplicité et d'une élégance toute géométrique [84] ; c'est un petit cylindre, étroit et parfaitement droit, qui peut habituellement contenir 200 millilitres de bière. Vous avez bien lu : deux cents millilitres.

Une fois « rempli » de Kölsch dorée, couronnée d'une petite capsule de mousse blanche, ce verre est le plus mignon qui soit. Il exsude la distinction tout en permettant de se vanter d'avoir calé cinq ou six verres la veille sans s'en porter trop mal…

Comment s'arrangent les serveurs de Cologne, avec de si petits verres ? Brune et moi avons passé une soirée dans un établissement de cette ville, et je dois vous dire que c'est tout un spectacle. D'abord, nos fesses n'avaient pas tout à fait encore touché la banquette que deux verres étaient déposés sur la table devant nous. Wow ! Bien sûr, c'est plus facile quand il n'y a qu'une seule bière sur la carte, mais quand même ! Disons que, comme première impression, on peut difficilement faire mieux…

Les serveurs de Kölsch sont d'une effarante efficacité : ils ne vous feront pas la conversation, mais vous ne manquerez jamais de bière ! Vêtus d'une chemise à manches courte, bleu pâle ou blanche, et du traditionnel long tablier bleu, ils parcourent les allées, tenant un cabaret rond spécialement conçu pour transporter quelques dizaines de verres, répartis en deux ou trois cercles concentriques. Ils déposent les verres pleins et ramassent les vides à une vitesse inégalée dans la profession. Et pour l'addition ? Ont-ils une mémoire tout aussi surhumaine ? Pas du tout : pour chaque consommation, on laisse simplement une marque sur votre sous-verre. Brillant, non ?

Classique comme je suis, c'était écrit dans le ciel que je tomberais en amour avec la ville, la bière et le verre. J'ai rapporté deux verres à la maison, un pour moi et un pour mon papa. Malheureusement, j'ai cassé le mien peu de temps après. Faut dire que la paroi des verres de Kölsch est spécialement mince et délicate. Comble du bonheur, un ami m'a récemment fait cadeau de six verres à Kölsch (trouvés – qui l'eut cru – dans le catalogue de *Lee Valley* !). Ils n'arborent pas de logo d'une brasserie, comme celui que j'ai brisé, mais à cheval donné…

157

Caresses d'amour. Les logos imprimés sur les verres promotionnels ne sont pas tous de qualité égale. Ceux que les brasseries fournissent aux bars et restaurants sont excellentissimes. Ces verres sont conçus pour résister aux supplices infernaux des lave-vaisselle industriels ; les mots et emblèmes imprimés sur ces verres commerciaux ne s'effaceront jamais. (Loin de moi l'idée de vous encourager à en subtiliser ici et là ; d'ailleurs, sachez que j'avais pris soin de *demander* mes deux verres à l'effigie de la brasserie *Pfaffgen* de Cologne.)

On ne peut pas en dire autant des verres promotionnels qui sont ordinairement accessibles aux consommateurs. Les verres gratuits —en fait, gratuits à l'achat d'une caisse— sont parfois d'une qualité qui laisse à désirer. Rien ne vous garantit que les imprimés ne finiront pas par s'endommager au lave-vaisselle.

Le problème, c'est qu'on ne peut pas savoir d'avance si le logo sera résistant ou non. Ne courez donc pas de risque inutile ; lavez tous vos verres à bière à la main, amoureusement, en prenant soin de ne pas les casser. De toute façon, les lave-vaisselle finissent toujours par abîmer la surface du verre lui-même. Dorlotez vos précieux gobelets, et ils vous accompagneront longtemps.

L'important – attention ! soyez particulièrement attentif ici – l'important, c'est de *toujours bien rincer votre verre après l'avoir nettoyé*. Si vous voulez être sûr de votre affaire, vous respecterez le célèbre rituel Stella Artois et effectuerez un *autre* rinçage tout juste avant d'utiliser le verre. C'est le nec plus ultra du professionnalisme, et pour n'importe quel verre de n'importe quelle bière. Pourquoi cette précaution ? Pour s'assurer qu'il ne reste pas le moindre résidu de savon sur la paroi intérieure. Le savon, c'est *l'ennemi de la mousse* ! Ne l'oubliez jamais.

Ne vous fiez pas à votre lave-vaisselle non plus, il est possible qu'il rince mal. Comment le sais-je ? Mon ami Gilles et moi l'avons découvert quand nous brassions ensemble. Après chaque embouteillage, nous nous séparions le lot de bouteilles et une fois la refermentation complétée [115], nous échangions au téléphone nos notes de dégustation. Une fois, Gilles se plaignait que le collet de sa bière s'évanouissait rapidement, pendant qu'à l'autre bout du fil, j'admirais une mousse généreuse. Ça n'a pas pris trop de temps avant de découvrir le pot aux roses...

158

La boisson qui fait tourner les têtes. La bière est le seul breuvage – le seul breuvage alcoolique, en tout cas – qui présente une belle mousse. Mine de rien, ce n'est pas rien. Coiffée d'un généreux collet blanc, une bière est habillée comme pour un soir de première. Les brasseurs ont bien raison d'être fiers. Quel consommateur n'apprécie pas ce caractère unique ? Celui qui boit à même la bouteille [153]...

Bien qu'il soit très rare de rencontrer une mousse aussi abondante que celle qui débordait des bocks du père d'Achille Talon, l'amateur remarquera que certaines bières en présentent plus que d'autres. Pourquoi en est-il ainsi ? Pourquoi certaines bières sont-elles si bien parées, alors que d'autres, piteuses, se baladent crâne dégarni ?

C'est surtout une affaire d'ingrédients. La mousse de la bière est principalement constituée de *protéine* [9]. C'est la raison pour laquelle le vin et le cidre, par exemple, ne forment jamais de collet durable ; le raisin et la pomme ne possèdent que peu ou pas de protéine, tandis que l'orge, lui, en a *trop*. Les brasseurs passent leur temps à *éliminer* des protéines, principalement pour éviter les problèmes de turbidité [31, 59, 99]. Dans le meilleur des cas, il en restera assez pour soutenir une bonne broue.

C'est la raison pour laquelle il est important de ne pas utiliser trop de gel de silice avant la filtration [107]. La silice fait précipiter des protéines ; c'est excellent pour lutter contre le trouble à froid, mais si on exagère, c'est le collet qui en souffre.

Si au départ l'orge présente un peu trop de protéine, c'est pire avec plusieurs autres céréales ; c'est d'ailleurs une raison pour laquelle les brasseurs privilégient l'utilisation de l'orge : parce qu'elle est *relativement* faible en protéine. Le *blé* étant une de ces céréales qui est plus riche en protéine, sa présence dans une bière favorisera une meilleure tenue de mousse. Voilà pourquoi les Blanches [217] forment généralement un collet superbe.

Il n'y a pas que le blé qui peut encourager la tenue de mousse, puisqu'on a récemment découvert que les dextrines [66] jouent aussi un rôle important. Qu'elles proviennent du régime d'empâtage [74] ou d'ingrédients spéciaux comme le *malt à dextrines* [232], les dextrines peuvent se lier à des protéines dans la cuve d'empâtage [21] pour former des molécules appelées *glycoprotéines*, qui sont particulièrement bonnes pour le collet.

En terminant, un dernier ingrédient favorable à la mousse est l'*acide alpha isomérisé* provenant du houblon [37]. Non seulement les bières très amères ont une plus grande propension à se coiffer de blanc, vous remarquerez que la mousse d'une bière goûte toujours plus amer que la bière elle-même. Faites le test !

159

Instabilité de la mousse. On l'a vu, la technique du brassage à haute densité nuit à la tenue de mousse [126]. On verra plus loin [225] les autres raisons qui font que les bières industrielles présentent souvent, à la place d'un grand collet blanc, une toute petite couronne.

Parmi les composantes de la bière qui *nuisent* à la tenue de mousse, la principale et plus importante est sans contredit les *lipides*. On en trouve dans le malt d'orge, de façon purement naturelle, mais heureusement il n'y en a pas trop. Certaines céréales, comme l'avoine, présentent des quantités d'huiles beaucoup plus importantes, et c'est une autre raison favorisant l'utilisation de l'orge dans la fabrication la bière. Une *autre* ?! », dites-vous ? Eh ben oui ! Et c'est loin d'être la dernière [214].

Le brasseur qui s'amuse avec des ingrédients plus inusités devra prendre les précautions qui s'imposent s'il s'agit de substances particulièrement grasses. Je ne connais pas de bière au soya ou au lin, mais il y a le chocolat, par exemple, qui est relativement populaire dans les bières foncées. Il est impératif d'en retirer le gras, ce qui est assez facile à faire pendant la maturation [98]. En effet, le froid fait coaguler les lipides qui peuvent alors aisément être filtrés.

Les *huiles essentielles* du houblon [35] ont également un effet négatif sur le collet, mais il est beaucoup, *beaucoup* moins important. Il faut dire que les huiles essentielles, malgré leur nom, ne sont *pas* des lipides ! Souvent même, elles ne sont pas *huileuses*. En fait, c'est une expression fourre-tout qui englobe différentes substances naturelles qui n'ont en commun que le fait d'être odorantes et de pouvoir être concentrées ou distillées. Les huiles essentielles du houblon – qui portent toutes de très jolis noms, tels myrcène, humulène, caryophyllène et farnesène –, sont des composés qui entrent plutôt dans la catégorie des *hydrocarbures*. Comme les carburants fossiles. Si, si.

Si vous voulez voir comment une *vraie* huile vous détruit un collet, vous n'avez qu'à en mettre une goutte dans votre verre ! Plus simple encore, peut-être avez-vous déjà observé le phénomène quand vous mangez certains aliments tout en buvant : si vous avez du gras sur les lèvres, en prenant gorgée après gorgée, ce sera assez pour que votre broue s'affaisse prématurément. Raison de plus pour ne pas grignoter de croustilles et d'arachides avec votre bière ! (La raison première ? Parce que ces aliments sont extrêmement caloriques. D'ailleurs, ce qu'on appelle familièrement « bedaine de bière » est en réalité davantage une bedaine de croustilles et d'arachides.) Pour ceux qui ne sont pas prêts à sacrifier leur combo bière-pizza [204], il faudra prendre soin de s'essuyer la bouche avant chaque gorgée. Ouf!

160

Une ligne à ne pas franchir. Sur la question du collet, il y a d'autres facteurs qui ne concernent pas directement la bière elle-même. Je pense à la propreté du verre, bien sûr [157], mais aussi au *doigté du serveur*. En remplissant un verre, il *faut* faire exprès pour que se forme un joli collet. N'oubliez pas que plus une boisson gazéifiée est froide, plus elle retient le CO_2 [112]. Quand la bière sort du frigo, il faudra quand même mettre un peu de vigueur dans le déversement si l'on veut que la mousse soit généreuse.

Il est par contre également incontestable qu'il faut faire attention pour que ce même collet ne soit pas trop monté. À la maison, la conséquence d'un service raté est souvent que vous n'êtes pas en mesure de vider complètement la bouteille dans le verre. C'est sans conséquence. Au pub, par contre, il n'y a pas de bouteille à vider si la bière est tirée d'un *fût*. Dans ce cas, un remplissage raté veut surtout dire que vous vous faites rouler; vous payez pour 500 mL, mettons, mais vous n'en recevez que 400 mL, surmontées d'une dose supplémentaire de mousse. Surtout, ne pensez pas qu'en «tombant», la broue reprendra le volume de liquide manquant. Rappelez-vous qu'il ne faut qu'*une* part de liquide pour produire *cent* parts de mousse [38]. Petite étoile autocollante dorée à ceux qui n'ont pas besoin de retourner lire.

En Europe, les verres à bière sont souvent calibrés, et un petit trait horizontal montre le niveau correspondant au volume indiqué. Quelle brillante idée! De cette façon, il est difficile pour le tenancier de se défiler si vous n'avez pas reçu tout votre dû. Au Québec, non seulement il est impossible de savoir où devrait se situer la frontière entre la bière et la mousse, mais en plus on n'a aucune preuve que le verre peut *réellement* contenir, disons, 350 ou 500 mL. Je ne veux pas suggérer que la majorité des établissements sont impliqués dans une gigantesque conspiration pour tromper et détrousser les innocents buveurs. Il est même possible que certains verres vous en donnent *plus* pour votre argent!

Chose certaine, on se rend instinctivement compte d'un remplissage *terriblement* bâclé. Il m'est arrivé une seule fois de retourner un verre parce que le collet était trop important. Je vous jure que ce n'était pas un autre caprice de brasseur. Je prends à témoins les convives attablés avec moi et qui furent tout aussi perplexes de me voir faire servir un verre qui contenait autant, sinon plus, de mousse que de bière. La malhonnêteté n'était pas en cause : c'était une Stout, et il n'est pas donné à tout le monde de tirer une bière injectée d'*azote*.

Figure 3.5. Soutireuse. La soutireuse moderne des Brasseurs du Nord embouteille 300 bouteilles ▸ par minute. (Photo : Jacques Courtemanche)

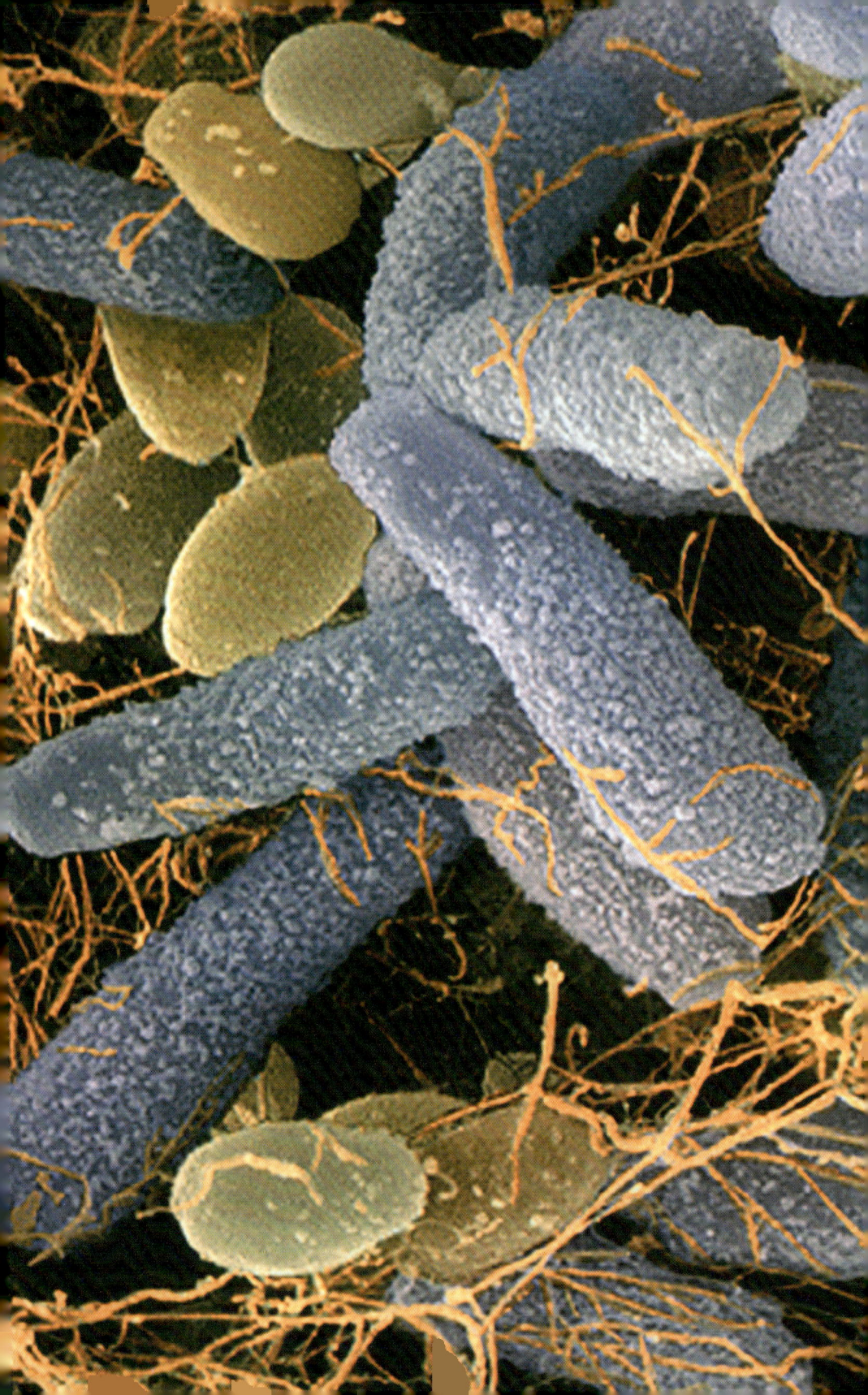

161

La Grande Question de l'azote. Avant de résoudre ce grand mystère, je dois absolument parler d'un Petit Fait Capital concernant la mousse. Jusqu'à maintenant, nous n'avons traité que de ce qui entre dans la composition de la *surface* des bulles de mousse [158-159] ; or, ce qui se trouve à l'*intérieur* est tout aussi essentiel, n'est-ce pas ? Généralement, il s'agit du dioxyde de carbone (CO_2).

C'est sans contredit à cause du *gaz* qu'une bière versée trop brusquement moussera de façon excessive. Plus vite sortent les bulles, plus abondante est la broue. C'est à cause de cette mécanique très simple que le *taux de gazéification* [120] aura une influence sur le collet – ben oui ! – sans parler de la *température de la bière* (plus la bière est chaude, moins elle est capable de retenir le CO_2), ou de la présence de *points de nucléation* [132] à l'intérieur du verre. (Des points de nucléation sont parfois *intentionnellement* gravés dans le fond des verres à bière. Il existe même des verres au fond desquels est gravé le *logo* d'une brasserie. À cause de cette inscription, des rideaux de gaz montent constamment vers la surface, formant – vu de haut et après que la mousse se soit dissipée – le vague contour de l'emblème !)

D'accord. Voici tout ce qu'il faut savoir au sujet de l'azote. Primo, ce gaz est *très difficile à dissoudre* dans la bière. C'est d'ailleurs pour cette raison que l'azote est souvent utilisé pour « pousser » sur la bière dans les fûts [150]. Pour réussir à injecter de l'azote dans le liquide – et qu'il y reste ! – il faut créer une très forte contre-pression, soit environ 1,5 bar (25 psi), ce qui est à peu près deux fois plus grand que ce que nécessite le CO_2 [120].

Secundo, l'azote forme des bulles sensiblement *plus fines* que le CO_2 [115].

Tertio, vu que l'atmosphère est composée à 79 % d'azote, la différence de pression entre l'azote et l'atmosphère est faible, et la mousse formée dure plus longtemps. Dans le cas du CO_2, la *différence de pression* entre l'intérieur et l'extérieur de la bulle est plus grande, ce qui la fait éclater plus rapidement.

Voilà donc pourquoi lorsqu'on injecte de l'azote dans une bière – n'*importe quelle* bière, pas seulement la Stout – elle se coiffera d'un collet dense, crémeux et *durable*. J'adore ce mot que les hispanophones utilisent à toutes les sauces, et qui s'applique merveilleusement bien à ce genre de mousse : *Rico* ! Riche !

162

L'*autre* secret de l'Irlandais. La forte contre-pression nécessitée pour que l'azote pénètre la bière implique qu'un fût injecté d'azote est beaucoup plus pressurisé qu'un fût de bière régulier. (Les bières injectées d'azote sont aussi gazéifiées ; en général, les proportions sont d'environ 40 % de CO_2 pour 60 % d'azote.) Lorsque la bière passe du baril

◀ **Figure 3.6. Contaminants.** Au microscope, on peut observer les contaminants microbiologiques contenus dans les bières. Ici, on voit des bactéries *acétobacters* rondes et des *schizosaccharomyces*, des levures sauvages de forme allongée (x 2770). (© Power and Syred/Science Photo Library)

au verre, elle subit une énorme chute de pression. Le liquide n'ayant plus que la pression atmosphérique pour contre-pression [120], l'azote commence à s'en échapper. Cependant, comme avec le gaz carbonique, le phénomène n'est pas *instantané* ; si on ne fait rien de particulier, les deux gaz s'échapperont du liquide *tranquillement*, ce qui ne sera pas suffisamment énergique pour que se forme l'épais collet de mousse recherché.

Il manque un tout petit quelque chose à cette équation, dont vous pourriez difficilement deviner l'existence ; il s'agit d'un embout spécial, simple et discret (*creamer*), installé sur le robinet de la tireuse. Ce petit embout a une forme conique, longue et étroite, mais ce qu'il a de plus particulier est caché à l'intérieur : c'est un petit disque criblé de trous qui crée une restriction au flot de bière, provoquant un *effet de cisaillement* (*shear force*). En un mot, c'est ce disque qui force l'azote et le gaz carbonique à sortir subitement de la bière.

Pendant le service, l'azote s'échappe tellement rapidement de la bière qu'un immense collet de mousse se forme avant même que le verre soit plein. Ce n'est pas un problème pourvu que l'on ne serve pas ce verre tel quel [160]. La technique qui s'impose est fort simple : remplir le verre aux trois quarts et le laisser reposer quelques minutes. Il faut finir de remplir le verre seulement une fois que le collet s'est « tassé ».

J'ai connu cette technique un peu avant que les bières injectées d'azote soient plus répandues au Québec. C'est grâce à deux bons amis qui, à la fin des années 1980, ont fait un long séjour en Irlande. À leur retour, ils m'ont raconté qu'il fallait s'armer de patience quand on commandait une Guinness dans un pub de Dublin. En revanche, quand la pinte finissait par arriver, le collet de mousse était si dense que non seulement le tenancier avait pu y imprimer une image avec une sorte d'emporte-pièce – un trèfle à quatre feuilles, par exemple – mais le collet subsistait jusqu'à la dernière gorgée et l'image était toujours visible au fond du verre vide !

Avec une mousse aussi durable, pas étonnant que beaucoup de gens pensent à tort que la Guinness est très dense. À chaque gorgée, il y a toujours un peu de cette broue crémeuse qui s'y mêle, d'où l'impression que la bière elle-même a beaucoup de corps [75]. De la même façon, les fameuses *Cream Ale* – un autre style difficile à définir – ne sont pas généralement *vraiment* crémeuse, sauf lorsque servie avec de l'azote.

163

Le Paradoxe de Guinness. Bien que l'on puisse injecter de l'azote dans n'importe quelle bière [161], il est incontestable que cette pratique est surtout associée aux Stouts. Je dirais même que pour la majorité des gens, le collet crémeux fait spécialement penser à la plus mondialement reconnue des Stouts : la célèbre bière Guinness. Quoi de plus normal.

Cette dernière association fut probablement renforcie par un superbe message publicitaire diffusé il y a quelques années. Tout ce qu'on y voyait, en gros plan, était un verre qui venait tout juste d'être rempli de Guinness. Avec une simplicité qui était de mise, la publicité laissait toute la place à un des plus beaux spectacles du monde brassicole : la vue des vaguelettes d'azote, d'une élégante pâleur, qui avec une grâce organique descendent en succession le long de la paroi interne du verre.

« Quoi ?! » vous exclamez-vous, mettant abruptement fin à cette contemplation extatique. « Des vaguelettes qui *descendent* ? » Si, si. « Comment est-ce possible ? Si le gaz cherche à sortir, s'il est plus léger que le liquide, alors ne devrait-il pas *monter* ? » Vous avez bien raison, lecteurs alertes. Les vaguelettes d'azote *devraient* monter, et pourtant… Mystère !

Bien que certains s'en plaindront, la Science est toujours prête à péter nos bulles d'émerveillement. Heureusement, la vraie connaissance est souvent encore *plus* fabuleuse que la mystification. Puisque nous n'avons rien à perdre et tout à gagner, élucidons tout de go le Paradoxe de Guinness.

Dès qu'une pinte est tirée, l'azote se précipite rapidement vers le haut pour sortir de la bière [161]. Le mouvement de masse des bulles de gaz est tellement grand que, par friction, ces bulles entraînent avec elles le liquide qu'elles traversent. C'est ainsi que se crée dans le verre un fort *courant ascendant*. Comme dans n'importe quelle convection, s'il y a une masse qui se déplace vers le *haut*, il y en a automatiquement une, quelque part, qui se déplace vers le *bas* [figure 3.8]. S'installant là où il trouve le moins de résistance, le courant ascendant se concentre au *milieu* du verre – provoquant un effet cheminée – tandis que la bière redescend tout le long de la *paroi*.

Vous voyez venir la suite, n'est-ce pas ? Certaines bulles d'azote sont si petites que leur pouvoir de flottaison ne leur permet pas de résister à la force du courant descendant. Elles sont entraînées à leur tour, vers le fond du verre – et c'est uniquement parce qu'elles suivent la paroi de près que nous pouvons les voir. Nous observons le phénomène tout autour du verre, sans nous douter qu'au *milieu* de la masse de liquide, le mouvement va dans le sens inverse. Hé ! Hé ! Hé ! Il va sans dire que ce superbe ballet prendra fin quand la majeure partie de l'azote se sera échappée, ce qui prend moins d'une minute. Autrement dit, cette sorte de convection s'arrêtera aussitôt que le feu de la cheminée ne sera plus attisé !

Cette description vous rappelle quelque chose, n'est-ce pas ? Eh oui ! Les

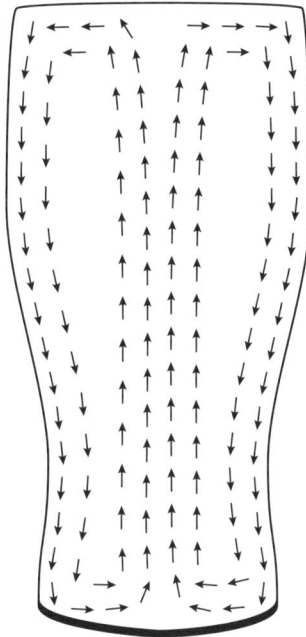

FIGURE 3.8 Circulation des gaz dans la bière.

courants qui se forment dans la pinte de Guinness sont *exactement* les mêmes que ceux qu'on rencontre pendant la fermentation de la bière, alors que la levure produit une quantité importante de CO_2 [82]. J'ai réutilisé le même texte presque à l'identique. Verre de bière et cuve cylindro-conique : mécanique des fluides *identique*. Très *cool*, non ? Allez, avouez que c'est fantastique la Science !

164

La capsule flottante ! Le spectacle des vaguelettes d'azote est magnifique. Ce qui est bien, c'est que nous ne soyons pas obligés de nous déplacer au pub pour en profiter. Depuis 1988, année où la société Guinness a inventé la capsule flottante (*floating widget*), on trouve sur le marché des cannettes qui permettent d'obtenir une prestation à domicile.

Le bidule en question (en passant, *widget* se traduit par gadget ou bidule) est une petite capsule de plastique perforée d'une seule minuscule ouverture. La capsule est remplie d'azote *non pressurisé* pour éviter d'introduire de l'oxygène dans la bière [143] puis déposée dans la canette au moment du remplissage. Tout juste avant que le dessus de la canette soit scellé, une petite quantité d'*azote liquide* est injectée dans la bière. Même froide, la température de la bière n'est pas assez basse pour que l'azote demeure en phase liquide. Passant à l'état gazeux, l'azote prend énormément d'expansion ce qui a pour effet de *faire augmenter la pression à l'intérieur de la canette*.

Ha ! Il y a maintenant assez de contre-pression pour que l'azote déjà dissout dans la bière puisse y rester [161]. Mais qu'en est-il de la capsule ? Elle n'était pas pressurisée à l'origine, mais maintenant la pression de la canette cherchera à y entrer par la toute petite ouverture, jusqu'à ce qu'un équilibre soit atteint entre la pression à l'intérieur de la boule et celle dans le reste de la canette. Comme la capsule est immergée dans le liquide, *la bière est forcée à l'intérieur*, jusqu'à ce que les pressions s'équilibrent.

Bon, la scène est prête pour le spectacle. Dès que la cannette est ouverte, elle est automatiquement *dépressurisée*. À ce moment-là, plus rien ne retient la petite quantité de bière et d'azote emmagasinée sous pression à l'intérieur de la capsule flottante ; le liquide s'échappe violemment de la capsule, à travers la minuscule ouverture. Cette espèce de microjet créé une forte turbulence dans la bière, et c'est ce qui provoque sa dégazéification [162]. Il ne reste qu'à rapidement transvider le contenu de la canette dans un verre et admirer le spectacle éphémère !

165

On n'arrête pas le progrès. Cannettes d'aluminium, et maintenant *bouteilles* en aluminium : hérésie que tout cela ? Ben voyons donc ! Si l'aluminium a parfois mauvaise réputation, c'est simplement parce qu'*il fut un temps* où le métal avait un impact sur le goût de la bière. En fait, l'aluminium a *toujours* un impact sur le goût, et c'est pourquoi l'intérieur des cannettes est aujourd'hui tapissé d'un revêtement qui protège la bière. De nos jours, il n'y a aucune raison de s'empêcher d'acheter de la bière en cannettes [153]. D'ailleurs vous remarquerez que les Américains et les Anglo-canadiens ne s'en privent pas… Je ne sais pourquoi les Québécois sont si anti-aluminium, ils sont pourtant de grands producteurs de ce métal. Faudrait mettre un homme là-dessus[22]. En attendant, vous me concéderez que pour le camping, la cannette est difficile à battre. À la fois légère et résistante, elle a aussi l'avantage de pouvoir être écrasée afin de prendre moins de place sur le chemin du retour. Il faut bien libérer de l'espace dans la glacière, pour les truites…

Il faut cependant souligner un certain désavantage de l'aluminium, par rapport au verre : ayant une *conductivité thermique* beaucoup plus grande, la cannette laissera la bière se réchauffer plus rapidement que la bouteille. D'un autre côté, ce défaut se transforme en qualité quand la cannette *entre* dans la glacière ; une bière chaude se *refroidira* plus rapidement dans l'aluminium que dans le verre !

Ce qui m'intrigue aussi, c'est de voir si les Québécois vont se faire à la cannette avant la bouteille de *plastique*. En voilà un autre blocage psychologique ! Et pourtant… Il fut une époque où *toutes* les boissons – colas, jus, etc. – étaient vendues dans des bouteilles en verre. *Qui* s'en ennuie ? (À part mon ami *Ron* qui jure que le Coke dans les très petites bouteilles a meilleur goût.) Pour tous ces produits, on s'est habitué au plastique, non ? Alors pourquoi pas la bière ? On commence même à embouteiller les *vins* dans le plastique (et autres matériaux modernes). Qu'est-ce qu'on attend alors pour la bière ? Eh bien… La vérité crue est que nous attendons que les plus vieux trépassent ! L'acceptation du plastique est une affaire générationnelle, les plus jeunes l'ayant toujours connue.

La bouteille de bière en plastique présente à peu près les mêmes avantages que la cannette ou la bouteille d'aluminium (légèreté, résistance, commodité). De plus, la bouteille de plastique partage, avec celle d'aluminium, une caractéristique unique particulièrement attrayante : *la possibilité d'avoir une grande ouverture*. En effet, le plastique et l'aluminium ne souffrent pas des contraintes physiques du verre. Donner à la bouteille de plastique ou d'aluminium un goulot très large – 38 mm, par exemple – est techniquement réalisable. Le résultat est une expérience de dégustation beaucoup plus confortable et intéressante, qui se rapproche davantage de celle du verre [153].

En ce qui concerne les désavantages, ceux du plastique diffèrent de ceux de l'aluminium. En outre, si le plastique ne souffre pas d'une trop grande conductivité thermique, il a la fâcheuse habitude d'être *perméable à l'oxygène* !

Heureusement, l'industrie a développé différentes techniques pour éviter que la bière embouteillée dans le plastique s'évente prématurément [143].

---

22. Confier la tâche à quelqu'un de compétent ; machisme !

Discours sur l'origine et les fondements de l'inégalité parmi les bières

Quatrième chapitre

166

Signor Beauchamp. J'oublie le nombre de fois où l'on m'a demandé si j'étais *maître* brasseur. Les gens sont invariablement surpris et déçus quand je réponds par la négative. « Maître quelque chose », ça sonne tellement mieux. Peu savent qu'il est possible d'être « brasseur » tout court.

La vérité, c'est qu'il n'existe pas d'ordre professionnel pour les brasseurs, comme ceux des médecins ou ingénieurs. Pas de critères normalisés pour sanctionner la formation et déterminer qui est maître brasseur et qui ne l'est pas. Par contre, il y a des *associations* professionnelles. Les plus connues sont la Master Brewers Association of the Americas (MBAA), la European Brewery Convention (EBC) et l'American Association of Brewing Chemists (AABC), mais elles ne retiendront pas les services d'un avocat si un technicien revendique le titre de maître brasseur.

Le sens commun veut qu'il ne puisse y avoir plus d'*un* maître brasseur par brasserie. Le maître dirige les autres brasseurs, de la même façon que dans un restaurant, le chef dirige les cuisiniers. Qu'arrive-t-il dans une brasserie où il n'y a qu'*un* brasseur ? Peut-il être le maître de personne ? Bah ! Il peut toujours être maître de lui-même... Dans ce cas-ci, le terme fait plus référence à l'expérience et aux habiletés personnelles qu'à la fonction concrète dans l'entreprise [figure 4.1]. Je suis sûr que vous trouverez bien des petits restos où l'unique cuisinier n'osera pas, par humilité, s'affubler du titre de Chef.

Dans une brasserie industrielle, le maître brasseur ne brasse en réalité à peu près jamais. Comme le chef d'un grand restaurant, il met rarement la main à la pâte ; il se concentre plutôt sur la planification, le développement de produits, l'amélioration continue, la supervision, le contrôle de qualité, etc., sans parler des autres tâches purement administratives. Il aura peut-être un

FIGURE 4.1 **Brasserie pilote.** Un membre de l'équipe des Brasseurs RJ pose fièrement devant une mini brasserie-pilote. Tout y est, du réservoir d'eau chaude (en haut) à la cuve de fermentation (à droite) en passant par la cuve-matière (au milieu) et la cuve d'ébullition (à gauche). Nano ou méga, il n'y a que la grosseur des casseroles qui change !

homme fort sur le plancher de production, un bras droit qui peut porter le titre de « brasseur en chef » ou « brasseur senior », ce que je fus.

167

Les joueurs étoiles. Plus grande est la brasserie, plus grands sont les enjeux, et plus le maître brasseur embrasse large. Dans un bistro-brasserie, une augmentation de 0,5 % du rendement de la salle de brassage [28] ne représente pas grand-chose en chiffres absolus, mais ça représente beaucoup, *beaucoup* d'argent pour une brasserie qui produit annuellement des millions d'hectolitres [20].

Ajoutez à cela les coûts énergétiques [41], le rendement pendant la fermentation [100,126] et maintes autres considérations économiques ; ajoutez le contrôle de la stabilité colloïdale, microbiologique et gustative [106, 133, 143] ; ajoutez l'impératif de constance du produit [129] et vous saisirez combien lourdes sont les responsabilités du maître brasseur des ligues majeures.

Les « grands » maîtres brasseurs sont des scientifiques de haute voltige. Il suffit de jeter un coup d'œil sur les articles qu'ils publient dans les périodiques spécialisés pour s'en convaincre : leur savoir est pointu. À la base, ils sont ingénieurs, chimistes, biochimistes ou microbiologistes, et ils ont parfait leurs connaissances dans une école internationale de brassage. Les plus célèbres sont probablement Weihenstephan, tout près de Munich, le campus de Davies de l'Université de Californie et l'Université catholique de Louvain en Belgique.

168

Maître *Cruz*. Le dernier « Chef » dont j'ai été l'adjoint [166] se nomme José Raùl Cruz. Natif de Cuba, il a reçu une formation en génie puis a été envoyé en Allemagne pour suivre un cours de brassage, avant de finir maître brasseur. La brasserie pour laquelle il travaillait – productrice de la Lager cubaine *Cristal* – ayant été achetée par Labatt, Raùl se mit à voyager davantage à l'étranger pour raisons professionnelles. C'est au cours d'un tel voyage d'affaires au Canada qu'il a fait défection. Pour des raisons « politiques », Labatt ne pouvait le garder à son emploi. Il a alors commencé à travailler dans la brasserie régionale où j'étais. Embauché en tant que simple brasseur, Raùl est retombé au bas de l'échelle, comme bon nombre d'immigrants.

C'est moi qu'on a chargé d'intégrer Raùl dans son nouveau poste. Il ne parlait pas français, et son anglais était approximatif. Nous communiquions davantage par signes, mais vous l'aurez deviné, je n'avais pas grand-chose à lui montrer, sinon où chaque chose se trouvait. Imaginez la suite : le poste de maître brasseur devient disponible, mon « apprenti » postule, et du jour au lendemain, il passe de subordonné à supérieur immédiat !

La situation aurait pu être embarrassante, mais elle a été au contraire très enrichissante, Raùl étant le genre de personne avec qui il est à peu près impossible de ne pas avoir une relation cordiale. Je crois comprendre que c'est un trait caractéristique des Cubains que de savoir s'identifier à ses confrères de travail, plutôt que de se placer en compétition. À témoin cet échange typique entre eux : – « *Qué passa ?* » – « *Oh, tu savas... la lucha.* » – « Qu'est-ce qui se passe ? Quoi de neuf ? » – « Oh, comme d'habitude, tu sais... la lutte. » La lutte, ce n'est pas de faire tomber le système, mais d'en exploiter toutes les failles afin d'en tirer un profit personnel. Un « chacun pour soi » qui se décline dans la solidarité. Quel beau paradoxe !

169

A rose, by any other name... Bon ! Me voilà rendu à Cuba, moi qui voulais parler de *styles* de bière... Qu'est-ce qui s'est passé ? Ah oui ! Les maîtres brasseurs...

Une des figures de proue du brassage nord-américain est un dénommé Michael J. Lewis. Il a, entre autres choses, dirigé pendant trente ans le programme de brassage à l'Université de Californie [167] et aidé à former toute une génération de maîtres brasseurs américains. Dans le cadre de l'excellente *Classic Beer Style Series,* il a écrit un ouvrage consacré exclusivement à la Stout. Confronté à l'épineuse question de la *définition du style,* Lewis a procédé à une analyse détaillée de 23 Stouts fabriquées à travers le monde. Il en est arrivé à la conclusion suivante : la *seule* caractéristique commune à *toutes* les Stouts est que le mot « Stout » est écrit sur la bouteille !

Les passionnés de la bière sont souvent obsédés par la définition des styles. Les brasseries, apparemment, n'en font pas de cas. Je ne veux pas suggérer que toutes les brasseries écrivent n'importe quoi sur les bouteilles, mais seulement qu'elles *peuvent* le faire. Et il arrive qu'elles le fassent. Je pense notamment à une importante marque canadienne qui s'identifie comme étant une *India Pale Ale* [198], alors que la bière n'a à peu près *rien* à voir avec ce style.

Sauf de rares exceptions – le meilleur exemple étant bien entendu la Kölsch [155]–, il n'y a pas de règles concernant l'appellation des bières. En dernière analyse, les meilleures références sont fournies par les organisateurs de concours internationaux ; afin de pouvoir comparer des pommes avec des pommes, ils doivent absolument préciser les paramètres qui, selon eux, définissent chaque style.

Il va de soi que sur cette question, votre dévoué Brasseur Senior penche plus du côté des amateurs que des départements de marketing. Par ailleurs, les connaisseurs sombrent parfois dans l'excès de zèle dans leurs définitions, ce qui ouvre invariablement la voie à d'interminables débats. Pour éviter de tels points de discorde, mes descriptions des divers styles de bière se limiteront à l'essentiel ; sachez cependant qu'il peut m'arriver de dire des choses qui relèvent davantage de l'opinion personnelle que du consensus... Quoi ? *Moi,* subjectif ? !

170

Question piège numéro 2. Je sais, cher lecteur, que vous vous empresserez de souligner qu'au cours des premiers chapitres, j'ai *déjà* parlé de plusieurs styles de bière. Fort juste. J'ai effectivement choisi d'en parler chaque fois que l'occasion se présentait. Comme le présent chapitre approfondit la question des *ingrédients*, il apparaîtra de *nombreuses* nouvelles occasions de discuter des styles de bière.

Je sais, je sais. J'ai déjà *aussi* parlé des ingrédients, mais il reste beaucoup à dire à ce sujet. Tiens, dites-moi donc quel est l'ingrédient le *plus* important dans la bière ? Je mets une étoile autocollante en jeu. Ho ! Ho ! Pensez-y bien… Vous y êtes ?

À part le houblon, qui n'est après tout qu'un aromate parmi tant d'autres [32], tous les ingrédients sont indispensables. Pas de céréale, pas de bière. Pas de levure, pas de bière. Ultimement, il n'y a pas qu'*une* bonne réponse à cette question, mais s'il fallait n'en retenir qu'une, je choisirais incontestablement l'*eau*. Pas d'eau, pas de *boisson* – et qu'est-ce que la bière, d'abord et avant tout, sinon une boisson ?

D'ailleurs, les mots « bière », « beer », « bira », « bier », etc., proviennent tous du latin *bibere* qui veut simplement dire « boisson » ! Avouez que c'est quand même incroyable ! La bière n'est pas une boisson parmi tant d'autres. Les deux mots sont *synonymes* ; la bière, c'est *la* boisson. Ça en dit long sur la place historique de la bière, sur sa relation exceptionnelle avec l'humanité [14, 50].

En termes de quantité, l'eau est de loin la composante la plus importante (90 à 95 %, pour une bière moyenne). Vous méritez sans contredit votre petite étoile autocollante dorée si c'était votre réponse. Vous en méritez *deux* si vous en aviez deviné que, Petit Fait Capital : *la composition chimique de l'eau a un impact déterminant sur le goût de la bière.*

171

Le sel de la terre. Avez-vous déjà regardé le tableau analytique d'une eau de source embouteillée ? Cette longue liste d'éléments comprend des sels minéraux relativement communs (calcium, magnésium, sodium, potassium, etc.) et d'infimes quantités d'autres minéraux (cuivre, fer, zinc, manganèse, etc.). N'en doutez pas, cette liste est bien courte comparée à celle que votre service d'aqueduc vous fournira gracieusement, sur demande.

Il y a pas mal de trucs dans l'eau, et ces différentes composantes auront des effets tangibles dans la salle de brassage *et* dans la cuve de fermentation *et* dans le verre. L'eau est le canevas sur lequel une bière est créée, tant et si bien que la composition de l'eau est à la *base* du développement des styles de bière. C'est également la raison pour laquelle les brasseries ont toujours privilégié l'eau de *puits* ; sa composition est plus stable tout au long de l'année. L'eau de *surface* – des lacs, des ruisseaux et des rivières – varie souvent, chimiquement, d'une saison à l'autre.

Historiquement, les brasseries étaient construites là où il y avait une bonne source d'eau. Puisqu'on ne fait pas n'importe quelle bière avec n'importe quelle eau, puisqu'à chaque eau correspond une bière *idéale*, les brasseurs de chaque ville ont dû déterminer, empiriquement, quelle est la meilleure bière qu'ils pouvaient faire avec *leur* eau. Ainsi, l'origine des styles de bière fut d'abord *géographique*. La Stout, c'est Dublin et son eau ; le Porter, c'est Londres ; la Pale Ale, c'est Burton-on-Trent – et ainsi de suite.

Tout cela à cause des sels minéraux et autres éléments. Et d'où viennent ces derniers ? Des entrailles de la terre où l'eau est puisée. Comme l'orge et le houblon, l'eau est un fruit de la terre. La bière fut un produit du terroir avant la lettre, et les différents styles sont autant de cadeaux que chaque région offre à la planète entière. En vérité, je vous le redis : Cela est Juste et Bon !

172

À votre santé ! On dit que le critère premier de toute eau de brassage, c'est qu'elle soit bonne à boire. Oui et non. Bien sûr, si l'eau ne sent pas bon ou n'a pas bon goût – à cause d'un excédent de souffre, de cuivre, de matière végétale, etc. –, ces défauts se retrouveront dans le produit final.

Fait intéressant, un surplus de fer peut causer le giclage de la bière, c'est-à-dire une production excessive de mousse pendant le service. Le problème peut être tellement grave qu'une bouteille se videra presque complètement dès qu'on la débouchera… Impressionnant. Le fer, le cuivre et le zinc [171] font partie de ces oligo-éléments qui sont essentiels à la vie, en très petites quantités. En outre, ce sont des cofacteurs impliqués dans nombre de réactions biologiques qui ont lieu dans la levure.

Cependant, ces métaux sont toxiques en trop grande concentration. Rassurez-vous, il est impossible de trouver une bière qui présente trop de ces oligo-éléments, puisqu'ils tueraient les levures avant même que la fermentation soit complétée.

Par contre, il est important de souligner que la présence dans l'eau de brassage de contaminants *microbiologiques* pathogènes pour l'être humain, comme *Escherischia Coli, Salmonella typhi* ou *paratyphi*, ne fait pas problème puisqu'on fait *bouillir* le moût [30]. En effet, tous les ouvrages sur la bière racontent qu'en certains endroits et à différentes époques, les gens évitaient de boire de l'eau parce que les sources potables se faisaient rares. La meilleure alternative était la bière, stérilisée par l'ébullition et protégée de contaminations subséquentes par son acidité [134].

L'exemple historique le plus souvent cité est le Londres de la révolution industrielle (XVIIe et XVIIIe siècles). On peut se demander comment les gens pouvaient remplacer l'eau par la bière et demeurer productifs, mais c'est oublier qu'à cette époque la « petite bière » [26] était commune. Outre son faible taux d'alcool, elle était à la fois abordable et assez désaltérante.

173

Un dimanche après-midi en banlieue. Entendons-nous sur le sens de « désaltérant ». Je ne parle pas ici d'une sensation satisfaisante, mais de véritablement *étancher la soif*, d'apporter de l'eau au corps.

L'alcool, tout comme la caféine, est un *diurétique*. Cela veut dire qu'il *enlève* de l'eau au corps. Différentes substances diurétiques ont différents modes d'action. L'alcool agit en inhibant la vasopressine, une hormone qui commande normalement aux reins de réabsorber l'eau éliminée en trop. Donc, les boissons alcooliques *donnent* généralement soif. C'est pour cela que j'ai spécifié que la petite bière londonienne était *assez* désaltérante ; du fait de son très faible taux d'alcool, elle n'annulait que partiellement son propre apport en eau.

Certaines sources identifient d'autres composantes diurétiques dans la bière, notamment les polyphénols [28], le potassium, les acides organiques [91], les acides aminés [15] et même le sucre. Toutefois, ces substances ne se retrouvent pas exclusivement dans la bière. Si le vin, par exemple, semble moins diurétique que la bière, c'est probablement parce qu'on en boit de plus petits volumes. La bière contient beaucoup plus d'eau, donc boire de la bière fait absorber de plus grandes quantités d'eau, et notre corps a plus de liquide à éliminer.

Pour ce qui est de la capacité des bières d'aujourd'hui d'apaiser la soif, attachez vos tuques[23] parce que j'ai une mise au point à faire ! Normalement, je respecte toutes les bières, tous les buveurs et toutes les façons de boire. *Cependant*, il y a une chose que je ne souffre pas : ceux qui disent ne *pas* aimer la bière *sauf* quand elle est bien froide et qu'ils ont très chaud, par exemple tout de suite après avoir tondu le gazon par une belle journée d'été.

Faut-il le rappeler : plus une bière est froide, moins elle a de goût [122]. Si vous tenez à boire une bière qui ne goûte absolument rien, *buvez de l'eau* ! Vous suez ? Vous avez soif ? L'alcool de votre bière vous redonnera encore *plus* soif ! Si l'objectif est de vous désaltérer, BUVEZ DE L'EAU ! Vous n'habitez pas le Londres de la révolution industrielle que je sache !

Bon ! Je me calme. Mes chers amis. Mes *très* chers amis. Respectables non-buveurs de bière. Amoureux de la cervoise. Frères, sœurs. Quand vous avez vraiment soif, essayez ceci : prenez un pichet d'eau froide (ou d'eau minérale gazéifiée, si vous aimez les bubulles) ajoutez de la glace ainsi que quelque chose pour donner juste *un peu* de goût. Un petit rien fera l'affaire : des tranches de citron ou un peu de jus de fruit. Je vous recommande tout particulièrement le jus de canneberges. Juste assez pour donner une petite teinte vaguement rougeâtre et une agréable acidité. Ça, c'est désaltérant !

174

Le *p*H. Ça vous a donné soif toute cette histoire ? Prenez un bon verre d'eau, et ouvrez-vous *ensuite* une bonne bière. Il faut se détendre parce que nous passons maintenant aux choses sérieuses.

Pour vraiment comprendre l'impact de l'eau sur la fabrication de la bière et sur son goût, il nous faudra traverser un territoire plutôt aride. Je ferai attention de ne pas aller trop dans les détails chimiques. Prenons le *p*H par exemple. Je pourrais vous parler des H^+ et OH^-, élaborer sur les échanges entre *cations* et *anions* qui déterminent ce « potentiel Hydrogène ». Ce serait fascinant, mais pas vraiment essentiel.

---

23. Bonnet en tricot ; l'expression signifie : « attention ! tenez-vous bien, tenez-vous prêts », au sens propre et figuré.

Ce qu'il importe de savoir, par contre, c'est que le *pH* est une mesure de l'*acidité* et de son contraire, l'*alcalinité*. Cette mesure s'exprime sur une échelle qui s'étend de 1 à 14, où 1 est extrêmement acide, 14 extrêmement alcalin et 7, extrêmement *neutre*. Comme l'échelle de Richter utilisée pour les tremblements de terre, le *pH* est une échelle logarithmique ; l'intensité est décuplée à chaque point. Par exemple, un pH 4 est 10 fois plus acide qu'un pH 5, et un pH 12 est 1000 fois plus alcalin qu'un pH 9 (3 points de plus = 10 x 10 x 10).

Les détartreurs et les jus d'agrumes sont acides. L'eau de javel et le lait sont alcalins (on dit aussi *basique* ou *caustique*). En *théorie*, l'eau a un *pH* de 7. S'il n'y a absolument *rien* de dissout dedans – ce qui est plutôt rare, exception faite de l'eau *distillée* – alors l'eau sera parfaitement neutre. En pratique, toutes les eaux naturelles de la planète sont soit très légèrement acides, soit très légèrement alcalines.

Contribution historique de la bière à la science [14] : l'échelle du *p*H a été développée en 1909 par le chimiste danois Soren Peder Lauritz Sorensen, alors qu'il était à la tête du fameux laboratoire Carlsberg à Copenhague, là même où Emil Hansen a isolé la levure Lager ! [95]

175

La dureté de l'eau. Hé ! Hé ! Hé ! La *dureté* de l'eau. Vous connaissez probablement cette drôle d'expression. Elle vient d'une époque où l'on ignorait tout de la chimie. On avait observé qu'avec certaines eaux, il était difficile de faire mousser du savon – l'eau *dure* – et qu'avec d'autres, c'est facile – l'eau *douce*. (À ne pas confondre avec l'eau douce des lacs et des rivières, versus l'eau *salée*. Ça, c'est une autre histoire.)

De nos jours, on fait la distinction entre deux sortes de dureté : la dureté *temporaire* et la dureté *permanente*. La dureté temporaire de l'eau est occasionnée par la présence de *carbonates* (CO_3^{2-}) et de *bicarbonates* (HCO_3^-) ; ils apparaissent lorsque se dissolvent dans l'eau des sels minéraux comme le bicarbonate de calcium, $Ca(HCO_3)_2$, le bicarbonate de magnésium, $Mg(HCO_3)_2$, et le carbonate de sodium, $NaHCO_3$. La dissolution se fait par *dissociation*, une réaction chimique possible parce que les molécules d'eau (H_2O) ont une *polarité* ; comme un aimant, chaque molécule a un pôle positif, l'hydrogène, et un pôle négatif, l'oxygène [figure 4.2].

Cette dureté est dite « temporaire », car les ions ainsi formés peuvent devenir insolubles et être ensuite éliminés. Par exemple, si on fait bouillir l'eau un certain temps, presque tout le bicarbonate de calcium en solution, $Ca(HCO_3)_2$, se transformera en simple carbonate de calcium, $CaCO_3$, lequel n'est *pas* soluble. Concrètement, une fine poudre

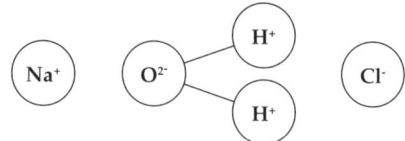

FIGURE 4.2 Dureté et dissolution. Les sels minéraux se dissocient sous l'effet de la polarité de la molécule d'eau. Ici, les atomes du sel de table (NaCl) se séparent, attirés par les pôles positif et négatif de l'hydrogène et de l'oxygène.

blanchâtre se déposera au fond de l'eau une fois l'ébullition terminée.

Le carbonate de calcium, c'est la substance qui s'accumule dans les cafetières et sur les pommeaux de douche, un problème particulièrement embêtant quand une résidence est alimentée par une eau très dure. Ce dépôt blanc est alors appelé *tartre*, ou *calcaire*. En fait, pas besoin de faire *bouillir* l'eau pour faire précipiter le carbonate. La formation du calcaire commence dès que l'eau est chauffée à plus de 70 °C. Voilà pourquoi l'utilisation d'un chauffe-eau suffit.

Un petit mot sur la dureté *permanente* : elle fait référence à la présence d'ions solubles qui ne peuvent pas être facilement éliminés. Mentionnons le calcium $(Ca)^+$, le magnésium $(Mg)^{2+}$, les sulfates $(SO_4)^{2-}$, les chlorures $(Cl)^-$ et le sodium $(Na)^+$. Voilà.

176

D'un estomac à l'autre. Ouf! Pas facile tout ça! Et je n'inclus pas les formules chimiques pour vous embêter, je vous le jure. C'est pour aider à comprendre certaines choses, par exemple pourquoi les Tums, un *antiacide*, soulagent les brûlements d'estomac… J'ai piqué votre curiosité ? Non, pas tout de suite, pas tout de suite. Retournons d'abord dans un *autre* estomac, celui qui est en acier inoxydable! Je parle bien sûr de la salle de brassage [12] et plus particulièrement de la cuve d'empâtage [21].

Les enzymes sont au centre de toute cette histoire. On a déjà dit que la *tempé-rature* influence l'activité des enzymes, autant celles du malt dans la cuve d'empâtage [75] que celles de la levure dans la cuve de fermentation [83]. Eh bien! le *p*H a tout autant d'importance. Figurez-vous que chaque enzyme a son *p*H préféré, auquel son activité est *optimale*. Mauvais *p*H, mauvais résultat.

Concentrons-nous sur la cuve d'empâtage puisque c'est la toute première étape. Si on amorce le processus de brassage avec une maische ayant le *p*H désiré, cet acquis se répercutera dans les étapes subséquentes, jusqu'à la fermentation. Il faut partir du bon pied.

Quand le malt concassé est mélangé à l'eau chaude, il se produit une réaction entre le *calcium* dans l'eau et des *phosphates* du malt, réaction qui fait automatiquement descendre le *p*H autour de 5,7, ce qui est légèrement acide. Considérant que le *p*H optimal des enzymes *amylases* est d'environ 5,5, on peut dire que cette acidification naturelle frappe presque dans le mille.

Ça, c'est quand tout va bien. Si l'eau présente de la dureté temporaire, on risque d'avoir des petits problèmes. Pourquoi ? Parce que les carbonates et les bicarbonates sont de puissants *tampons alcalins*; ils absorbent et annulent l'acidité. C'est ainsi que *la dureté temporaire nuit grandement à l'acidification de la maische*.

Et les *Tums* ? Est-ce que vous devinez de quoi sont faits ces antiacides? Eh oui! De carbonate de calcium ($CaCO_3$). Quand ces petites rondelles calcaires se retrouvent dans *votre* estomac, le Ca^{2+} se détache du CO_3^{2-}. Le calcium est absorbé par votre organisme (ce qui est très bénéfique, comme se plaît à le souligner le fabricant) pendant que de son côté, le carbonate annule l'excédent d'acidité gastrique ! Si vous vous demandez : « Ces *antiacides*, est-ce exactement la même chose que les dépôts de tartre dans ma cafetière et sur mon pommeau de douche ? » Eh ben, si. Exactement.

177

Stratégies d'hier et d'aujourd'hui. Que faire quand une haute teneur en carbonates et bicarbonates cause des difficultés d'acidification dans la maische ? De nos jours, il y a trois grandes stratégies. *Stratégie 1* : éliminer la dureté temporaire en faisant précipiter les méchants carbonates [175] – seulement c'est une solution compliquée puisqu'elle nécessite des cuves de décantation pour éliminer le dépôt de calcaire. *Stratégie 2* : ajouter du calcium à l'eau pour promouvoir l'interaction avec les phosphates du malt et renforcer l'acidification naturelle de la maische. *Stratégie 3* : ajouter carrément un acide à la maische, un acide naturel, comme l'acide lactique ou phosphorique, mais fabriqué industriellement. Les puristes peuvent toujours utiliser la technique de la maische acidulée (*sour mash*) [137] pour acidifier leur brassin de façon entièrement naturelle.

Mais que pouvaient bien faire les brasseurs d'autrefois quand ils devaient composer avec une eau forte en carbonates ? Non seulement les acides industriels n'existaient pas, mais on ne savait rien, ni du pH, ni des réactions avec le calcium, ni des carbonates eux-mêmes... À cette époque, la meilleure solution était de simplement brasser de la bière *foncée*. Ces brasseurs avaient compris que leur eau se prêtait bien aux bières brunes et noires, mais sans savoir pourquoi. La raison est pourtant simple : *les malts torréfiés sont naturellement plus acides que les malts pâles.* (L'eau de Burton-on-Trent, le berceau de la *Pale Ale*, est aussi très forte en carbonates : comment pouvait-on quand même y brasser une bière moins colorée ? Parce que cette eau était également *extrêmement* forte en calcium. Le surplus de carbonates était donc naturellement neutralisé par le surplus de calcium, ce qui équivaut à notre stratégie 2.)

En règle générale, plus la maische est foncée, plus elle s'acidifiera, et plus elle résistera à l'effet tampon des carbonates [176]. Ce n'est donc pas un hasard si les villes reconnues pour leur bière fortement colorée – comme Dublin (Stout), Londres (Porter) et Munich (Dunkelbier, ou Münchener) – sont des localités où l'eau est dure [171]. En ces endroits, les brasseurs n'avaient pas le choix d'utiliser des malts torréfiés pour que, dans la maische, l'excédent d'acidité équilibre le pouvoir tampon des carbonates.

178

Goûte-moi ça ! Il y a deux façons de faire de la bière à la maison : la méthode ancestrale qui consiste à transformer sa cuisine en salle de brassage [22] et la méthode « conviviale » qui, grâce à l'utilisation de *concentrés de moût déjà houblonnés*, permet d'éviter complètement les casseroles.

À partir des vrais ingrédients de base, il y a moyen de produire soi-même de très grandes bières. Avec le concentré de moût, c'est presque impossible. Un jus d'orange fraîchement pressée est toujours meilleur qu'un jus fait à partir de concentré surgelé; il en va de même pour le moût.

Au Québec, la bière fabriquée à partir de concentrés a connu son heure de gloire au courant des années 1980, juste avant la montée des microbrasseries et des bières importées. Peut-être avez-vous le souvenir de vous être fait offrir une bouteille par un brasseur maison arborant un large sourire. «Goûte à ça! Je l'ai fait moi-même!» Devant tant de fierté et d'enthousiasme, la politesse était de mise, même si la broue n'était que vaguement buvable...

Ayant moi-même un peu brassé à partir de concentrés dans ma prime jeunesse, j'ai également soutiré de mes proches les compliments les plus forcés. C'est des années plus tard que mon frère Marc m'a avoué le premier que mes bières étaient médiocres et qu'à bien y penser, il en avait été ainsi chaque fois qu'il avait eu le malheur de boire une bière maison. Elles sont pourtant si bonnes... pour ceux qui les ont brassées, bien sûr! La chose qu'ils goûtent le plus dans leur bière, c'est l'amour!

Voilà pourquoi il importe de faire une distinction entre fabrication domestique et fabrication commerciale, entre histoires d'amour privées et grandes sagas industrielles. Quand, par exemple, je dis que les brasseurs de Dublin, Londres et Munich n'avaient pas le choix d'utiliser des malts colorés [177], c'est évidemment en faisant référence aux brasseurs *commerciaux* dont l'objectif était de produire une *excellente* bière. On peut toujours s'essayer à brasser une bière pâle avec une eau dure, ou une bière foncée avec une eau douce. Ça donnera toujours de la bière [45], mais peu de gens seraient prêts à payer pour la boire...

179

Maltage 201. Nous sommes loin d'en avoir fini avec la question de l'eau et de l'origine géographique des styles de bière [171], mais avant de pouvoir comprendre les implications de la dureté *permanente* de l'eau [175] – en particulier de la présence de sodium, de chlorures et de sulfates – il faut d'abord approfondir les questions du malt et du houblon. C'est toujours une affaire de contexte, n'est-ce pas?

Allons-y donc avec le malt, car mine de rien, je viens de laisser tomber une bombe : sortis de nulle part, les *malts torréfiés* viennent de faire une entrée fracassante [177]. Jusqu'à maintenant, du malt, c'était simplement du malt, et voilà qu'il y en a des pâles et des foncés. *Que pasa?*

Récapitulons. L'opération du maltage consiste essentiellement à faire germer les grains d'orge [13]. On fait tremper la céréale pour l'hydrater. Ensuite commence la germination, pendant laquelle les enzymes nouvellement manufacturés s'occupent de modifier l'albumen [figure 1.3]. Vient ensuite l'opération charnière, le *touraillage*, qui aura inévitablement pour effet de changer la couleur et la saveur du malt.

Inévitablement? Écoutez... Supposons que vous fabriquez du malt, tant qu'à y être que vous vivez au Moyen Âge!

Pour sécher votre petit lot de malt, vous l'étendez sur une grande surface rocheuse pour éviter que la moisissure s'attaque au malt pendant le séchage [140], et vous laissez la douce chaleur du soleil faire le travail. Vous obtiendriez alors un malt très pâle, à partir duquel vous pourriez produire une bière d'une admirable blondeur et d'une saveur très fine.

La bière pâle a donc pu exister depuis toujours, mais uniquement à échelle limitée, ou pendant une saison restreinte, ou en des endroits précis, ou une combinaison de ces possibilités. À partir du moment où l'on a voulu brasser régulièrement et, surtout, *en grande quantité*, il est devenu impératif de *chauffer* le malt pour le sécher, donc de risquer de le colorer, de le caraméliser, voire de le torréfier.

Pour sécher du malt à une échelle qui dépasse le simplement domestique, il faut construire une installation spéciale, une *touraille*. La touraille est un bâtiment à deux étages séparés par un plancher perforé. On fait un feu au premier étage et on étale le malt fraîchement germé (malt *vert*) au deuxième. C'est pas plus compliqué que ça...

180

Feu, feu, joli feu. En fait, un petit peu tout de même. Autrefois, le *carburant* utilisé pour alimenter la touraille avait une influence considérable sur les effets du séchage du malt. Il n'y avait pas beaucoup de carburants disponibles à l'époque, les principaux étant la *paille* et le *bois*. Entre les deux, la paille était le meilleur choix, mais aussi le plus compliqué. Voyons d'abord les avantages.

Primo, la paille produit toujours moins de fumée que le bois, ce qui pourrait donner au malt une saveur désagréable. Secundo, elle a aussi la capacité de brûler *doucement*. En évitant d'exposer le malt à une chaleur trop intense, on évite une trop forte coloration et l'âcreté qui l'accompagne.

La paille *peut* brûler doucement, à condition qu'on la surveille de très près. Par contre, dès qu'on lui tourne le dos, les flammes s'emballent et – oui, oui ! – c'est le *feu de paille*... Pour cette raison, une touraille alimentée avec de la paille nécessitait deux fois plus de main-d'œuvre. Un désavantage appréciable.

Avec le bois, il suffisait d'une seule personne pour gérer une petite touraille ; elle partageait alors son temps à s'occuper du feu au premier étage et à tourner le malt au deuxième pour qu'il sèche uniformément. Si le bois était bien sec, il n'y avait pas trop de fumée. Par contre, la chaleur dégagée était souvent plus intense. *Il en résultait un malt plus foncé.* Parce que le bois est plus simple à utiliser, à transporter et à stocker, c'est lui qui était communément utilisé dans les tourailles au début de l'ère industrielle. En conséquence – et c'est tout ce qu'il faut retenir – on peut dire que jusqu'au XVIIe siècle, en règle générale, *le malt commercial était brun, et la bière aussi.*

181

Généalogie des styles. L'évolution des techniques de maltage – du touraillage, en particulier – a influencé le développement de plusieurs styles de bière. Je ne veux pas suggérer que le malt est *le* facteur déterminant dans l'élaboration des styles. La conjonction avec l'eau de brassage est très importante [171], sans parler du houblon. Si je mets l'emphase sur le malt, c'est simplement parce qu'il offre le meilleur *angle* pour raconter l'histoire que présente ce chapitre.

À partir du tout début de l'ère industrielle se forme une lignée de grandes bières qui aboutira à la Pilsener [205], sans conteste la bière la plus populaire mondialement, et ce, depuis plus d'un siècle. Mais commençons par le commencement. Partons à la rencontre du plus vieil ancêtre de la bière commerciale. En fait, il ne s'agit pas d'*une* bière, mais d'un mélange de *trois* bières…

Au début des années 1700, alors que la révolution industrielle prend son envol, la bière la plus populaire dans les pubs londoniens est appelée *Three Threads*, les « trois fils » (prononcez *fil*, pas *fis* ; on parle ici de « brins », ou « filaments »). Il s'agit donc d'un assemblage de trois bières – un métissage ! – tirées de trois barils différents au moment du service.

Selon toute probabilité, les trois bières en question étaient brunes, mais personne ne sait exactement à quoi elles ressemblaient : les sources divergent, les interprétations aussi. L'idée que *je* m'en fais est celle-ci. À la base, les tenanciers cherchaient à se débarrasser d'une bière de table trop éventée [143]. Ils auraient découvert que le meilleur moyen de l'écouler est de la mélanger avec une bière forte de type *barley wine* [26] pour lui donner de la profondeur et avec une bière très *jeune*, fort probablement une « petite » bière, pour lui apporter une touche d'effervescence, un peu de « schwing » !

Cette hypothèse a l'avantage d'être centrée autour d'une justification plausible pour avoir *commencé* à mélanger les bières. Avouez que vous ne trouvez rien de surprenant à l'idée que des commerçants tentent de réussir à vendre une marchandise périmée… Au bout du compte, la nature exacte des trois bières n'est pas très importante. Retenez surtout que la Three Threads était très appréciée, mais aussi qu'elle représentait un casse-tête pour les tenanciers, tant dans la gestion de l'inventaire que du service.

Ma version de cette légende a l'avantage supplémentaire d'illustrer une grande loi de la vie. N'est-ce pas ironique que la solution à un problème de bière trop vieille ait tellement de succès qu'elle crée de *nouveaux* problèmes (inventaire et service) ? Deux expressions me viennent spontanément à l'esprit : « *poetic justice* » et « Tao en action »... À bien y penser, le Tao n'est-il pas un mélange de justice *naturelle* et de poésie ?

182

L'arrière-grand-papa-bière. Les origines des styles de bière sont généralement nébuleuses. Il est extrêmement rare que l'on puisse mettre le doigt sur le moment précis où une nouvelle bière est apparue. *Exceptio probat regulam in casibus non exceptis*. Voici l'exception qui confirme la règle.

En 1730, un dénommé Harwood a développé une recette pour reproduire, *en une seule bière*, les caractéristiques des trois fils. Il a baptisé cette Ale brune *Entire*, ce qui se traduit littéralement par « l'entière », bien qu'il serait plus amusant de l'appeler *la Totale* !

Mr. Harwood's Entire est immédiatement devenue populaire, tant auprès des tenanciers pour sa facilité d'utilisation qu'auprès des clients pour son bon goût ! Les autres brasseurs ont rapidement emboîté le pas, et c'est toute une industrie qui s'est littéralement construite autour de cette bière. Les brasseurs londoniens d'Entire deviendront, au courant du XVIIIe siècle, les premiers *barons* de la bière ; il est d'ailleurs surprenant de voir quelle taille pourront prendre leurs brasseries et leurs réservoirs de fermentation à une époque si éloignée.

Le nom « Entire » survivra très longtemps en Angleterre, mais c'est par le surnom qui lui a été donné dès ses débuts par les gens de la rue que nous connaissons aujourd'hui cette ale : le *Porter*. Ah ha ! Mais pourquoi ce nom ? Parce qu'au début de l'industrialisation, le transport des marchandises à l'intérieur de la ville était en grande partie assuré par des *porteurs*. Ces bêtes de somme humaines aimaient beaucoup s'arrêter au pub, entre deux livraisons, pour un « petit remontant ». Très abordable et rapide à servir, l'Entire avait aussi l'avantage, par rapport aux boissons fortes comme le gin, d'être fortement *nutritive*. En effet, à cette époque, la piètre qualité du maltage, de l'empâtage et de la fermentation contribuait à produire des bières très fortes en sucres résiduels non fermentés (69). L'alcool donne des calories, tout comme le sucre ; énergie pour énergie, ils s'équivalent. Cependant, quand il faut encore travailler, mieux vaut consommer moins d'alcool et plus de sucre [173]… Les porteurs y trouvaient donc une excellente source d'énergie pour les aider à poursuivre leur dure journée de labeurs. C'est ainsi que l'Entire aurait rapidement hérité du surnom *the porter's drink*, la boisson des porteurs.

Notez qu'il existe d'autres théories sur l'origine du mot « Porter ». Celle-ci n'en demeure pas moins la plus répandue.

183

Le Porter parfait. Le meilleur Porter que j'ai bu de ma vie, je l'ai brassé à la maison avec un super système de brassage artisanal que mon ami Gilles [140] avait acheté. Si vous trouvez que je me pète les bretelles[24], sachez que ce n'est pas un Porter que nous *voulions* brasser ! Nous suivions la recette d'une *Mild*… Cela démontre à quel point on peut se tromper et toujours finir par avoir de la bière au bout du compte [45] et aussi comme il est difficile de reproduire une recette quand on n'a pas exactement les mêmes ingrédients, les mêmes outils, les mêmes appareils et les mêmes installations. C'est vrai en cuisine. C'est *plus que* vrai en brasserie.

La Mild est une Ale brune douce et maltée. Parfois appelée simplement *Dark*, la Mild est une version *adoucie* de la brune ancestrale, qu'on a en quelque sorte diluée pour l'adapter aux palais modernes. Elle est faible en alcool, si bien qu'on peut partager une bonne

---

24. Faire le fier, se vanter.

pinte ou deux avec ses collègues avant de rentrer à la maison... La Mild a malheureusement beaucoup perdu en popularité depuis la Deuxième Guerre mondiale.

Le Porter, c'est une Mild multipliée par dix : plus de couleur, plus d'alcool, plus de malt, plus d'amertume. Alors que la Mild penche ouvertement du côté de la douceur, les saveurs du Porter sont à la fois fortes *et* équilibrées, ce qui est le secret d'un bon Porter. Vous y trouverez des saveurs de torréfaction, de malt caramélisé et d'amertume du houblon, *mais sans qu'aucun de ces éléments domine*. La clef, c'est l'harmonie.

Quant à la couleur du Porter, elle doit être foncée sans être *noire*. Elle semble noire quand on la sert dans un verre très large [154], mais dans un verre plus étroit, on voit qu'elle est d'un brun très, *très* foncé. Et devant une forte lumière blanche, elle brille d'un rouge rubis intense et désarmant. En ce qui me concerne, c'est la robe la plus spectaculaire qui soit.

184

Touraillage avancé. Tendance historique au cours des deux siècles suivant l'apparition du Porter [182] : *le malt et la bière deviendront de plus en plus pâles.*

Si la bière concourt au développement de la science et de la technologie [14], la science concourt au développement de la bière. En l'occurrence, deux inventions majeures sont à l'origine du changement de couleur de la bière : la touraille à chaleur indirecte et le *coke*.

Nooooooooon! Pas *la* coke. Il ne s'agit pas non plus de son lointain cousin, le *Coca-Cola*. Le coke dont je parle est un combustible qui a été introduit par l'industrie métallurgique pour remplacer le charbon de bois qui se faisait de plus en plus rare. Il est produit à partir de la *houille*, une variété *minérale* de charbon. La transformation de la houille en coke se fait sur le même principe que la transformation du bois en charbon de bois. Il s'agit de réaliser une combustion *sans air*, ce qui a pour effet de chasser les matières volatiles de la houille. Il en résulte un combustible *facile à contrôler*, qui brûle *uniformément* et ne produit *pas de fumée*. Inutile de dire que les malteurs y ont immédiatement vu, pour leurs tourailles, une excellente alternative au bois [180].

La *touraille à chaleur indirecte*, elle, tombe résolument dans la catégorie des « inventions évidentes » [70]. Il s'agit d'une touraille où l'air est chauffé *sans entrer en contact direct avec la flamme et la fumée*, avant d'être pulsé vers le malt [figure 4.3]. En effet, ça ne prenait pas la tête à Papineau[25] pour constater que l'ancien design des tourailles était fort primitif [179] et qu'il suffisait de complexifier quelque peu la structure pour pouvoir contrôler l'exposition du malt à la chaleur, et du même coup éliminer les problèmes de fumée *et* de carburant. Entre 1634 et la fin du même siècle, *quatorze* brevets pour des tourailles à chaleur indirecte sont déposés. Restait à les construire...

---

25. Pas besoin d'être un génie pour comprendre ; en référence à Louis-Joseph Papineau, homme politique canadien-français du XIXe siècle.

FIGURE 4.3 Touraille à chaleur indirecte. Les tourailles modernes sont chauffées au gaz. Chez Canada Maltage, à Montréal, une touraille peut sécher 200 tonnes de malt à la fois!

Dès le début du XVIIIe siècle, le chemin est donc pavé pour la production commerciale d'un malt plus pâle grâce au coke et à la touraille à chaleur indirecte.

185

That clinking, clanking sound… that makes the world go round. C'est de l'argent dont il s'agit ici. L'histoire de la bière, c'est une histoire de gros sous. Je sais, je sais, il n'y pas que ça dans la vie. Il y a la passion, la tradition, la qualité, l'artisanat et bla, bla… N'est-ce pas vrai de maints autres produits? Au-delà de l'aventure *romantique* de la bière, qui soupçonnerait que l'aventure *capitaliste* de la bière a commencé il y a plus de trois *siècles*, et qu'elle est intimement liée aux progrès de la bière elle-même?

La bière est le produit industriel par excellence et sans doute le tout premier dans le domaine alimentaire, grâce en partie à la contribution des moines du Moyen Âge qui ont ouvert la voie aux premiers brasseurs commerciaux [95, 98].

Dès les débuts de l'industrialisation, toutes les considérations économiques que nous connaissons si bien aujourd'hui se sont pointées: économies d'échelle, efficience et efficacité, innovations technologiques, rendement, distribution, concurrence, fusions, marges bénéficiaires, et j'en passe; toutes sont apparues très rapidement, le temps de prononcer le mot «profit».

Au cours du XVIIIe siècle, les grands brasseurs anglais – les brasseurs de Porter londoniens, en particulier – ont levé le nez sur les malts plus pâles, pour la simple et bonne raison qu'ils coûtaient plus cher à produire que le malt brun [180]. Le coke coûtait cher (surtout pendant les premières décennies de son histoire, avant que sa production et son utilisation ne se généralisent) et les tourailles à chaleur indirecte étaient plus dispendieuses à construire et à opérer.

Puis en 1785, quelque chose est venu bouleverser le cours de l'histoire : la publication du premier traité sur l'utilisation, en brasserie, de l'*hydromètre* [70]. Maintenant capables de mesurer la quantité de glucides dissouts dans le moût, les brasseurs ont fait une importante découverte : *plus le malt est coloré, moins il présente d'amidon* [28].

Un chauffage excessif lors du séchage du malt a pour effet de détruire une partie des réserves d'amidon du grain d'orge. Ainsi, quoique le malt pâle coûtait plus cher, son rendement était nettement supérieur. Le fond de l'affaire, c'est que les brasseurs pouvaient produire plus de bière avec £100 de malt pâle qu'avec £100 de malt brun ! Avant la fin du siècle, toutes les brasseries allaient compter dans leur arsenal le très petit, très humble, mais très important hydromètre.

Est-ce que les brasseurs anglais se sont mis tout d'un coup à produire des ales plus pâles ? Pas tout à fait...

186

Le client a toujours raison. Cet adage ne date pas d'hier non plus. Or, à l'aube du XIXe siècle, les gens aimaient la bière foncée, notamment le Porter [182]. Des ales plus pâles étaient déjà disponibles, mais le Porter occupait néanmoins la plus grande part du marché. Seulement voilà, on savait désormais que la bière foncée coûte plus cher à produire. Problème.

Autre adage : La nécessité est la mère de toutes les inventions. Il aura quand même fallu attendre 1817 pour qu'un certain Daniel Wheeler résolve ledit problème. Cette année-là, il a déposé un brevet pour un *baril rotatif de torréfaction* [figure 4.4].

Somme toute fort simple, cet appareil maintient son lot de malt continuellement en mouvement pendant qu'il est chauffé, ce qui permet de rôtir les grains – à divers degrés, au goût – sans les *brûler*.

Littéralement *carbonisée*, la saveur du malt serait âcre et désagréable. Tous ceux qui ont vécu de très mauvaises expériences en cuisine connaissent ce goût et savent à quel point il peut être envahissant. Grâce au baril rotatif, le malt peut développer un goût de torréfaction à la fois puissant et plaisant, tout en prenant une couleur intensément foncée.

Certes, le malt noir breveté (*black patent malt*) a beaucoup perdu de ses réserves d'amidon [168], mais c'est sans conséquence ; il est tellement coloré et « goûteux » qu'il suffit d'en mélanger une *petite* quantité avec du malt pâle pour obtenir une bière aussi foncée et savoureuse qu'un Porter fabriqué uniquement à partir de malt brun. Il est ainsi possible de satisfaire le goût de la clientèle, *tout* en profitant de l'excellent rendement du malt plus pâle.

187

La Grande Question de la Pale Ale. On peut résumer une partie de l'histoire de la bière en Angleterre – et par exten-

FIGURE 4.4 Baril rotatif de torréfaction. Il n'est pas impossible que Wheeler se soit inspiré de la torréfaction rotative du *café*, ou peut-être est-ce l'inverse ? Bien que les premiers *Coffee House* anglais soient apparus au XVIIe siècle, le café a pendant très longtemps été torréfié à plat, au four. Ici, deux rutilants torréfacteurs rotatifs de la malterie Weyermann.

sion, dans tout l'Empire – en disant que si le XVIIIe siècle a été celui du Porter, le XIXe a été celui de la *Pale Ale*.

La Pale Ale est apparue *avant* le XIXe siècle, mais ce n'est qu'à cette époque qu'elle a pris son essor. Bien que l'évolution du goût des consommateurs puisse être un facteur expliquant ce décalage, le plus important est la découverte du fait que le malt *ambré*, à la base de sa fabrication, est plus économique que le malt brun [185]. Mentionnons un dernier facteur : l'usage de plus en plus répandu de verres à boire transparents, dans lesquels une bière plus pâle peut enfin *briller* [31, 105].

Parlons-en de cette pâleur. À peu près tous ceux qui boivent une Pale Ale pour la première fois sont frappés par un petit détail : elle n'est pas vraiment *pâle*. En réalité, elle est ambrée, comme son malt. Pourquoi ce nom, alors ? La Pale Ale était pâle *comparée aux autres bières qui se fabriquaient dans ce temps-là*, commercialement du moins [179]. Si vous l'aviez anticipé, vous méritez que je vous dise un petit secret...

188

Secret de Polichinelle. Hé ! vous ! Que faites-vous ici ? Ce secret est réservé à ceux qui ont deviné que la pâleur de la Pale Ale était toute relative !.. Petits garnements... Le voici quand même mon secret : il y a partout au Québec d'*excellentes* Pale Ales. Ma préférée est sans conteste la St-Ambroise, brassée à Montréal par McAuslan. Je ne m'en lasse jamais. Chaque première gorgée de chaque nouvelle bouteille me procure la même satisfaction. Il faut dire que Peter McAuslan et sa femme, Helen Bounsall [49], ont su mener leur bateau ; la stabilité de leurs produits est toujours assurée. Jamais de mauvaises surprises [146].

Il y a pourtant un détail qui me chicote[26]. Je n'ai jamais compris pourquoi ils ont choisi de traduire « Pale Ale » par *Blonde*, sur leurs caisses et leurs bouteilles. Elle n'est *pas* blonde ! Conséquence la plus cocasse de cette décision : quand la brasserie a plus tard décidé de commercialiser une bière *réellement* blonde, la Griffon, il lui a fallu la désigner par l'appellation « *Extra*-blonde », ce qui n'a pas plus de sens.

« Pale Ale » est une appellation *historique*. Elle ne se traduit pas, tout comme Stout ou Doppelbock. Remarquez, les Anglais nous rendent la politesse : il ne boivent pas du *White Sauvignon* ou du *Black Pinot*. De la même façon, il est tout à fait convenable qu'un malteur francophone commercialise du « malt Pale Ale ». L'appeler « malt pâle » sèmerait la confusion puisqu'il est légèrement ambré et qu'il existe réellement du malt pâle, et il *est* blond [205].

Bof. Un petit mot sur une étiquette, ce n'est rien. On ne leur en tiendra pas rigueur. Allez donc tout de suite vous chercher une caisse de St-Ambroise Blonde, et servez-vous un verre…

189

A Bitter, by any other name… Hola ! Un instant ! Il ne faut pas boire votre Pale Ale tout de suite. Puisque vous avez suivi mon conseil et acheté une caisse *froide* [145], vous devez maintenant laisser votre verre se reposer afin qu'un peu de CO_2 puisse s'échapper [121] et la bière se réchauffer [122]. Je suis sévère, mais faites-moi confiance – ça vaut la peine. Tournez le dos à votre verre s'il le faut. Concentrez-vous sur ces mots.

Quand le temps sera finalement venu et que vous aurez l'incroyable chance de déguster ce nectar divin (que je suis cruel…), vous serez d'abord frappés par le merveilleux parfum de houblon [40] et de caramel écossais [89]. Étant donné que la température sera la bonne, vous allez pouvoir goûter le malt légèrement sucré qui rappelle un peu les rôties au caramel, ainsi que la riche saveur du houblon, à la fois florale et herbacée. À la toute fin, une amertume aussi intense qu'agréable accaparera la scène. Pas un arrière-goût âpre et agressant ; plutôt une amertume sèche et propre, qui aiguise la soif, et invite la prochaine gorgée. En Colombie-Britannique, je travaillais avec Colleen, une sympathique Yukonnaise qui m'a appris cette belle expression : *It tastes like more*. Un goût de revenez-y ! Peut-on faire plus beau compliment à une bière ?... Allez, assez attendu, prenez votre première gorgée !

Le mot « amertume » se traduit en anglais par *bitterness*. Il existe d'ailleurs une bière qui ressemble à s'y méprendre à la Pale Ale, qu'on appelle tout simplement la *Bitter* [121]. Il est tellement difficile de faire la différence entre une Pale Ale et une Bitter que bien des amateurs de bière en sont incapables. Plusieurs auteurs (mais pas tous !) s'entendent pour dire que la principale différence est que Pale Ale est une appellation

---

26. Tarabuster, déranger, agacer.

surtout attribuée à des bières en bouteille, alors que Bitter s'applique davantage à des produits servis en fût ! Il y a même des brasseries qui embouteillent et enfûtent *exactement* la même bière, mais appelle l'une Pale Ale, et l'autre Bitter !

S'il y a une différence à faire, hormis le nom, c'est la densité de départ [70]. Celle de la Pale Ale est habituellement plus élevée que celle de la Bitter ; il en résulte au taux d'alcool quelque peu supérieur et une saveur un peu plus intense. Cette petite distinction s'évanouit presque complètement dans le cas des versions haut de gamme de la Bitter : les *Best* et *Strong* Bitters. Au lieu de *Best*, certaines brasseries utilisent l'appellation *Special* Bitter ; dans de tels cas, la version moins forte en alcool est désignée *Ordinary* Bitter. Il y a fort à parier qu'entre une Ordinary et une Special, la différence tient à une simple dilution au moment de l'emballage [125].

Quant aux *Strong* Bitters, encore plus fortes que les Special Bitter, elles peuvent également être désignées par l'appellation *Extra Special* Bitter (ESB). C'était à l'origine le nom d'une marque particulière de Bitter introduite par la brasserie Fuller's… en 1971 [151] ! Le nom est si accrocheur qu'il a été repris par beaucoup de petits brasseurs, surtout en Amérique du Nord. Peu importe le nom, subsiste-t-il une différence fondamentale entre les plus fortes des Bitters et les Pale Ales ? J'en doute…

190

Brun bonnet, bonnet brun. Entre la Mild [183] et la *Brown Ale*, il y a la même étrange ressemblance qu'entre Pale Ale et Bitter. Encore une fois, bien malin celui qui peut argumenter sur la distinction précise entre les deux styles.

Le parallèle entre les deux paires de styles est très fort : « Brown Ale » est un nom généralement donné à des bières en bouteille, alors que « Mild » s'applique plus souvent à des produits enfûtés. De la même façon, on peut dire de la Brown Ale qu'elle est simplement une version de la Mild, légèrement plus forte en alcool et en goût. Au bout du compte, il faut éviter de se casser la tête avec les noms (à moins que la chose vous allume !) et juste *goûter* à la bière. Le dernier mot est dans le verre.

J'en profite pour vous dire que vous gagnerez à découvrir les bières traditionnelles de pubs anglais, faibles en alcool. On ne vantera jamais assez la pinte qui descend bien [121]. Le problème, c'est que la bonne bière à 3-4 % d'alcool est rare. Bravo aux *Brasseurs de Montréal*, qui ont pignon sur rue dans Griffintown, pour leur London Ruby Red, un bon spécimen de Mild anglaise titrant à 4 % d'alcool. Autrement, vos meilleures chances sont du côté des bistro-brasseries [152]. Encouragez ces artisans à mettre Bitters et Milds au menu – mais qu'ils prennent garde ! L'erreur ne pardonne pas dans une bière aussi délicate ; la fabrication se doit d'être parfaite, et la fraîcheur… La fraîcheur ? En dessous de 4 % d'alcool, la jeunesse, croyez-moi, ce n'est pas une option.

191

Le fin mot de la fin. On sait, d'une part, qu'une bière ayant un taux d'alcool « moyen » commencera à dépérir entre un à deux mois après sa fabrication [145] et d'autre part, qu'une bière très forte en alcool peut, à l'inverse, se *bonifier* avec l'âge et l'oxydation [143]. L'absolue nécessité qu'une bière très faible en alcool soit également très fraîche établit clairement le lien entre taux d'alcool et vieillissement. La règle est simple : plus il y a d'alcool, mieux la bière vieillira. Inversement, plus le taux est faible, plus la bière doit être fraîchement produite.

Il est important de préciser que, puisque les malts torréfiés ont des propriétés antioxydantes, la couleur de la bière est également un facteur qui encourage un vieillissement harmonieux. Cependant, je n'insisterai jamais assez sur l'importance prépondérante du taux d'alcool. La preuve ? Il est à peu près impossible de trouver un alcool fort distillé à 35 ou 40 %, qui soit *trop* vieux.

En combinant les deux facteurs, on peut dire que, *grosso modo*, une bière foncée à 3-4 % d'alcool peut durer aussi longtemps qu'une blonde à 5-6 % (plusieurs semaines), une bière foncée à 5-6 % peut durer aussi longtemps qu'une blonde à 7-8 % (plusieurs mois) et une bière foncée à 7-8 % peut durer aussi longtemps qu'une blonde à 9 % et plus (plusieurs années).

Une bière très forte *et* très foncée peut durer très, *très* longtemps. J'ai déjà lu un article qui relatait la dégustation de bières de 10, 20 et même 40 ans d'âge ! Certaines bouteilles étaient gâtées, mais plusieurs étaient parfaitement buvables. Elles étaient intenses, particulières, parfois étranges, mais parfaitement buvables.

192

The New Kids on the Block. Historiquement, la Pale Ale est associée à la ville anglaise de Burton-on-Trent [187]. Ce sont les brasseurs de cette ville qui ont connu le plus de succès avec ce style de bière, dès le tournant du XIXe siècle.

Les grands brasseurs londoniens [185] ont dû immédiatement prendre acte de l'apparition de ces nouveaux joueurs. Quand la popularité de la Pale Ale l'a rendue incontournable, les brasseurs de Porter ont voulu « surfer sur la vague ». Puisque les Pale Ales de Burton vendues dans la capitale étaient relativement dispendieuses (étant donné les frais de transport et d'entreposage), les brasseurs londoniens étaient persuadés de pouvoir écraser la compétition avec de meilleurs prix.

Ils ont vite découvert un problème de taille : leur Pale Ale n'était pas bonne au goût ! Ils avaient beau essayer, les brasseurs londoniens étaient incapables de produire une Pale Ale aussi savoureuse que celles de Burton. Mystère.

Mystère pour les grands brasseurs de Porter d'il y a deux siècles, mais pas pour vous, n'est-ce pas, distingué lecteur ? Eh oui ! Vous avez vu juste – c'était l'*eau* le problème [171]. L'eau de Londres et l'eau de Burton sont très différentes, aussi bien en ce qui concerne la dureté temporaire que la dureté permanente [175]. En outre, l'eau de Burton présente une très forte concentration en *sulfates* (SO_4), ce qui a un impact important sur le goût (ne pas confondez pas avec les *sulfites* utilisés comme préservatifs dans plusieurs aliments, dont le vin [86]).

Les sulfates réagissent très bien avec le houblon ; ce sont eux qui donnent à la bière cette amertume piquante, mais propre, qui nous fait en redemander [189]. De plus, une forte concentration de sulfates affectera la saveur de la bière *dans son ensemble*. Leur influence se résume au mot *dry* : c'est une bière au goût sec. Si cet effet s'harmonise bien avec l'amertume du houblon, c'est plutôt le contraire avec les malts torréfiés, dont ils accentueront l'astringence au point qu'elle deviendra persistante et désagréable. C'est donc dire qu'avant de connaître le succès avec leurs Pale Ales, c'étaient les brasseurs de Burton qui souffraient d'une injustice : ils étaient incapables de produire une bière foncée qui n'ait pas un arrière-goût âpre, et donc de concurrencer directement les Porters londoniens. *Poetic justice*, je vous dis [181].

193

Burtonisation. En science, le XIXe siècle est en grande partie celui de la *chimie* (et c'est en grande partie la force du génie chimique qui fera de l'Allemagne une puissance industrielle *et* brassicole). Ce n'était donc qu'une question de temps avant que les mystères de la chimie de l'eau soient percés.

Les brasseurs londoniens ont éventuellement découvert qu'il leur suffisait d'ajouter du *sulfate de calcium* ($CaSO_4$) à leur eau de brassage pour produire des Pale Ales aussi bonnes que celles de Burton ! Fort heureusement, le sulfate de calcium était déjà facilement accessible sous forme de *gypse*. Ha ! Décidément, n'est-ce pas qu'on trouve de bien drôles de choses dans la bière ? [176]

Adeptes de l'invention de nouveaux mots [121], nos brasseurs londoniens ont baptisé la pratique d'ajouter du gypse à l'eau de brassage « *Burtonising the water* », ce qui signifie « rendre l'eau semblable à celle de Burton » ! Si à l'origine cette pratique ne concernait que le sulfate de calcium, de nos jours la « burtonisation » s'étend à n'importe quelle modification de la composition en sels minéraux de l'eau de brassage. C'est une technique importante, voire essentielle au brassage moderne. *Elle permet de reproduire dans presque n'importe quelle brasserie, les grands styles de bière associés aux différentes régions du monde* [171].

Les sels minéraux les plus communément utilisés sont le *sulfate* de calcium ($CaSO_4$) et le *chlorure* de calcium ($CaCl_2$). Ce n'est pas un hasard si ces deux substances ont le calcium en commun [figure 4.5, p. 189]. L'ion calcium est d'une immense utilité dans la fabrication de la bière – et pas seulement pour son rôle dans l'acidification de la maische dans la cuve d'empâtage [176]. Je ne ferai pas la liste de ses autres bienfaits, tant dans les différentes étapes de la salle de brassage que pendant la fermentation, ce serait trop long. Retenez que le calcium est une substance magique et essentielle, que bien des brasseries voudront ajouter d'une façon ou d'une autre.

Le calcium peut être ajouté aussi bien sous forme de sulfate que de chlorure, mais il y a toute une différence entre les deux. Alors que les sulfates rendent la bière sèche, les chlorures la rendent *moelleuse*. Ils donnent au goût une rondeur et une plénitude en bouche qui soulignent avantageusement les qualités d'une bière bien maltée. Par ailleurs, les chlorures réagissent moins bien avec l'amertume, surtout en forte concentration ; leur présence n'est donc généralement pas recommandée dans une bière très houblonnée.

194

Les dents salées. Il y a un autre chlorure avec lequel vous êtes très familiers : le chlorure de *sodium* (NaCl). C'est un sel minéral tellement célèbre qu'à l'instar de Cher et Madonna, on l'appelle par son petit nom : Sel.

Avez-vous déjà mis un peu de sel de table dans votre verre de Labatt 50 tablette[15] ? Moi si. C'était seulement pour le plaisir d'imiter les vétérans de la taverne où nous étions, mais savez-vous quoi, l'idée n'est pas si folle que ça. Si certains puristes crieront au scandale, il faudrait leur rappeler que des brasseurs agitent parfois la salière directement dans la salle de brassage pour *rehausser la saveur de leur produit*. Eh oui ! le vulgaire sel de table fait partie des sels minéraux qu'on peut utiliser pour « burtoniser » l'eau de brassage [193]. Évidemment, certaines eaux de brassage présentent un taux *naturellement* élevé de sodium (Na).

Fait intéressant, le sodium est particulièrement efficace pour souligner le caractère *sucré* d'une bière ! Si vous vous étiez déjà demandé pourquoi il y a toujours un peu de sel dans les recettes de desserts, voilà votre réponse. Cependant, la synergie est moins bonne avec l'amertume, surtout si l'eau est également forte en sulfates ; on évitera donc particulièrement d'ajouter du sel de table dans une Pale Ale [192], de peur de la rendre âpre et désagréable.

On ne me pardonnera jamais de vous encourager à faire comme les vieux loups de taverne, aussi dois-je vous prévenir qu'il ne faut pas beaucoup de sel pour faire monter le taux de sodium d'un verre de bière au-delà de la limite acceptable. Dans un verre de 350 mL, un *dixième* de gramme de sel de table suffit à déséquilibrer pour de bon une bière. Remarquez, les grands amateurs (et nombreux sont les Québécois qui ont la dent trop salée) ne se plaindront pas si leur bière goûte carrément le sel, au grand dam de leur cardiologue...

En terminant, sachez que bien des « saleurs » de bière ne le font pas uniquement pour le goût, mais aussi pour faire rapidement baisser le taux de gazéification [120]. Avant de se dissoudre, les grains de sel agissent comme autant de points de nucléation [132], provoquant une évaporation rapide du gaz carbonique et la formation d'un très joli collet de mousse !

195

Tabula Rasa. Il ne faut surtout pas confondre l'ion chlore, ou chlorure (Cl^-), avec l'*eau de javel*. Le désinfectant que nous désignons à tort par le mot « chlore » est en réalité de l'*hypochlorite de sodium*. Sa formule chimique est NaClO. L'eau de javel, en se dégradant, peut laisser échapper l'atome d'oxygène, ne laissant derrière lui que du sel de table (NaCl) ! Cela fait penser à un autre désinfectant, le peroxyde (H_2O_2), qui se transforme en eau quand l'atome d'oxygène supplémentaire se détache. Quant au chlore solide utilisé pour les piscines, c'est en réalité – attachez vos tuques ! - du dichloroiscyanurate de sodium. Une fois dans l'eau, il se décompose en hypochlorite de sodium et en acide cyanurique. Retenez surtout qu'il est préférable de ne pas boire l'eau de la piscine…

Le *chlorure* se retrouve de façon naturelle dans l'eau, et son influence peut être très positive [193]. Par contre, l'hypochlorite ajouté par l'usine de filtration pour désinfecter l'eau est assurément nuisible à la bière. En forte concentration, il agira évidemment en tant que désinfectant et nuira à la levure. En plus petite quantité, l'hypochlorite contribue au développement d'arômes «médicinaux», ce qui n'est pas très recherché…

Pour se débarrasser de l'hypochlorite, rien de mieux que le bon vieux *charbon activé*, exactement comme font beaucoup de gens à la maison. Évidemment, les brasseries n'utilisent pas de pichets munis de dispositifs de filtration, comme les Brita, mais de très grands filtres cylindriques, capables de traiter un débit d'eau considérable. Tout ça pour dire qu'il n'y a rien de mal à ce qu'une brasserie s'alimente à même le service d'aqueduc municipal. C'est ce que font la majorité des brasseries, dont celles de Montréal.

D'ailleurs, il faut le dire, l'eau de Montréal est assez bonne pour le brassage. C'est une eau relativement douce, présentant très peu de dureté permanente et une dureté temporaire modérée [175]. Étant donné qu'il est beaucoup plus facile d'*ajouter* des choses dans l'eau que d'en *enlever*, une eau douce est un point de départ idéal, une ardoise vierge sur laquelle le brasseur moderne a toute latitude pour créer. Peu importe la bière qu'on souhaite brasser, un peu de «burtonisation», et le tour est joué [193].

S'il est relativement facile d'éliminer les carbonates qui causent la dureté temporaire par ébullition [176], la dureté permanente est beaucoup plus coriace. Il existe bel et bien des adoucisseurs d'eau capables de retirer les ions sulfates et les chlorures, mais ces appareils les remplacent aussitôt par des ions sodium. *House character* ou non, il y a tout de même une limite à la quantité de sodium qu'on peut ajouter à son eau de brassage, si bien qu'ils ne sont presque jamais utilisés en brasserie. D'autres solutions pour faire baisser la dureté permanente (et temporaire) sont la distillation et l'osmose inverse. Ce sont des techniques efficaces, mais plutôt complexes et dispendieuses, vu le débit d'eau requis par une brasserie industrielle.

196

La méthode «Karaté Kid». Les concentrés de moût utilisés par les brasseurs maison débutants [178] sont essentiellement produits à partir du moût qui sort de la cuve de sédimentation [39]. Pour enlever une grande partie de l'eau, on pratique une ébullition *sous vide*, donc à basse température, ce qui évite de trop dénaturer le moût.

Il en résulte un sirop *très* épais, souvent tellement visqueux qu'on doit le réchauffer un peu pour réussir à le faire sortir de son contenant. Dans une chaudière en plastique – faisant office de cuve de fermentation primaire [57] – le brasseur néophyte n'a qu'à ajouter de l'eau au concentré pour ramener le moût à la bonne densité de départ [70], et y ajouter de la levure sèche [53] pour entamer la fermentation.

Il y a *fort* à parier que l'artisan amateur ne se souciera point de la composition chimique de l'eau qu'il utilise, qu'il ne tentera pas de la « burtoniser » [193] afin de reproduire le plus fidèlement le style visé. Quand on brasse à partir de concentré, il va de soi qu'on est très loin de ce genre de considérations ! De toute façon, on est assuré d'avance que ça va donner de la bière, et qu'elle sera vraiment bonne [178]…

Vous devinez bien que je suis mal placé pour snober le brasseur maison. Ce serait renier mes origines. En toute honnêteté, il y a du bon dans le brassage à partir de concentré : puisque toutes les étapes qui suivent le début de la fermentation sont les mêmes que pour n'importe quel autre type de brassage, le brasseur amateur fait face au même défi que les professionnels : éviter les contaminations [134].

Les méthodes de *nettoyage* et de *stérilisation* utilisées en prévision de la fermentation, des transferts de réservoir ou – plus difficile encore – de l'embouteillage sont les premières compétences qu'un brasseur doit acquérir. On a beau savoir préparer la meilleure bière au monde, ce sera en vain si de vilains microbes gâchent la sauce [140]. Comme quoi avant de devenir maître, il faut, comme tout apprenti, apprendre à… frotter : « *Wax in. Wax out.* »

197

Veni, vidi, bibi. « Je suis venu, j'ai vu, j'ai bu. » En plus de ses autres vertus médicinales [34], le houblon possède également un pouvoir *antiseptique*. C'est sans doute la principale raison pour laquelle il s'est imposé, au fil des siècles, en tant qu'aromate de choix pour la bière [32] ; on a dû se rendre compte que la bière brassée avec du houblon était plus résistante aux contaminations [134]. Évidemment, pendant le Moyen Âge on ne parlait pas en termes de « stabilité microbiologique » ; on notait seulement que la bière goûtait meilleur plus longtemps.

La première mention écrite de la culture du houblon remonte au VIIIe siècle : on la doit aux Bénédictins [98] qui tenaient alors une houblonnière près de leur monastère de Weihenstephan ; de nos jours, ce monastère appartient à l'état de Bavière et est non seulement une grande université brassicole [167], mais la plus vieille brasserie au monde encore en fonction. Au XIe siècle, c'est au tour d'une autre Bénédictine, Hildegarde de Bingen, d'écrire au sujet du houblon ; elle mentionne ses saines vertus lorsqu'il est ajouté à la bière.

L'utilisation du houblon s'est graduellement répandue à travers l'Europe, suivant à peu près les mêmes chemins que le commerce. Ce sont les Anglais qui ont résisté le plus longtemps à la Vague verte ! Quoique le houblon ait été introduit par des marchands hollandais dès le XVe siècle, les Anglais l'ont longtemps considéré comme une autre barbarie continentale, au même titre que le républicanisme, l'euro et l'arbalète. (À la fin du Moyen Âge, ils se vantaient de persévérer dans l'utilisation de l'arc long, alors que le continent européen avait embrassé l'arbalète, infiniment plus facile à manier). Comme quoi ce n'est pas un hasard si insulaire rime parfois avec réfractaire !

Bien avant d'adopter sa signification moderne, celle d'une bière fermentée à haute température par une levure de souche *cerevisiae* [94], le mot « ale » (du vieil anglais *Ealu*, qui a des liens de parenté avec le vieil allemand *alu*, voir même le scandinave *ol*.) désignait une bière typiquement anglaise, habituellement très forte et très sucrée [78] et brassée *sans* houblon. Éventuellement, les sujets de Sa Majesté ont dû se rendre à l'évidence : leurs Ales sucrées se gâtaient plus rapidement que les bières houblonnées, et le *mean green machine* [34] n'était pas seulement un excellent préservatif naturel, il apportait un petit goût pas mauvais du tout !

198

De l'Inde à l'Irlande. Les brasseurs anglais ont bien retenu la leçon du houblon et de son rôle dans la résistance aux contaminations quand, quelques siècles plus tard, leur empire s'est étendu aux quatre coins de la planète. Voilà pourquoi les brasseurs de Burton [192] ajoutaient une dose additionnelle de houblon dans les Pale Ales destinées au marché des colonies orientales. C'est ainsi qu'une amertume particulièrement prononcée et un taux plus élevé d'alcool distinguent les *India Pale Ale* (IPA) de leurs cousines domestiques.

Notez qu'aujourd'hui on considère généralement la IPA comme un *sous-style* de la Pale Ale. Toutefois, il se trouve des auteurs pour souligner qu'historiquement, c'est la « India » qui a été brassée en premier. J'avoue que ça n'intéresse que les passionnés [169] ; eux seuls trouveront amusante l'idée que la Pale Ale soit un sous-style de l'IPA…

La situation est identique pour la Stout et le Porter [183]. Plusieurs pensent que le Porter est arrivé en premier et que la bière qu'on a commencé par appeler Stout Porter (Porter *robuste*) est, historiquement, un sous-style. Or, il y a au moins un auteur pour dire que la Stout a précédé son cousin. Fascinant, non ?... Non ?... Allô ?! Vous êtes toujours là ?

199

Un autre genre d'impérialisme. Si la croyance populaire est véridique, la Stout aurait été à l'origine un Porter fort – pensons au *Extra Strong Porter* avec lequel Arthur Guinness a connu ses premiers succès. Au fil du temps, le taux d'alcool aurait diminué, mais ni la couleur, ni le corps [75], ni le goût de torréfaction [186].

La Stout forte en alcool (stout forte… quel beau pléonasme !) n'est jamais

Figure 4.5. Chlorures et sulfates. Le chlorure de calcium est granuleux tandis que le sulfate de ▸ calcium (gypse) est poudreux. Ici, ce qui ressemble à du sel de table est le sulfate de magnésium ($MgSO_4$). Également utilisé en brasserie, quoique plus rarement et en moindre quantité, il n'est pas ajouté pour son « sulfate », mais pour son « magnésium », un minéral très important qui participe à différentes réactions enzymatiques à l'intérieur de la levure [172]. Une faible concentration de magnésium – souvent naturellement présente dans l'eau – suffit pour les besoins de la fermentation. Par contre, trop de magnésium et son amertume propre aura un impact négatif sur le goût de la bière. Encore plus de magnésium, et vous avez un excellent purgatif ! D'ailleurs, le sulfate de magnésium est vendu en pharmacie sous son appellation commune : le sel d'Epsom. Vous connaissez ? J'espère que non… (Photo des pages 189 et 190 : Jacques Courtemanche)

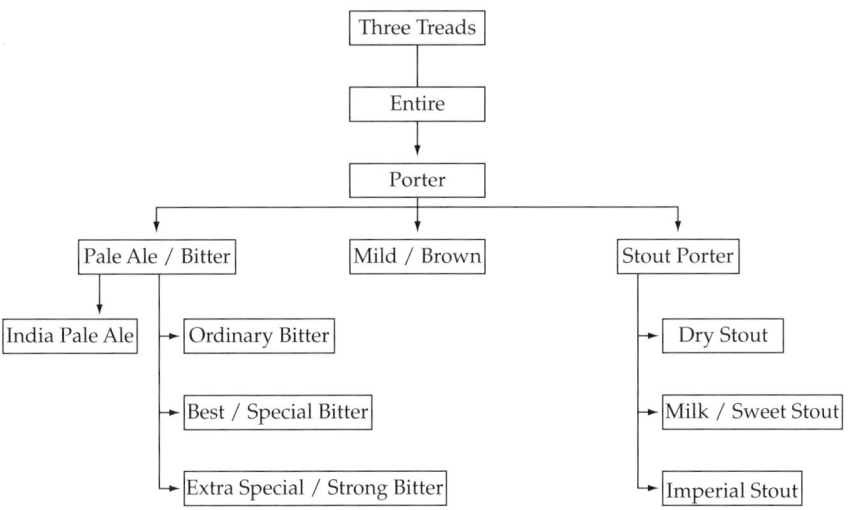

FIGURE 4.6 Bières issues de la Three Threads. Portrait d'une famille anglaise, presqu'aussi célèbre que celle des Windsor !

complètement disparue. Par exemple, la *Foreign Extra Stout*, que Guinness a commencé à produire pour le marché des Caraïbes au début du XIXe siècle, existe toujours. Comme pour l'India Pale Ale, le taux d'alcool aurait été à l'origine plus élevé pour mieux résister au transport [figure 4.6].

La Stout Stout (tant qu'à pléonasmer) la plus célèbre est sans contredit la *Russian Imperial Stout*, produite dès la fin du XVIIIe siècle par la brasserie anglaise Thrale (plus tard achetée par la réputée Courage). Historiquement, *plusieurs* Stouts fortes en alcool ont été dédiées au marché russe. Le taux d'alcool élevé favorisait non seulement la stabilité microbiologique [133], mais permettait aussi d'éviter que la bière *gèle* en traversant la mer Baltique ! En-

fin, la bière forte répondait bien au goût des Slaves...

Bref, on pourrait parler de la Stout russe en tant que sous-style, mais puisque c'est la bière de Thrale-Courage qui s'est gravée dans les mémoires, aujourd'hui l'appellation généralement attribuée à ces ténébreuses mixtures est *Stout impériale*.

Au cours des dernières décennies, le qualificatif « impérial » s'est vu appliqué à plusieurs autres bières. Dans l'esprit de certains, le mot est simplement synonyme de « fort » ; à partir du moment où une bière est déclinée avec une densité de départ [70] beaucoup plus élevée que celle normalement associée au style, le qualificatif est justifié. Ainsi, il est aujourd'hui possible de rencon-

◄ **Figure 4.10. Succédanés d'amidon.** Certains succédanés s'ajoutent directement à la cuve d'empâtage. Ici, les flocons de seigle, d'avoine, de maïs et de riz (dans l'ordre habituel) sont préalablement obtenus en faisant passer les grains crus mais humides entre deux immenses rouleaux plats. Les grains sont écrasés de façon si violente qu'il se dégage assez de chaleur pour instantanément prégélatiniser l'amidon. Ils peuvent donc être facilement empâtés par la suite.

trer des Weizens impériales, des Brown Ales impériales, des Lambics impérials, et ainsi de suite. C'est un peu n'importe quoi, mais, justement, la bière c'est un peu n'importe quoi [90, 169]. Et c'est un peu pour ça qu'on l'aime! Allez... On s'en ouvre une?

200

Wien! Wien! Wir fahren nach Wien! Pendant la Coupe du monde de soccer de 2006, Brune et moi scandions : « Berlin! Berlin! *Wir fahren nach Berlin!* », comme tout le peuple germanique. Non, notre histoire de bière ne se transporte pas tout de suite en Allemagne, mais tout près. Après avoir passé tant de temps au Royaume-Uni, le moment est venu de visiter l'empire austro-hongrois. Les Alpes, les valses, les pâtisseries... « Vienne! Vienne! Nous allons à Vienne! »

Au XIXe siècle, la famille Dreher de Vienne est déjà une dynastie brassicole vieille de plus de deux cents ans. Anton Dreher, l'héritier de l'entreprise et du savoir-faire familial, est déterminé à approfondir son art autant que possible. À cette fin, il commence par aller à Munich pour apprendre auprès des maîtres du royaume de Bavière. C'est là qu'Anton fait la rencontre de Gabriel Sedlmayr, le jeune, dont le père s'était porté acquéreur de la désormais célèbre brasserie Spaten.

Anton Dreher et Gabriel Sedlmayr-fils ne deviendront pas que de bons amis, mais des géants de l'industrie brassicole européenne et deux figures marquantes de l'histoire de la bière. Ce sont eux qui découvriront ensemble l'importance de la *levure* dans la fabrication des bières monastiques de Bavière [95]. Dès 1841, ils introduiront officiellement la Lager, dans leur brasserie respective. Notez que cela précède de 40 ans Émil Hansen et l'apparition, chez Carlsberg, de la Lager « pure » [94]; c'est donc dire que les souches originalement utilisées par Dreher et Sedlmayr devaient être « mixtes » [95].

Mais je vais un peu trop vite, là! Reculons de quelques années : en 1833, les deux jeunes *braumeister* partent ensemble pour l'Angleterre afin de visiter ces brasseries qui, d'un point de vue *industriel*, ont déjà une longueur d'avance sur le reste de la planète [179-186]. Ils sont tous deux particulièrement impressionnés par les techniques de maltage qui ont permis aux Anglais de pâlir et de raffiner leurs bières. De retour sur le continent, nos deux comparses s'attelleront à les imiter. Les résultats de leurs efforts sont ce qu'on appelle aujourd'hui le malt Munich et le malt Vienne. Ces malts ambrés sont à la base d'un nouveau style de bière – une Lager que l'on appellera, alternativement, *Viennoise*, *Märzen* et *Oktoberfest*.

201

Bières de mars. Tout comme la distinction entre Pale Ales et Bitters [189], Milds et Brown Ales [172], Porters et Stouts [184], les frontières sont à la fois ténues et floues entre Viennoise, Märzen et Oktoberfest. Beaucoup de gens, comme les éditeurs de la collection « Classic Beer Styles », ne se cassent même pas la tête et regroupent les trois appellations sous la même rubrique. Plus communément, on fait une distinction entre Viennoise, d'une part, et Märzen et Oktoberfest, d'autre part.

À elle seule, l'appellation « Märzenbier » est problématique. Littéralement, ce nom se traduit par « Bière de mars ». C'est ainsi qu'on désignait la dernière bière brassée au printemps, avant que les grandes chaleurs de l'été rendent impossible le brassage d'une bonne bière. C'est surtout la fermentation qui est problématique en été. Une température ambiante élevée encourage non seulement l'élaboration de sous-produits de fermentation [83], mais augmente grandement les risques de contamination [134].

Ce n'est pas qu'en Bavière qu'on brassait selon les saisons ; on trouve des « Märzenbier » dans plusieurs traditions brassicoles, par exemple dans le nord de la France et en Belgique. Dans tous ces endroits, la Bière de mars était généralement ce qu'on appelle une *bière de garde*. Destinées à approvisionner les consommateurs jusqu'à ce que le brassage reprenne à l'automne suivant, ces bières présentaient un taux d'alcool élevé pour les aider à survivre tout l'été dans les caves [191].

La Lager que Sedlmayr a introduite à l'Oktoberfest de 1841 a été baptisée *Märzen*. Elle avait effectivement été brassée en mars et avait passé tout l'été dans les cavernes des montagnes de Bavière. Par contre, la comparaison avec les Bières de mars traditionnelles ne va pas beaucoup plus loin. La petite nouvelle de la brasserie Spaten était complexe, mais tout en douceur, avec un taux d'alcool plus modéré (5-6 %), une amertume équilibrée, une densité finale moyenne, ni *dry*, ni ronde [77], et une fermentation propre [84]. Tous ces éléments s'harmonisaient parfaitement avec l'excellente saveur du nouveau malt légèrement caramélisé. Pas étonnant donc que la Märzen ait été un succès instantané. Dès le départ, elle a été associée à l'Oktoberfest, au point d'en prendre le nom. C'est ainsi que les appellations Märzen et Oktoberfest sont devenues interchangeables.

202

La Rousse d'octobre. Le saviez-vous, le célèbre Oktoberfest n'est *pas*, à proprement parler, la fête de la bière ; ce n'est *pas* non plus en octobre, en tout cas pas nécessairement. Quand l'événement a été organisé pour la première fois, au début du XIXe siècle, c'était pour marquer le mariage du prince qui deviendrait éventuellement le roi de Bavière. Le moment fort du festival ne fut pas la percée du premier fût – une tradition relativement récente –, mais plutôt une grande course de chevaux.

Les citoyens de Munich ont tellement aimé cette première fête qu'ils ont décidé de répéter l'expérience et l'événement est rapidement devenu coutume. Suivant les désirs du Prince, fervent admirateur de la Grèce antique et de ses jeux olympiques, le festival a longtemps gardé un côté sportif, mais dès la seconde année les agriculteurs de la région en ont profité pour vendre et promouvoir leurs produits fraîchement récoltés. Au fond, l'Oktoberfest s'inscrit d'abord et avant tout dans la lignée des grandes fêtes agricoles et des célébrations liées à la moisson – telle l'Action de grâce, qui tire ses origines dans les antiques fêtes automnales païennes.

La Bavière étant une capitale mondiale de la consommation de bière (*per capita*), il n'est pas surprenant que la Lager ait rapidement pris une place prépondérante au sein du festival. Cependant, malgré ce qu'en pensent les hordes de jeunes hommes en état d'ébriété (ou plutôt quoiqu'ils en pensaient *avant* d'y mettre les pieds), l'Oktoberfest n'est pas une célébration essentiellement brassicole. C'est une fête foraine, et la bière est une conséquence, pas une cause. Ce qui importe d'abord et avant tout, c'est la fraternité, la gratitude, la joie et l'amour. Après tout, « *Love is the only engine of survival* », comme le chante si bien Leonard Cohen.

203

Science, technologie et société. Si 1841 marque le *début* de ce que l'on appelle la « Révolution de la Lager » [200], il faudra attendre l'apparition de la *réfrigération artificielle* pour voir les bières fermentées à basse température vraiment prendre leur envol. Dans un sens, cette avancée technique est plus importante que les travaux de Hansen [94], puisque le froid peut garantir, à lui seul, la suprématie des levures Lager au sein d'une souche mixte [95].

Les principes scientifiques derrière la réfrigération étaient déjà compris au milieu du XIXe siècle. Tout ce qu'il manquait, c'était le *transfert* de ce savoir vers une application technologique concrète. Qui s'en est chargé ? Nos deux joyeux lurons [200], bien entendu ! En 1860, Sedlmayr introduit un projet pilote de réfrigération dans sa brasserie de Munich [figure 4.7]. Comme son ami bavarois, Dreher reconnaît l'énorme potentiel de cette technologie ; l'Autrichien dresse aussitôt les plans d'une brasserie entièrement construite autour d'un tel système. En 1868, Dreher met le projet à exécution en reconfigurant une usine achetée à Trieste, sur le bord de la mer Adriatique. C'est une date importante ; à partir de ce moment-là, la Lager peut être produite *à longueur d'année* [201]. Et d'un !

Cette même réfrigération artificielle permet aussi à la Lager de s'étendre aux quatre coins du globe, *incluant les pays chauds*. Et de deux ! C'est vraiment un tournant dans l'histoire de la bière, encore une fois liée au développement technologique [14]. Le meilleur exemple de l'impact de cette innovation se trouve dans les belles traditions brassicoles du Mexique et des Amériques Centrale et du Sud, traditions qui trouvent en grande partie leur origine dans l'immigration allemande de la fin du XIXe siècle !

Commencez-vous à remonter cette généalogie, à percevoir les racines profondes et communes ? Voyez-vous les liens filiaux qui traversent les siècles et les océans ? Sentez-vous l'unité de cette grande famille, cette communauté ? Sentez-vous l'*amour* ? Quand la froideur scientifique d'un système de réfrigération peut rassembler les peuples autour d'une bonne bière, on voit à quel point c'est fort, l'amour.

204

La valse des pizzas. On l'a vu, Munich était surtout connue pour ses bières foncées [177]. Est-ce pour cette raison que Sedlmayr n'a pas pâli son malt et

FIGURE 4.7 Chaudière à vapeur. Une brasserie a besoin du *froid* dans la salle de fermentation, et de la *chaleur* dans la salle de brassage. Ce génie de Sedlmayr a aussi été un grand promoteur de l'utilisation de la *vapeur* – au lieu du feu – dans les cuves d'empâtage [21] et, surtout, d'ébullition [37]. Ici, le brasseur en chef vérifie la pression dans la chaudière à vapeur des Brasseurs de Montréal.

sa bière autant que Dreher, est-ce pour ne pas trop déranger les habitudes des Bavarois ?

Toujours est-il qu'à Vienne, Dreher a développé un malt un peu moins coloré que celui de Munich. Alors que la Märzen-Oktoberfest est franchement rousse, la Lager produite à partir du malt de Vienne est plutôt cuivrée.

Pas facile de trouver les mots pour décrire les différentes teintes ambrées qu'on rencontre dans la bière. Les brasseurs, grands cartésiens qu'ils sont, évitent les difficultés de vocabulaire en utilisant une échelle objective, mesurable. En Amérique du Nord, la couleur est exprimée en degrés SRM (*Standard Reference Method*) ou en degrés Lovibond, les deux échelles étant pratiquement identiques. En Europe, on utilise les degrés EBC.

Ayant déjà établi que Viennoise et Märzen-Oktoberfest se ressemblent beaucoup [201], je ne m'éterniserai pas sur les différences. En dehors de la couleur, elles se résument ainsi : la Viennoise est légèrement plus faible en alcool, légèrement plus mince, légèrement moins maltée et plus amère. C'est une bière à la fois douce et un peu piquante, ce qui en fait la partenaire idéale de la pizza.

Ahhhhhh ! Bière et pizza, le classique ! Si vous pensez qu'une petite blonde se marie bien avec une grosse « toute garnie » bien huileuse, vous n'avez rien vu. Une bière comme la Viennoise est beaucoup plus à même de se mesurer au pepperoni et à la sauce tomate. Au Québec, une bonne option est la Belle Gueule *Originale* ; bien que le maître brasseur qui l'a créée était d'origine belge, cette bière a un vague lien de parenté avec la Lager austro-hongroise. Une chose est certaine, l'essayer avec la pizz', c'est l'adopter !

205

Sur la plus haute branche. D'une certaine façon, Dreher et Seydlmayr ont répété avec la Lager ce que les brasseurs de Burton avaient fait avec l'Ale : la pâlir [187]. Souvenez-vous que dans *mon* arbre généalogique – construit un peu arbitrairement autour de l'évolution des malts [181] – Porter, Mild et Stout sont cousins, et que Pale Ale, Bitter et IPA forment une autre branche [figure 4.6]. On se doit aussi de mettre les Viennoise, Märzen et Oktoberfest sur une nouvelle branche, les Lagers germaniques étant *très* différentes des Ales anglaises. En ce qui concerne le malt, il y a quand même un petit air de famille, si ce n'est que dans la couleur ambrée, le malt Pale Ale [188] étant à peine plus pâle que le Vienne.

Le moment est cependant venu d'atteindre la cime de l'arbre, d'arriver au bout de la lignée des malts. Nous y voici : battez les tambours, sonnez les clairons – le malt pâle arrive ! Pas le malt *Pale* – le malt *pâle*, le malt *vraiment* pâle !

Le malt et la bière deviendront enfin *dorés*, et éventuellement blonds, au sein d'une province de l'Empire austro-hongrois [200] : la *Bohême*, une région qui fait aujourd'hui partie de la République tchèque. Juste à côté de la Bohême, dans une autre province tchèque de l'Empire, pousse ce qui est considéré par plusieurs comme étant la meilleure orge au monde : l'orge d'été de Moravie. Les brasseurs bohémiens vont donc raffiner à l'extrême leurs techniques du maltage, mettre en valeur la finesse de cette orge morave, introduisant ainsi le style de bière qui donnera vraiment des ailes à la « Révolution de la Lager » [203].

Le miracle se passe en 1842 dans la ville bohémienne de Plzeň. Au cours des décennies précédentes, le maître brasseur František Ondrej Poupě avait initié les Tchèques aux techniques modernes de maltage et de brassage, tout comme Dreher et Sedlmayr l'avaient fait dans leur pays respectif. La ville de Plzeň venant de se doter d'une brasserie flambant neuve, il ne manquait qu'un morceau au puzzle : le secret des monastères de Bavière. C'est justement un moine qui, en 1842, apporte clandestinement un pot de levure Lager en Bohême ; tous les ingrédients sont enfin réunis pour la création d'une nouvelle, grande bière.

Oh ! J'ai oublié de vous dire... Dans la langue allemande, telle que parlée par les autorités autrichiennes, *Plzeň* se prononce *Pilsen*. Pour désigner la bière « qui vient de Pilsen », on dit *Pilsener* (parfois épelé *Pilsner*, *Pils* pour les intimes).

Ah ha ! Une petite étoile autocollante dorée si vous l'avez vue venir celle-là. Sans tricher, hein ! Ça ne compte pas si vous aviez vu, du coin de l'œil, le titre de la section suivante.

206

La Grande Question de la Pilsener. Plus ça va, moins grandes sont les grandes questions... C'est que vous commencez à en savoir pas mal... À ce point, les gens finissent invariablement par demander si Pilsener et Lager sont synonymes. À moins de venir tout juste d'ouvrir le livre au hasard, vous savez déjà fort bien que les Lagers forment une grande famille de bières, dont la Pilsener n'est qu'*un* des nombreux membres.

« D'accord », direz-vous. « La Pils est un *style* de Lager. Mais encore, qu'a-t-elle donc de si particulier ? Qu'est-ce qui distingue ce style ? » Ça, c'est la *deuxième* question qu'on me pose toujours. Je suis fier, lecteurs adorés, que vous puissiez ainsi passer directement à la deuxième. Quel chemin parcouru ! Ce n'est pas rien. Vous devriez vous en féliciter en prenant une bonne gorgée de bière. Ahhhhh !..

Si vous êtes à boire une Pils, vous aurez remarqué sa couleur dorée, la finesse de son malt très légèrement sucré, une parfaite gazéification [121] et l'absence de sous-produits de fermentation [84].

Au-delà, le trait le plus distinctif de la Pilsener est sans aucun doute son *houblonnage* [32], qui se démarque par sa qualité *et* son intensité.

Commençons par la qualité : ces coquins de Tchèques sont diablement chanceux ; en plus d'une excellente orge [205], ils possèdent localement une variété de houblon noble qui se classe parmi les meilleures au monde, le Zatec rouge, mieux connu sous l'appellation *Saaz*. C'est un houblon particulièrement délicat, faible en résines amères, mais débordant d'huiles essentielles d'un parfum sans égal [35]. Ce n'est pas pour rien que pendant des siècles, les grands-ducs tchèques ont chéri et protégé ce trésor national, au point d'interdire l'exportation de ses fleurs. Pire encore, ceux qui étaient pris à faire la contrebande de boutures de la plante étaient passibles de la peine de mort ! Heureusement, ce n'est plus le cas aujourd'hui. Le Saaz du terroir tchèque demeure le plus recherché, mais les brasseurs d'ici peuvent toujours se rabattre sur le Saaz américain, un peu moins fin mais plus abordable.

Pour ce qui est de l'intensité, ce n'est pas compliqué : on en met une *tonne* de Saaz, dans la Pilsener ! Au figuré, bien sûr, puisque si vous vous souvenez bien, le houblon n'est qu'un *aromate* [32]. Même dans un cas extrême comme la Pils, les quantités restent petites, en fait de 4 à 5 *grammes* de Saaz par *litre* de moût dans la cuve d'ébullition. C'est peu en chiffres absolus, mais énorme comparativement aux nombreuses bières fabriquées avec environ 1 gramme par litre !

Le résultat est une bière avec un bouquet intense, mais surtout avec beaucoup de flaveur de houblon. Attention ! Je parle de *flaveur* [36], pas d'amertume. Il y en a de l'amertume dans la Pils, mais elle n'est pas dominante de la même façon que dans une Pale Ale [189]. C'est vraiment la saveur particulière des huiles essentielles du houblon qui est la signature spécifique de la Pilsener.

En Amérique du Nord, la culture du houblon est surtout pratiquée en Oregon. Au Canada, il fut un temps où les houblonnières étaient nombreuses dans la vallée de la rivière Fraser, en Colombie-Britannique, mais la deuxième moitié du XXe siècle a vu l'industrie se concentrer dans l'ouest des États-Unis.

207

Le secret est dans le robinet. Il est relativement difficile de mettre une « tonne » de houblon dans une bière sans qu'elle ne devienne très amère. Pour extraire l'amertume des résines du houblon, il est préférable de les faire bouillir longtemps [35] ; plus le temps de contact est court, plus petit est le *taux d'extraction*.

Cependant, ce taux n'est jamais *nul*. Si on ne fait bouillir le houblon que quelques minutes pour en extraire uniquement les huiles essentielles, le taux d'extraction des acides alphas sera très faible ; malgré tout, si la quantité de houblon utilisée est très grande, on peut finir avec une amertume notable. Alors pourquoi la Pilsener peut-elle être aussi savoureuse et aromatique sans être trop amère ? La réponse est, encore et toujours, dans la composition chimique de l'eau.

Ce n'est pas le taux d'extraction des acides alphas qui est affecté par la composition de l'eau, mais la *perception* finale de l'amertume. En règle générale, *plus l'eau est dure, plus la bière est amère.* C'est la présence de carbonates [175], de chlorures et de magnésium [193] qui accentue l'amertume. Même les sulfates ne sont pas propices au brassage de la Pilsener ; bien qu'ils soulignent l'amertume de manière *agréable* [192], ils la soulignent tout de même.

Bref, devinez où se trouve une des eaux de brassage les plus *douces* au monde, tant sur le plan de la dureté permanente que temporaire ? À Plzeň, *of course* ! Ils ont une eau exceptionnelle, encore plus douce qu'à Montréal [195] ; ils peuvent ainsi bourrer leur bière de houblon sans qu'elle soit trop amère.

L'absence des carbonates qui nuisent à l'acidification de la maische [176] s'avère une bonne nouvelle pour qui veut brasser avec des malts très pâles [177]. Par contre, l'eau de Plzeň est également très faible en calcium, ce qui en fait un promoteur d'acidification. Afin d'obtenir un bon *p*H dans la maische, la solution traditionnelle des brasseurs tchèques est une méthode d'empâtage [21] très longue et laborieuse. Cette technique se nomme empâtage par décoction [44]. Bien qu'il fût un temps où la décoction était l'apanage du brassage continental, il n'est plus aussi populaire aujourd'hui.

Récapitulons ! Les Tchèques possèdent un malt supérieur [205], un houblon noble hors pair [206] et une eau remarquable. Est-ce étonnant qu'ils soient en lice avec les Bavarois [202] pour le championnat mondial de la consommation de bière *per capita* ?

208

Spectrophotomètre *vs* papilles gustatives. Il y a des centaines de sujets que je n'aborde pas. Le but ici, c'est de vous aider à *vraiment* bien comprendre la bière, pas de vous transformer en maîtres brasseurs ! Par exemple, je ne vous aurais pas parlé des *IBU* que vous ne vous en seriez pas plus mal portés. Mais voilà que de plus en plus de microbrasseurs ont la brillante idée de mentionner ces trois lettres sur leurs caisses… Ils me forcent la main, pour ainsi dire.

IBU est un acronyme pour *International Bitterness Unit* (on écrit parfois seulement BU). Ces « unités d'amertume » sont une façon *objective* de mesurer l'amertume dans la bière ; *un* IBU correspond à 1 milligramme d'acides alphas [35] dissout dans 1 litre de bière (1 mg/1 L).

Le hic, c'est que les IBU ne racontent pas toute l'histoire. Vous le savez déjà : il y a une différence entre la présence objective d'une substance et sa perception subjective. Dans le cas de l'amertume, la perception n'est pas seulement influencée par la composition de l'eau [207], mais aussi par d'autres facteurs comme le *corps* [70] : plus une bière est dense, plus l'amertume sera *masquée*, et plus la bière est mince, plus l'amertume sera mise en valeur. Exactement l'inverse du rapport entre densité et *sucrosité*. La perception du sucre, souvenez-vous, est *favorisée* par le corps [76].

Je parle ici de l'action des dextrines, qui donnent de la rondeur [69] sans goûter grand-chose. Si en plus de la texture, la bière a un *goût* sucré [76], la relation avec l'amertume en sera une d'*équilibre*. Dans un cas comme celui-là, on ne dira pas que le sucre masque l'amertume, mais qu'il l'*harmonise*. Si on enlève le goût sucré, l'amertume prend plus de place. L'amertume s'harmonise également bien avec l'astringence des malts torréfiés, si bien qu'une bière très foncée peut être également très houblonnée sans toutefois que l'amertume prenne trop de place.

Tout ça pour dire que *sur papier*, comme disent les amateurs de sport [71], une bière peut avoir plus d'unités d'amertume, mais néanmoins goûter *moins* amer qu'une bière ayant une plus petite quantité d'acides alphas dissouts. En conclusion, le nombre d'IBU est un *indicateur* objectif de l'amertume d'une bière, mais en dernière analyse, c'est le verdict de vos papilles gustatives qui importe.

Les brasseurs qui indiquent le nombre d'IBU sur leurs caisses de bière ont un objectif fort louable, mais le consommateur doit savoir que son expérience de l'amertume sera nuancée par les autres caractéristiques de la bière. Faudrait-il inventer une échelle d'amertume du point de vue de cette expérience subjective ? Si seulement il y avait une façon de représenter visuellement l'amertume, comme les pictogrammes de piments pour les plats épicés dans les restaurants asiatiques… Des cocottes de houblon peut-être ?

209

Le quart-arrière-goût. Tant qu'à plancher sur le sujet de l'amertume, vidons la question de la *Dry*. Je vous ai déjà expliqué que cette bière a la particularité d'avoir un goût sec, du fait qu'elle ne présente à peu près pas de sucres résiduels [77]. Cependant, ce n'est pas avec la minceur de leur produit que les brasseurs de *Dry* se pètent les bretelles[25]. Que vantent leurs publicités ? L'*absence d'arrière-goût*.

On comprend intuitivement que cet arrière-goût n'est pas une bonne chose, puisque son absence est célébrée. De quel goût s'agit-il au juste ? De l'amertume, évidemment. C'est *littéralement* un arrière-goût, en ce sens que la perception ou sensation d'amertume arrive en dernier. C'est la note finale dans une symphonie gustative. (À l'inverse, on pourrait dire du sucre qu'il est un *avant*-goût!)

Est-il juste de suggérer que l'amertume est une chose désagréable ? Après tout, ne dit-on pas d'une mauvaise expérience qu'elle « laisse un goût amer » ? Oh, la vilaine expression!... Toutefois, il y a un peu de vérité dans tout ça. Pour la majorité des gens, l'amertume un goût acquis (*acquired taste*), un goût qui s'acquiert par la répétition de l'expérience. Les enfants n'aiment généralement pas l'amertume. Est-ce pour décourager les jeunes d'en boire qu'on met du houblon dans la bière ?... C'est une blague, bien sûr, puisqu'on vient de voir que l'amertume a l'importante fonction d'harmoniser les saveurs. Sans le houblon, la bière a un goût légèrement sucré, et savez-vous quoi ?... le sucre peut également être quelque chose de négatif. Si, si. Une boisson sucrée, ça tombe parfois sur le cœur[27], oui, oui, et ça écœure plus rapidement certaines personnes que d'autres... [80].

J'insiste sur ce point parce que c'est une dynamique élémentaire dans le goût de la bière : l'amertume est ajoutée pour équilibrer le goût de sucre, *exactement de la même façon que dans le café, le sucre est ajouté pour équilibrer l'amertume*. Dans les deux cas, la buvabilité s'en trouve augmentée. Évidemment, il y aura toujours des amateurs de café noir, mais la *majorité* des gens préfèrent une touche de sucre dans leur café et un peu d'amertume dans leur bière.

Et la *Dry* dans tout ça ? C'est simple : puisqu'elle n'est pas sucrée, elle n'a pas « besoin » d'être équilibrée par l'amertume. Ce n'est pas une prouesse technique si la Dry n'a pas d'arrière-goût ; sa vraie particularité, c'est de ne pas avoir d'avant-goût !

210

Une vie de bohème. Si la Märzen-Oktoberfest fut un succès instantané [201], on peut dire que l'arrivée de la Pilsener [205] a eu l'effet d'une *bombe*. C'est sur la planète entière que la vague a déferlé, mais non sans s'adapter au relief des différentes régions. Après tout, les goûts des consommateurs ne sont pas les seuls à varier d'un endroit à un autre ; il en va de même pour les ressources, les installations et les matières premières des brasseurs [183]. C'est ainsi que différentes variations sur le thème de la Pils sont graduellement apparues [figure 4.8].

C'est d'abord en Europe que chaque pays a développé son interprétation du

---

27. Trop, au point de donner la nausée ; se dit d'un plat trop gras ou trop sucré, etc.

style. En Allemagne, bien sûr (Becks, Warsteiner, Bittburger et cie), mais aussi en Hollande (Heineken, Grolsch), au Danemark (Carlsberg, Tuborg), en Belgique (Stella Artois, Jupiler), et bien d'autres. La liste est longue. Les étiquettes de ces bières n'arboreront pas toujours l'appellation Pilsener, mais le lien de parenté est indubitable.

Certaines bières ne sont pas tant des adaptations que des *réponses* à la Pils. Elles sont assez différentes pour avoir leur propre appellation, mais demeurent néanmoins des descendantes directes. Pensons à la Dortmunder Export [103], mais aussi, et surtout, à la *Helles*.

Apparue en 1894, la Helles constituait la réplique des brasseurs munichois à la populaire Pilsener. En allemand, « Helles » veut dire *pâle*, clair, voire lumineux. Elle est d'ailleurs encore plus pâle que la Pils tchèque traditionnelle, mais aussi beaucoup moins aromatique. Avec son goût subtil, la Helles est aux Bavarois ce que la Ordinary Bitter est aux Anglais : une bière faite pour être consommée en grande quantité ! C'est grâce à cette extrême buvabilité [121] que la Helles a remplacé la Märzen comme Lager de prédilection pendant l'Oktobertfest [187].

Au fond, ce qu'on appelle la « Lager nord-américaine standard » est une interprétation industrielle de la Helles bavaroise. Entre la petite blonde américaine et l'authentique Pils s'étend tout un spectre de Lagers plus ou moins pâles, plus ou moins maltées, plus ou moins houblonnées. La Dortmunder serait vraisemblablement en plein milieu de cette échelle. Chose certaine, il n'est pas toujours facile de départager la Pils de ses innombrables descendantes.

211

Plzeňský Prazdroj. Dès le début, les brasseurs *non* tchèques se sont approprié l'appellation « Pilsener ». Le mot a donc rapidement perdu son sens littéral [205] pour devenir un diminutif de « dans le *style* de la Pilsener ». Est-ce la fierté des brasseurs de Plzeňský Prazdroj qui les a empêchés de se plaindre ? Faut croire qu'ils étaient bien contents de voir le nom de leur ville faire le tour du monde.

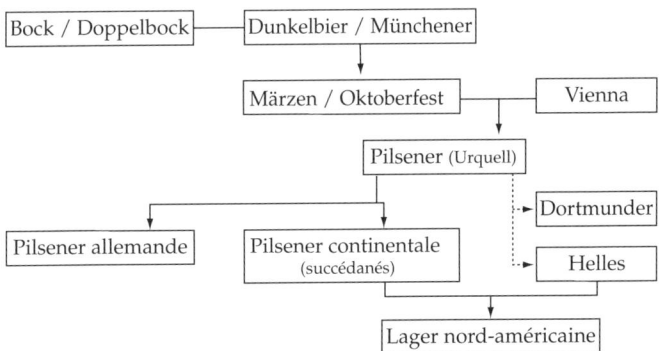

FIGURE 4.8 Dynastie des Lagers européennes. Portrait d'une famille continentale, la dernière génération ayant émigré…

Les brasseurs d'une autre ville tchèque, České Budějovice, n'ont pas réagi de la même façon quand une brasserie américaine a usurpé le nom de leur bière. En allemand, «České Budějovice» se dit *Budweiss*…

Pour abréger, le litige commercial dont l'enjeu est l'utilisation de la marque *Budweiser* dure depuis le XIXe siècle! Vous ne serez pas surpris d'apprendre que les cailloux juridiques du David tchèque n'ont pas réussi à faire tomber le Goliath qu'est la brasserie Anheuser-Busch [85]. Le géant a tout de même dû plier l'échine un peu.

Selon la plus récente entente, les Américains peuvent commercialiser leur Lager vedette sous l'appellation Budweiser partout sur la planète, *sauf* en Europe où leur bière phare [93] est plutôt identifiée par son sympathique diminutif *Bud*, ou Anheuser-Busch B, là où les tribunaux ont décrété que même Bud se rapproche trop de Budweiser (Allemagne, Autriche, Suisse). Dans les Vieux Pays, le nom Budweiser est réservé à la bière de České Budějovice, tandis qu'à l'extérieur de l'Europe cette dernière s'appelle *Budvar, Czechvar* aux États-Unis et au Canada.

Et la vraie de vraie Pilsener? Comment la reconnaître entre toutes? Partout sur la Terre, la bière de Plzeň est étiquetée *Pilsener Urquell,* ce qui se traduit de l'allemand par «la Pilsener de la source originale». Dans la langue tchèque, cette même expression se traduit par *Plzeňský Prazdroj.* Voilà donc le véritable nom de cette belle et grande bière.

212

Le *Easy-to-drink-six-pack.* Quand un grand nombre des éternels récalcitrants de Grande-Bretagne ont finalement troqué leur grosse pinte de Bitter contre une flûte de blondinette, ce qui est arrivé assez tard au XXe siècle [151], il est apparu incontestable que la «Révolution de la Lager» [203] avait complètement réussi.

Nous pourrions discuter longuement – préférablement autour d'une bonne bière! – des causes de ce succès retentissant. Je me contenterai de dire que les humains étant des êtres foncièrement grégaires, la majorité de ces occasions de boire de la bière sont *sociales*: épluchette de blé d'Inde[28], joutes sportives ou invitation à une discussion sur le couronnement de la Lager blonde…

Quand on passe beaucoup de temps ensemble, la buvabilité d'une bière [121] sera une qualité très appréciée et recherchée. De prime abord, la bière permet de socialiser plus longtemps à cause de son faible taux d'alcool. Avec une bière de dégustation, forte en alcool, on arrête de boire bien avant que la conversation soit terminée! Une bière légère qui se boit bien est sûre de connaître beaucoup plus de succès.

C'est pour cette raison que les grandes brasseries industrielles effectuent le test suivant avec leurs bières: un panel de consommateurs est rassemblé autour d'une table et chacun des participants reçoit une caisse de six bouteilles.

---

28. Repas festif en plein air où les convives sont invités à éplucher des épis de maïs doux et à les manger bouillis.

Chaque malheureux cobaye doit boire *toute* sa caisse – tranquillement, tout en jasant[16] – en prenant soin de noter au fur et à mesure son appréciation de chacune des six bières. Si la dernière bouteille est jugée tout aussi bonne que la première, alors cette bière se voit officiellement attribuer le titre de *easy-to-drink-six-pack*, c'est-à-dire « caisse-de-six-facile-à-boire ». Histoire vraie. Je vous jure.

L'expression est par trop technique (sic !) pour séduire le commun des mortels, alors les publicitaires préféreront employer des slogans qui expriment exactement la même chose : « une bière qui descend bien » ou, pour les plus vieux d'entre-vous, « moins bourrative au goût »…

213

Ersatz *et al.* La tendance historique à vouloir pâlir la bière autant que possible – et par le fait même à en augmenter la buvabilité – ne s'est pas arrêtée avec la première Pils. D'ailleurs, si vous avez l'excellente idée de vous acheter une Pilsener Urquell [211], vous remarquerez que sa blondeur est plutôt foncée (si je peux m'exprimer ainsi). En ce qui me concerne, il est tout à fait à propos que cette bière ait la couleur de l'*or*…

Avec le malt, il est possible d'éclaircir la bière un peu plus, mais pour obtenir un blond encore plus pâle que la *paille* et un goût encore plus fin, il devient nécessaire de changer les règles du jeu. C'est ainsi qu'entrent en scène les *succédanés*, qu'on définit ici de façon concise : *n'importe quelle source de sucre autre que le malt.*

Attention ! Les succédanés ne sont pas des sucres *résiduels* laissés par le brassage dans le produit fini [69]. Ils servent à sucrer le *moût*, pas la bière [5].

Ils entrent donc dans la composition de l'*extrait original*, c'est-à-dire la quantité totale de sucre présente dans le brassin au complet *avant* la fermentation et qui sera presque entièrement transformée en alcool. L'extrait original diffère de la densité de départ [71], qui est le taux de sucre par volume ; par exemple, pour 100 litres d'un moût dont la densité de départ est de 0,12 kilo par litre (kg/L), on a un extrait original de 12 kilos de sucre (100 x 0,12 kg).

Parmi les nombreux succédanés, certains sont carrément des sucres [78], mais beaucoup d'autres sont en réalité des sources d'amidon, ce qui revient presque au même, à la différence près que l'amidon doit être digéré, le collier de perles doit être découpé [10].

Pour le moment, concentrons-nous sur les succédanés d'amidon. Ces succédanés peuvent être intégrés aux recettes pour différentes raisons. Ils peuvent, par exemple, contribuer au *corps* ; c'est le cas de l'avoine qu'on utilise souvent dans les Stouts à cause de sa texture soyeuse. Ils servent aussi parfois à donner un *goût* particulier : c'est le cas du *seigle* et du *sarrasin* [figure 4.9].

Enfin, pour en revenir à la fameuse question de la *couleur*, il faut savoir que les succédanés ont rapidement été utilisés pour pâlir les Lagers blondes, notamment le *maïs* et le *riz* [figure 4.10, p. 190]. Des deux, le maïs est le plus communément utilisé, mais le riz se voit accorder la distinction de figurer dans la recette de la Budweiser.

FIGURE 4.9 Bière sans gluten. Pas surprenant que les Brasseurs Sans Gluten de Montréal utilisent le sarrasin dans plusieurs de leurs bières, notamment la Ale rousse et la Pale Ale américaine représentées ici. Malgré son surnom de «blé noir», le sarrasin n'est pas une céréale et ne renferme pas de gluten. Le sarrasin ne fait pas partie de la famille des poacées (ou graminées), mais de celle des polygonacées. En conséquence, il s'apparente davantage à la rhubarbe – si, si! – qu'au blé!

Outre leur extrême pâleur, le maïs et le riz présentent un avantage supplémentaire pour les bières industrielles : ils apportent peu ou pas de saveur [212].

Leur teneur en protéines est également très faible, ce qui est à la fois une qualité et un défaut. Cela augmente la stabilité colloïdale du produit [106], mais en revanche, cela nuit à une bonne tenue de mousse [158]. Ce qui est indéniablement un défaut, c'est qu'ils sont tous deux difficiles à malter. Voilà pourquoi ces deux succédanés sont rarement disponibles sous cette forme. Tel qu'on les utilise en brasserie – à l'état brut, non malté –, le maïs et le riz ne possèdent donc pas d'enzymes amylases pour convertir leur amidon en sucre [15]. Problème.

Comment faire pour pré-digérer le maïs et le riz en préparation du travail des levures [12]? Répondre à cette question, c'est répondre à une Grande Question, une question qui vous taraboustre peut-être depuis le début, lecteur de plus en plus averti. Après tout, il est grand temps de se demander...

214

Pourquoi l'orge, au juste ? Tout au début [7], j'ai suggéré au passage que d'autres céréales que l'orge pouvaient être utilisées pour fabriquer la bière, quoique l'orge soit la norme. Je ne vous ai pas laissé le temps de vous demander : pourquoi pas un moût de seigle ou d'avoine ? Pourquoi l'orge s'est-elle imposée ? Il y a bien son taux de protéines relativement adéquat pour une bonne tenue de mousse [158] et sa faible teneur en lipides [159]. Mais il y a d'autres raisons.

D'abord, il y a le goût ; le touraillage du malt d'orge, même lorsqu'on réalise un malt très pâle [179], lui confère une saveur fine et agréable, qui rappelle un peu la noisette. Mine de rien, c'est un facteur assez important. Ensuite il y a ses glumelles ; grâce à cette couche protectrice mince, mais résistante [9], il est facile de malter et manipuler l'orge sans trop l'endommager [17]. De plus, la manière qu'a cette carapace de former de belles coquilles vides quand on concasse le malt d'orge est *essentielle* à la conduite du soutirage dans la cuve-filtre [25].

Enfin – et c'est l'importante caractéristique dans laquelle réside aussi la solution au problème des succédanés d'amidon [213] –, lorsqu'elle est maltée, l'orge développe un très grand *pouvoir diastatique*, c'est-à-dire qu'elle produit *beaucoup* d'enzymes amylases (diastase et amylase sont en pratique synonymes). Le pouvoir diastatique permet donc de mesurer *la capacité d'un malt à convertir l'amidon en sucre* [13].

L'immense pouvoir diastatique de l'orge explique un peu pourquoi il était historiquement possible de le maltraiter à la fin du maltage, en le soumettant à des températures de touraillage un peu excessives. Si une fraction des enzymes amylases était détruite en produisant un malt brun [180], ou même un malt ambré [187], il en restait quand même suffisamment pour opérer la conversion de l'amidon en sucre dans la cuve d'empâtage [21]. Par un heureux hasard, une partie de l'amidon était également détruite à des températures élevées [185]. Il restait moins d'enzymes dans le malt brun, mais aussi moins d'amidon à convertir...

Dans un malt *pâle* touraillé en douceur [205], presque *tout* le pouvoir diastatique de l'orge est préservé. Le malt contient alors *plus d'enzymes amylases que ce qui est nécessaire pour ses propres besoins*. Le malt d'orge pâle a donc tellement de pouvoir diastatique qu'il est capable de convertir, en plus de son propre amidon, celui des succédanés !

215

Le *Grain bill.* Je cache bien mal ma grande anglophilie. Je m'efforce néanmoins de trouver le mot français juste. Ce n'est pas toujours facile dans une industrie qui compte les Anglais et les Allemands parmi ses plus grands pionniers. Pas besoin d'être humoriste ou d'avoir lu Heidegger pour savoir que la traduction est parfois impossible.

Le mot *bill* est un bon exemple. Il peut se traduire par « billet ». À l'évidence, il y a un lien de parenté entre les deux mots : *bill* et billet sont tous les deux utilisés dans le sens de billet de banque et de court texte, comme le billet doux ; en anglais, ce sera aussi un projet de loi, ou une addition, ou encore une affiche publicitaire (*billboard*). Dans les sens d'addition et d'affiche, on comprend qu'il s'agit d'une *liste*. Pour un brassin donné [47], la liste des sources d'amidon qui forment le gruau de la cuve d'empâtage [21] forme ce que l'on appelle le *grain bill*, ou *malt bill*. Pour être parfaitement clair, il nous faudrait traduire *grain bill* par « liste des céréales empâtées », mais c'est lourd. Retenons simplement « céréales empâtées ».

Cette notion toute céréalière est particulièrement importante par rapport à la conversion de l'amidon provenant des succédanés qui ne produisent pas leurs propres enzymes [213]. Autrement dit, si le pouvoir diastatique du malt d'orge est grand, il n'est pas infini. *Il y a donc une limite à la quantité de maïs ou de riz qui peut être ajoutée à un brassin*, et cette limite se situe à environ 50 % de l'ensemble des céréales empâtées. Inversement, un brassin doit contenir au moins 50 % de malt pâle pour que les enzymes amylases de ce dernier soient assez forts pour se charger de la conversion de l'amidon des succédanés.

Précisons qu'il existe des types de malt pâle ayant un si grand pouvoir diastatique qu'il serait, en théorie, possible d'aller au-delà de 50 % de maïs ou de riz. Il s'agit de malts fabriqués à partir d'orge à six rangs au lieu de l'orge à deux rangs habituellement utilisé.

Qu'est-ce que cette histoire de sortes d'orge ?! Euh… je le répète, il y a des centaines de sujets que je ne crois pas nécessaire d'aborder, et la différence entre l'orge à deux et à six rangs et leurs vertus respectives en est un. Je me suis concentré sur les glucides et les amylases pour mieux vous préparer à comprendre la fermentation, et j'ai passé sous silence les variétés d'orge, les degrés de modification pendant le maltage [17] et la conversion protéolytique pendant l'empâtage – toutes ces choses ayant un impact sur le pouvoir diastatique du malt. Allez, ça ne vous empêchera pas de dormir…

En pratique, il ne serait pas rentable d'aller au-delà du 50 % de succédanés, et ce pour deux raisons. D'abord, plus il y en a, plus longue et difficile est la conversion dans la cuve d'empâtage [21]. Ensuite, le riz et le maïs n'ayant pas d'écorce, le soutirage du moût devient de plus en plus difficile, ce qui allonge le séjour dans la cuve-filtre [25].

Pour éviter de telles pertes de productivité, le pourcentage *optimal* de succédanés d'amidon dans les céréales empâtées est d'environ 30 à 40 %. *C'est dans ces proportions que le maïs et le riz ont longtemps été utilisés*, notamment pour fabriquer les « petites blondes nord-américaines » [210], qu'elles soient Ales ou Lagers.

216

Pourquoi pas le blé ? Avant de poursuivre cette histoire de succédanés d'amidon, il faudrait bien parler un peu du blé. Beaucoup de gens connaissent les bières de blé, les fameuses *Blanches*, et je ne doute pas que certains parmi vous avaient relevé cette omission suspecte [214].

Puisque le blé *peut* être malté [17], qu'il *a* un pouvoir diastatique adéquat [214], que sa saveur est *excellente* – encore meilleure que celle de l'orge au goût de certains avec son petit côté acidulé presque fruité –, et puisque nous en cultivons déjà pour d'autres fins, pourquoi diantre se donner le trouble de cultiver l'orge ? Pourquoi *toutes* les bières ne sont-elles pas faites de blé ?

Soulignons d'abord que par le passé, on voyait d'un mauvais œil que le pain et la bière soient en compétition pour l'approvisionnement en blé. Certains souverains et législateurs y voyaient une situation potentiellement dangereuse. Imaginez qu'une année donnée, la récolte soit mauvaise ; *qui* aurait priorité du brasseur ou du boulanger ?

Heureusement, un Petit Fait Capital, concernant le blé, nous évite d'être confrontés à cet épineux dilemme : bien que le blé possède également des glumelles protectrices [9], elles se détachent du grain beaucoup plus facilement que celles de l'orge, si facilement que la moissonneuse-batteuse les élimine dès la récolte, et le grain de blé est nu comme un ver ! En l'absence de coquilles, impossible de former un lit perméable dans la cuve-filtre [25].

C'est la raison pour laquelle ce qui est désigné « bière de blé » ne l'est jamais à 100 %. Certaines bières dites de blé peuvent même avoir été fabriquées avec aussi peu que 30 % de blé. Comme dans le cas du maïs et du riz, le blé ne doit pas excéder les 70 % des céréales empâtées pour que le brasseur puisse soutirer le moût. Le reste du brassin *doit* être composé de malt d'orge, afin que ses excellentes enveloppes puissent compenser pour l'absence de celles du blé. Au-delà de 70 % de blé, les glumelles de l'orge ne suffisent plus à garantir la perméabilité de la maische.

Au fond, cette histoire d'enveloppes fait que l'orge et le blé ont leur spécialité. Plusieurs couches protectrices, c'est bon pour la bière, mais pas pour le pain, et inversement. Pas de chicane[29] donc entre le brasseur et le boulanger. Encore une fois : « Hé ! que la Nature est ben faite ! ».

217

La Grande Question de la Blanche. Tous ceux qui ont remarqué que la Pale Ale n'est pas pâle [187] ont probablement également observé que la Blanche n'est pas blanche. Qu'en est-il ? La couleur du blé est à peu près la même que celle de l'orge. Ce qu'il y a de particulier avec la bière de blé, c'est sa *turbidité*, et c'est cette turbidité qui donne une *impression* de blancheur. C'est tout.

En fait, non, ce n'est pas tout ! Il reste à savoir pourquoi la bière de blé est trouble… Simplement, parce que la grande majorité des Blanches sont des bières sur lie [115]. C'est donc la présence de levures qui donne un voile à la bière. C'est tout.

En fait, non, ce n'est pas tout ! Il reste à savoir pourquoi les Blanches ne sont pas filtrées… C'est très simple : le blé a une *teneur en protéines* très élevée [158], ce qui fait qu'il est quasiment impossible d'obtenir une bière parfaitement limpide. À coup sûr, les bières de blé présenteront au moins un trouble à froid [106]. Puisque les Blanches se prédestinent à être troubles, pourquoi se donner le *trouble*[30] d'enlever la levure ? D'autant plus que les bières de blé étant à leur meilleur quand elles sont *très* fraîches [191], peu de temps sera alloué à la maturation, donc à la sédimentation de la levure [55]. C'est donc un peu par la force des choses que la majorité des Blanches ne sont pas filtrées.

Pour terminer, précisons que certaines sources prétendent que le nom

---

29. Querelle, affrontement.
30. Faire l'effort de, se donner la peine de faire quelque chose.

«Blanche» a été donné à une époque où la bière était foncée, en particulier en Bavière. Sans doute une autre histoire de relativité, comme dans le cas de la Pale Ale [187]. Que ce soit vrai ou non, je persiste à dire que la filtration y est pour quelque chose : une blonde non filtrée a l'air plus blanche qu'une blonde brillante [105].

218

Vite ! Une Wit ! Pour en finir avec les Blanches, il reste maintenant à distinguer entre deux grandes traditions mondiales : les *Wit* flamandes et les *Weisse* allemandes, les deux mots signifiant «Blanche». Quelle est la différence ?

D'abord il y a le blé. Les Allemands utilisent exclusivement du blé *malté* [17], tandis que les Belges mettent généralement dans leurs céréales empâtées un pourcentage de blé cru, c'est-à-dire non malté. Ça fait une petite différence de goût.

Ensuite il y a les épices. Les Wit en ont souvent, mais on a tort de penser que c'est essentiel au style. Historiquement, plusieurs Blanches flamandes n'étaient *pas* aromatisées. Les gens l'ignorent parce que les bières de blé belges ont presque toutes disparu au terme de la «Révolution de la Lager» [203]. C'est un certain Pierre Celis, de la célèbre brasserie Hoegaarden, qui a fait revivre la Blanche dans les années 1960. Or, Celis a choisi d'y mettre de la graine de *coriandre* et de l'écorce de *curaçao* (orange amère). Tellement de brasseurs lui ont emboîté le pas dans les décennies suivantes qu'on en est venus à associer, un peu arbitrairement, ces deux aromates aux Wits.

Ironiquement, c'est ce même Pierre Celis qui a un jour félicité Jérôme C. Denys de n'avoir mis *aucune* épice dans sa *Cheval Blanc*, tout en observant que cette grande Blanche montréalaise se rapproche des Wits d'antan, tout autant sinon davantage que la Hoegaarden le fait. (Notez cependant que la Cheval Blanc a un parfum de houblon assez prononcé, ce qui est très inhabituel pour le style.)

Pour moi, toutes les Blanches sont au moins *bonnes* (Vous vous souvenez ? Il y a les bonnes, les meilleures et les...). J'aime bien les Blanches particulièrement aromatisées, telle la Blanche de Boréale qui, avec des saveurs prononcées d'agrumes et de gingembre, se marie parfaitement à la cuisine orientale. Il n'en demeure pas moins que la Cheval Blanc est pour moi la meilleure : il est simple et élégant de laisser toute la place à l'agréable saveur du blé [216].

Allez ! Dépêchez-vous d'aller en chercher une au marché ! Et en la dégustant, ayez donc une petite pensée pour le brasseur qui, pour votre agrément, a transporté une demi-tonne de blé ! [48]

219

Une Weisse ! Ça presse ! En Allemagne, toutes les Blanches ne sont pas blanches [217]. C'est pourquoi, outre l'appellation *Weissbier* [205], les Allemands utilisent *Wiezen* (blé). La *Hefeweizen* (levure et blé) est une blanche non filtrée ;

une *Dunkelweizen* est une bière de blé foncée [177], la *Wiezenbock* est la version forte [77], et pour finir, la *Kristalweizen* est une bière de blé filtrée.

Je passe ici sous silence la Berliner Weisse [135] qui, en Allemagne, est un sous-style aussi local que distinctif. La fermentation lactique fait de la Berliner une bière tellement différente des autres Weisse qu'on peine à les mettre sous la même rubrique [figure 4.11, p. 223].

À l'exception de la Berliner Weisse, les bières de blé allemandes sont fabriquées avec la même *levure*. C'est une variété *très* particulière, et c'est peut-être la plus importante différence entre la Wit belge et la bière de blé allemande. Toutes deux sont fermentées à haute température par des levures Ales [83], mais la version allemande en utilise une variété assez distinctive pour avoir son propre nom : la *Saccharomyces delbrueckii* (aussi appelée *Torulsapora delbrueckii*). Cette levure a une signature très caractéristique, particulièrement forte en ester de banane [87] et aussi en *phénols*.

Vous ne serez pas surpris d'apprendre que les phénols sont de la même famille que les polyphénols [28]. Les *poly*phénols sont des grosses molécules, constituées d'un assemblage de nombreux composés phénoliques. Bien qu'apparentés, polyphénols et simples phénols ont des caractéristiques très différentes, tout comme l'amidon et le sucre qui sont pourtant intimement liés [10].

En faible concentration, les phénols passent à peu près inaperçus. On ne se doute donc pas que ces composés volatils sont au-delà d'une soixantaine dans la bière. Quand leur concentration est assez forte pour être remarquée, c'est généralement une bien mauvaise chose ; une bière dite *phénolique* présente habituellement des arômes médicinaux ou pharmaceutiques qui s'apparentent au chloroforme. Ce défaut peut provenir de différentes sources, par exemple la présence d'hypochlorite dans l'eau de brassage [195].

La levure de Weizen, par contre, produit juste assez de certains phénols pour que le résultat soit plaisant. Les deux arômes les plus communément développés de cette façon sont la vanille et le clou de girofle. Pour quelqu'un qui aime les desserts, une bière douce, mi-sucrée mi-acide, avec des arômes de banane, de vanille et de girofle, c'est à n'en pas douter un nectar divin !

Si vous mettez la main sur quelques bouteilles, organisez-vous un petit *brunch bavarois*, le repas traditionnel du dimanche midi dans les environs de Munich : Hefeweizen, weissewurts (saucisses blanches, de veau) et bretzels (les *vrais*, les gros bretzels moelleux) [figure 4.12]. Croyez-moi : cela est Juste et tellement, *tellement* Bon !

220

L'âne et l'éléphant. C'est un peu cocasse de juxtaposer ainsi les brasseurs belges et allemands. Hormis la Blanche qu'ils ont en commun (dans une certaine mesure), ces deux traditions sont diamétralement opposées.

Souvenez-vous que dans le monde de la bière – comme dans toute autre sphère d'activité humaine – deux forces

fermentation excédentaire [83] ou la moindre contamination [134] ne pourra pas passer inaperçu. Une Ale bourrée d'aromates pardonnera beaucoup plus... Les plus cyniques vous diront que ce n'est pas un hasard si les brasseurs belges mettent souvent des épices dans leur bière, c'est pour en cacher les défauts. Ah! les vilaines langues de l'opposition!

221

FIGURE 4.12 **Brunch bavarois.** Un seul mot pour décrire ce mariage de charcuterie, bretzel et bière : Miam!

Le manger mou. Où en étions-nous avant cette grande parenthèse blanche? Ah oui! Dans le cadre de la « Révolution de la Lager » [203], les brasseurs ont commencé à inclure des succédanés [213] dans leurs céréales empâtées (surtout maïs et riz) dans des proportions respectant les limites du pouvoir diastatique du malt d'orge et la perméabilité de la maische [215].

Ils ont fait cela pour répondre à la demande du consommateur qui voulait une bière de plus en plus pâle et de plus en plus facile à boire [212]. Est-ce un hasard qu'il y ait eu également un avantage économique à remplacer une partie de l'orge par une céréale moins dispendieuse ? Mmmmh... Si c'est le cas, les gains financiers ont tôt fait de se muer en réel moteur du changement.

sont en constante opposition [90] : la coutume et la nouveauté, le statu quo et le changement, les conservateurs et les libéraux. Or, on peut dire que les Belges et les Allemands sont les deux extrêmes de ce spectre philosophico-politique. Alors que les Allemands incarnent parfaitement cet idéal brassicole de tradition, de rigueur et de minutie [46], les Belges ont la réputation d'être en brasserie comme au Congo : joviaux et sans façon, chemise au vent, rigolant en dévalant des chemins cahoteux au volant d'une Jeep rapiécée. (C'est peut-être une vision par trop romantique de la présence belge au Congo, mais au moins je la tiens d'un ami qui a réellement vécu l'expérience.)

Dans une Lager *propre*, pas de place à l'erreur ; le moindre sous-produit de

Si le riz et le maïs coûtent moins cher que le malt d'orge, leur utilisation nécessite quand même un certain investissement au niveau des infrastructures de la brasserie. En plus de nouveaux silos, il faut ajouter une importante pièce d'équipement dans la salle de brassage [19] : le *cuiseur à céréales*.

Le cuiseur à céréales ressemble beaucoup à la cuve d'empâtage [21], à côté de laquelle il est justement situé. La fonction du cuiseur à céréales est la *gélatinisation* de l'amidon des succédanés ; ce terme savant désigne un fait banal : le riz cru est dur, et devient mou quand il est cuit.

La gélatinisation est un préalable essentiel à la conversion de l'amidon en sucre, puisque les enzymes amylases sont incapables d'agir sur l'amidon avant qu'il soit gélatinisé.

La texture constitue également une importante différence entre le grain d'orge cru et le grain malté [18], mais bien que le malt soit *friable*, son amidon n'est pas réellement gélatinisé. Par contre, à cause des transformations qui se sont opérées pendant le maltage, en particulier au niveau de la matrice de protéine [17], l'amidon du malt d'orge se gélatinisera en quelques minutes dans un mélange d'eau à plus de 50 à 55 °C.

Pour obtenir le même résultat, le riz et le maïs sec doivent être cuits plus longtemps et à plus haute température, soit 65 à 80 °C.

Les succédanés crus ne peuvent pas être gélatinisés dans la cuve d'empâtage puisqu'à ces températures les enzymes du malt seraient dénaturées [17]. Ils doivent donc passer par le cuiseur à céréales *avant* d'être mélangés au reste de la maische principale. C'est ce qu'on appelle « une procédure d'empâtage à double maische ». Puisque le riz et le maïs ne représenteront jamais plus que la moitié des céréales empâtées [215], on devine que le cuiseur à céréales est une cuve sensiblement plus petite que la cuve d'empâtage.

222

Super succédané. L'été dernier, alors que Poule, Poussin et moi-même étions en Colombie-Britannique pour assister à un mariage, l'un des oncles de la mariée me racontait avoir lu un livre qui discutait longuement de l'industrie agroalimentaire du maïs : *Le Dilemme de l'omnivore*, de Michael Pollan. On n'a pas idée, disait-il, des innombrables modifications qu'on fait subir à notre fameux blé d'Inde, de l'incroyable nombre de ses produits dérivés qu'on utilise au quotidien, et pas seulement dans notre alimentation, bref, de la monumentale importance économique et politique de la culture du maïs et de l'industrie de sa transformation.

Dans l'univers de la bière, les développements de la technologie agroalimentaire du maïs, au cours du XXe siècle, ont effectivement eu un impact considérable. Comment ? Grâce à l'introduction d'un nouveau type de succédané [213], les *sirops de maïs à haute teneur en maltose*.

En effet, bien que la levure ait une prédilection pour les sucres simples [74], un moût trop riche en monosaccharides par suite de l'ajout du glucose ou du fructose [67] créerait chez elle un déséquilibre métabolique qui pourrait mener à une fermentation incomplète. C'est ce qu'on appelle l'*effet Crabtree*, et c'est pourquoi le brasseur a besoin d'un sucre riche en maltose, un disaccharide.

Manufacturés sur mesure pour l'industrie brassicole, les sirops de maïs à haute teneur en maltose offrent le profil glucidique [74] idéal pour l'activité de la levure. De plus, les fournisseurs de sirop de maïs peuvent, à la demande du brasseur, modifier le profil glucidique, notamment le pourcentage de dextrines non fermentescibles, selon que la bière à produire doit avoir beaucoup de corps ou non [69].

Le plus beau, c'est que non seulement le sirop de maïs coûte moins cher que le malt d'orge (surtout aux États-Unis, où le gouvernement subventionne la culture et la transformation du maïs), mais il peut être ajouté *directement dans la cuve d'ébullition* [32]. En contournant les problèmes liés à la conversion de l'amidon et à l'extraction du sucre – du cuiseur à céréales à la cuve filtre, en passant par la cuve d'empâtage [215, 221] – les coûts de production baissent en même temps qu'augmente la capacité totale de la salle de brassage. Badabim! Badabam! Badaboum!

Même si dans bien des brasseries le cuiseur à céréales est devenu une relique aussi inutile que difficile à démonter ou à revendre et même s'il est ainsi condamné à accumuler de la poussière, c'est un bien petit prix à payer comparé aux multiples avantages que présentent les sirops de maïs. En effet, ceux-ci ont permis aux brasseurs de dépasser les quantités de succédanés que leur manque d'écorce et de pouvoir enzymatique imposait [215], d'abaisser considérablement les coûts de production de la bière industrielle et de créer un tout nouveau segment de produits : la *bière économique* (*value beer*).

223

Le *punch*. Avant la venue des sirops modernes, il existait deux sortes de bières en ce qui a trait aux sources d'amidon : les *premiums*, brassées à 100 % malt, et les bières à succédanés (*adjunct beers*), brassées avec 20 à 40 % de maïs ou de riz [215]. Bien que les bières à succédanés furent d'abord des Pilseners, en particulier, et des Lagers blondes de manière plus générale [213], la pratique s'étendit rapidement à la plupart des Ales brassées à une échelle industrielle. La Molson Export en est un exemple parmi d'autres.

En un sens, les Ales et Lagers à succédanés étaient les bières économiques d'autrefois, mais l'arrivée du sucre de maïs a rendu possible l'utilisation de 50, voire 60 % de succédanés, et ce *sans perte aucune de productivité*. Les grandes brasseries allaient-elles baptiser ce nouveau segment « bières *encore plus* économiques » ? Autant de modestie eût été surprenant...

Les brasseurs industriels ont plutôt choisi de niveler toute leur nomenclature par le *haut*. En effet, après la naissance de la nouvelle bière économique, certains ont choisi de donner une promotion aux bières à 30 % de succédanés, en les affublant du titre de « premium ». Qu'est-il advenu des *anciennes* premiums brassées sans *aucun* succédané ? On leur a simplement inventé un titre encore davantage plus plus meilleur : les *super* premiums !

Je suis tellement habitué au mot *premium* que j'en oublie qu'il appartient à la langue anglaise. On pourrait le traduire par « qualité supérieure », mais c'est quelque peu boiteux, et ça le devient davantage quand vient le temps de traduire *super premium*... Qualité super supérieure ? Une expression aussi stupide aurait au moins l'avantage de souligner l'audace, sinon l'effronterie, des responsables du marketing des grandes brasseries. Néanmoins, je préfère m'en tenir à *premium* et *super premium*.

En passant, si les Wildcat et Lucky Lager de ce monde font partie des bières économiques, et si les Molson Export et Labatt Bleue sont des premiums, que serait un exemple de super premium provenant des mêmes brasseries ? La *John Labatt Classique* me vient tout de suite à l'esprit, mais il en existe très peu. Ce n'est pas surprenant ; souvenez-vous que les grandes brasseries industrielles sont prisonnières de leur image plébéienne. Elles préféreront *importer* leurs super premiums [128].

224

Umami! Il serait important de s'étendre un peu sur le fait que les succédanés (maïs ou riz, grain ou sirop) contribuent peu ou pas au *goût* de la bière. Même qu'ils *enlèvent* du goût, celui du malt dont ils prennent la place au sein de l'extrait original [213].

Une bière économique est moins *maltée* qu'une super premium, mais qu'est-ce que ça veut dire exactement ? Dans une bière plus foncée, les malts caramélisés, voire torréfiés, contribuent des flaveurs particulières, mais comparons des blondes avec des blondes : il s'agit ici du malt *pâle* [205].

Le malt pâle apporte un petit goût sucré, mais le profil glucidique du sirop de maïs *peut* le reproduire [222]. Y a-t-il autre chose ? Certainement, car au-delà du sucré, le malt a assurément un goût. C'est un goût discret et diffus, certes, un goût qui passe inaperçu, un décor qui s'efface derrière le sujet, la toile de fond... C'est ça ! Le malt blond a le goût du *fond*, et ce goût-là s'appelle... *Umami* ! (Difficile d'écrire ce mot sans point d'exclamation... Il appelle la tonalité.)

Je vous ai rapporté la vieille conception qu'il n'existe que quatre saveurs fondamentales : salé, sucré, aigre et amer [36]. (Ça m'aura au moins permis de trouver un bon titre à la section 209 : le *quart*-arrière-goût. Aviez-vous pigé ?) De nos jours, de plus en plus de gens en comptent cinq, et même parfois six, le dernier étant le *piquant*, une composante majeure des gastronomies orientales. Quant à la *cinquième* saveur – le mystérieux cinquième élément – c'est l'umami !

Umami est un mot japonais qui se traduit par *succulence* ou par le néologisme « *déliciosité* ». C'est donc un chercheur nippon qui, au début de XXe siècle, a postulé l'existence de cette saveur fondamentale. C'est plusieurs décennies plus tard que cette intuition fut empiriquement confirmée par la découverte que la bouche possède des récepteurs sensoriels dédiés à la perception du *glutamate*, un acide aminé. Vous souvenez-vous que les acides aminés sont les maillons qui forment les chaînes appelées *protéines ?* [13]. Vous conviendrez que du point de vue de la biologie évolutionnaire, il n'y a rien de surprenant à ce que nous ayons développé la capacité de goûter les protéines... [68].

On trouve donc des niveaux élevés d'umami (je vais tenter de me contrôler dans l'usage des points d'exclamation...) dans la viande, les fruits de mer, les algues, le fromage, les champignons, les légumineuses et même les tomates. On ne saura manquer cette saveur dans les préparations où le goût est littéralement *concentré*, comme dans les différentes sauces au poisson asiatiques ou encore les bouillons de viande. Ce n'est pas un hasard si on parle souvent de « fond » de veau, de « fond » de volaille, etc. L'umami, c'est le goût du *fond*.

Bien honnêtement, je donne dans la spéculation en déclarant que l'umami est un facteur dans la différence de saveur entre une blonde 100 % malt et une bière économique. Il est vrai qu'à l'origine, le glutamate a été isolé à partir du gluten de blé (en 1866, par un chimiste *allemand*, évidemment [193]), mais selon l'*Umami Information Center* de New York (si! si!), il n'a pas encore été prouvé que le goût du « fond » des céréales est *effectivement* l'umami. J'aurais pu m'en tenir au fait que le touraillage du malt pâle lui confère un petit arôme de noisette [214], mais je ne pouvais quand même pas m'empêcher de vous raconter cette histoire, ne serait-ce que pour le plaisir de dire... *umami* !

225

L'écume aux lèvres. On en déduit que les nouvelles bières fabriquées avec du sirop de maïs à haute teneur en maltose présenteraient un déficit de saveur pour le malt encore plus grand que leurs prédécesseurs, les bières empâtées avec du maïs ou du riz cru [213]. Ce n'est malheureusement pas le seul problème qui s'exacerbe avec l'arrivée des sirops de brassage : la tenue de mousse est encore pire.

Si la teneur en protéines du maïs et du riz est très faible, celle des sirops est à peu près nulle. C'est excellent pour la stabilité colloïdale [106], mais pour le collet, on repassera [158]. Ajoutez à cela les effets du brassage à haute densité [126] et vous allez tout droit à la catastrophe (*it's a recipe for disaster*).

Il fut un temps, durant la glorieuse époque de l'après-guerre, où l'enthousiasme scientifique dépassait toutes les bornes, où les brasseries expérimentaient avec l'utilisation de certains additifs pour améliorer la tenue de mousse. Pensons au sel de cobalt que la brasserie Dow ajoutait en plus grande quantité dans son usine de la ville de Québec, afin de satisfaire la clientèle locale, friande d'une broue bien coiffée. En 1966, plusieurs douzaines de buveurs de Dow de cette ville sont morts par suite d'imprévisibles problèmes cardiaques. Le lien avec le sel de cobalt n'a jamais été clairement établi, mais la brasserie en a tout de même payé le prix ; elle fermait ses portes peu de temps après.

De nos jours, les additifs comme le sel de cobalt sont tout simplement interdits. Une façon plus naturelle de compenser le déficit protéique d'une bière forte en succédanés est d'ajouter aux céréales empâtées [215] une petite proportion de blé, environ 5 à 10 %. Je vous rappelle qu'avec sa haute teneur en protéines, le blé est excellent pour le collet [158].

226

Reinheitsgebot. Je n'avais pas discuter de la *Reinheitsgebot*, cette fameuse « loi de la pureté » bavaroise. (Non, non! rien de sexuel ou racial ici… Il s'agit de la pureté de la *bière*.) En tant que buveur, je suis un peu las d'en entendre parler. Est-il *vraiment* intéressant de savoir qu'avec leur sévérité habituelle [207], les Allemands ont décidé il y a très longtemps que seuls trois ingrédients – l'eau, le malt d'orge et le houblon – pouvaient entrer dans la fabrication de la bière?

À l'origine, au XVIe siècle, la levure ne faisait pas partie de cette liste d'ingrédients puisqu'on ignorait tout de son rôle [64]. La Reinheitsgebot a donc été modifiée à quelques reprises au cours de son histoire. On a éventuellement ajouté la levure, mais aussi spécifié que le blé est toléré dans les fermentations hautes, afin évidemment de faire une place aux Weisse et aux Weizen [206]. Certaines sources prétendent que cette loi avait été conçue pour éviter le conflit entre brasseurs et boulangers [203], pendant que d'autres insistent sur l'imposition du houblon comme aromate, afin d'éviter l'utilisation de substances nocives dans les gruits [32].

La Reinheitsgebot est un petit fait historique intéressant, à la condition de ne pas en faire une conception universelle de la bière. Je crois que ce qui m'embête, c'est cette idée d'utiliser le mot « pureté ». Je comprends qu'au fond, les brasseurs font principalement référence à l'absence de succédanés ; Reinheitsgebot serait une façon de dire que la bière est une super-premium [223].

Si certains brasseurs désirent invoquer la Reinheitsgebot pour informer le consommateur que leur produit n'est brassé qu'avec les ingrédients de base de la tradition allemande, alors d'accord, mais pourquoi coiffer cette tradition du mot « pureté ». Cette vision implique, par la bande, que la Coup de Grisou (pour ne mentionner que cet exemple) est une bière « impure » à cause de son sarrasin et de sa graine de coriandre. Quelle idée ! C'est qu'elle est vachement bonne, la Coup de Grisou… Elle ne mérite certainement pas cette épithète.

Tiens ! Je vais vous raconter quelque chose d'original concernant la *Reinheitsgebot* : ils ont dû la modifier, cette loi, quand les marchés européens ont été libéralisés à la fin du XXe siècle[31]. L'interdiction d'utiliser des succédanés imposait aux brasseurs allemands un désavantage économique face à la compétition étrangère. Aujourd'hui ils ont le droit de mettre des « impuretés » dans leur bière. Ceux qui choisissent de continuer de se conformer à la *Rein-*

---

31. **Libre-échange et réglementation.** Au Canada, le libre-échange avec nos voisins du sud a également nécessité des ajustements réglementaires. Auparavant, une loi fédérale imposait aux brasseries nationales que la bière vendue dans chaque province soit produite localement. Obligées d'opérer des petites usines dans chacune des juridictions, les brasseries canadiennes avaient un important désavantage concurrentiel face aux entreprises américaines, lesquelles pouvaient construire des mégabrasseries et profiter de substantielles économies d'échelle. À l'entrée en vigueur de l'accord, les brasseurs canadiens ont demandé et obtenu un moratoire sectoriel, le temps que la réglementation soit modifiée et la production réorganisée et rationalisée. Bien entendu, cela a entraîné la fermeture d'usines dans les plus petites provinces.

heitsgebot prendront soin de publiciser cette décision, question d'informer le consommateur de la « qualité supérieure » du produit [223].

227

La loi et l'ordre. Je ne peux m'empêcher de poursuivre sur une *nouvelle* lancée éditoriale. Bien que je ne sois pas un apôtre invétéré de l'interventionnisme, je suis d'avis que c'est le rôle de l'État de défendre les intérêts de la population – n'en déplaise aux libertariens. Prenons la composition de la bière. Est-ce normal qu'un produit *alimentaire* soit, pour le consommateur, une mystérieuse boîte noire ? Si la loi force les producteurs à nous informer de ce qui entre dans la fabrication de presque tout ce que nous mangeons et buvons, pourquoi les boissons alcoolisées font-elles exception ? C'est parce qu'elles font partie des aliments dits *normalisés*. Autrement dit, c'est le *Règlement sur les aliments et les drogues* qui spécifie les ingrédients qu'il est *permis* d'employer dans sa fabrication, ce qui dispense du même coup chaque brasseur de nous informer de ceux qu'il utilise *réellement*.

Cela entraîne divers paradoxes, comme le fait que, légalement, différentes bières de spécialité ne devraient pas pouvoir exister. C'est aussi pourquoi Santé Canada a récemment introduit une nouvelle réglementation sur l'étiquetage des composantes allergènes, tout en accordant une exemption temporaire pour la bière afin de se donner le temps de résoudre les difficultés que pose son statut d'aliment normalisé. Enfin – et nous rejoignons la question des succédanés – il m'apparaît étrange qu'on soit informé de ce qu'est un *jus* de fruit et une *boisson* aux fruits, et qu'on ignore si une bière est faite entièrement de malt ou d'une très forte proportion de sirop de maïs [223].

Je ne connais pas tous les tenants et aboutissants de cette question. Il arrive parfois qu'une solution cause plus de problèmes qu'elle n'en règle ; la modification de la loi devrait être mûrement réfléchie afin que les droits et intérêts des consommateurs et fabricants soient également pris en compte. À défaut de forcer les brasseurs à révéler leur recette, pourquoi ne pas au moins formaliser officiellement la distinction entre super premium, premium et bière économique ? [223]. On en profiterait pour trouver une meilleure terminologie !

En attendant, force est de constater que les microbrasseurs ne s'empressent pas tous d'informer leurs clients de la nature de leurs produits. Il y a bien les Brasseurs du Nord [49] qui affichent depuis longtemps que leurs bières sont « pur malt ». Plus récemment, les Brasseurs Illimités, de Saint-Eustache, ont baptisé leur ligne de produits « Simple Malt ». Efforts louables, mais loin d'être généralisés. Pourtant, est-ce qu'il viendrait à l'esprit d'un producteur de jus non concentré, fait à 100 % d'oranges fraîches, de ne pas l'écrire sur la boîte ?

Que les brasseurs de bière *économique* se fassent discrets sur la question des ingrédients, ça n'a rien d'étonnant. Je ne suis pas non plus surpris que de nombreuses personnes achètent ces bières, quoique je me demande s'ils en aiment plus le prix que le goût [224]. Je me demande surtout s'ils modifieraient leurs habitudes de consommation s'ils étaient informés de la composition de ces bières. D'ici là, on peut imaginer les pressions du fort lobbying de ceux qui préfèrent que la réponse ne soit pas connue…

228

Les bases de l'Histoire. Bon ! Nous n'en avons pas encore fini avec les succédanés. Cependant, la ligne d'arrivée de ce marathon des ingrédients approche. Oubliez le verre d'eau en bordure du chemin… Prenez une bonne gorgée de bière et détendez-vous, nous attaquons l'ultime étape.

Voyons le chemin parcouru. À partir du XVIIe siècle, le raffinement graduel des techniques de touraillage permet de pâlir le malt et la bière, qui passent de brun [180] à blond [205]. Entre ces deux extrémités du spectre, nous avons parlé du malt Pale Ale [187], du Munich [201] et du Vienne [204].

Tous ces malts d'orge sont ce qu'on appelle des *malts de base*. Tous sauf *un*. (Une petite étoile autocollante dorée à ceux qui se souviennent de ce malt mystère qui n'est pas un malt de base.) Possédant un pouvoir diastatique plus ou moins adéquat [14], chacun des malts de base cités peut composer jusqu'à 100 % des céréales empâtées [215]. *Cependant*, de nos jours, la majorité des brasseries ont cessé d'utiliser les malts de base *colorés*. Pourquoi ? Parce que leur rendement est faible et qu'il existe un moyen plus économique d'arriver au même résultat.

Cette histoire vous dit quelque chose ? Ça sonne des cloches ? *That clinking, clanking sound* ? Nous sommes confrontés à nouveau à ce grand problème : plus le malt est coloré, moins il présente d'amidon [185]. Inversement, plus le malt est pâle, plus son rendement est élevé, plus grand est le volume de bière que l'on peut faire avec la même quantité de malt.

La solution que les brasseurs de Porter avaient trouvée pour éviter d'utiliser le malt brun était donc de mélanger à une *base* de malt Pale Ale, une *fraction* d'un malt particulièrement coloré : le malt noir. (Méritez-vous votre étoile ?) C'est ce fameux *Black Patent Malt* [186] qui a ouvert la voie à cet aspect important du brassage moderne : l'utilisation des *malts de spécialité*.

229

La pointe de l'iceberg. En plus du malt noir, il existe aujourd'hui une incroyable panoplie de malts de spécialité, présentant une large gamme de couleurs et de saveurs. Peu importe le malt utilisé et la bière ainsi produite, le principe demeure le même : le malt pâle forme la majeure partie des céréales empâtées [215] et *ce n'est qu'en ajoutant un petit pourcentage de malt de spécialité qu'on modifie la couleur et la saveur maltée*. Par exemple, si on compare un verre de Porter, un verre de Mild et un verre de Pale Ale (dans leurs versions *modernes*), on constate des différences manifestes sans se douter de l'existence d'une base commune, très grande, mais discrète [224] : l'assise de malt pâle.

Les malts de spécialité ont peu ou pas de pouvoir diastatique [214]. Par contre, plusieurs d'entre eux contiennent encore de l'amidon. Comme dans le cas des succédanés de riz et de maïs [213], ce sont les enzymes amylases du malt de base qui doivent se charger de la conversion de cet amidon [figure 4.10, p. 190]. La proportion des céréales empâtées que ces malts de spécialité peuvent occuper est donc également limitée par le pouvoir diastatique du malt de base [215]. Cependant, bien avant d'en arriver à cette limite théorique, la bière deviendrait non seulement trop intense et difficile à boire, mais son coût de production serait également prohibitif, puisque les malts de spécialité – comme tout produit portant cet adjectif – sont beaucoup plus dispendieux que le malt pâle. Par contre, il est bon de préciser qu'il est possible d'approcher la limite du pouvoir diastatique du malt pâle si du malt de spécialité amidonné est utilisé *en plus* d'un succédané.

Tous les malts de spécialité diffèrent du riz et du maïs cru en ce sens qu'ils se gélatinisent facilement [212] et peuvent donc être empâtés directement avec le malt pâle. Même que certains malts de spécialité qui n'ont plus d'amidon peuvent être ajoutés dans *n'importe quelle* cuve de la salle de brassage ! [47] Bref, à l'inverse des succédanés d'amidon, les malts de spécialité ne nécessitent pas de cuiseur, d'installations spéciales ou de régimes d'empâtage particuliers. C'est une bonne nouvelle ; ça veut dire que la production d'excellentes bières de spécialité est à la portée de tout petit brasseur, aussi simplement équipé soit-il !

230

Folie des catégories, catégories des folies. Ce n'est généralement pas le malteur régulier qui manufacture les malts de spécialité. Les producteurs de malt pâle ont les installations nécessaires à la production de très grands volumes, avec peu de variations dans le processus. Les malts de spécialité sont plutôt produits par des entreprises... spécialisées. Ces malteries sont souvent beaucoup moins grandes que celles dédiées aux malts pâles. Elles sont équipées pour produire des petites quantités de malts très différents les uns des autres. Il y a une de ces malteries très artisanales à Témiscouata-sur-le-Lac ; si vous êtes dans le coin, prenez donc le temps de visiter la ferme malterie MaltBroue. Et si vous êtes à Thedford Mines, allez dire bonjour aux gens de la malterie Frontenac ! Ils se spécialisent dans la production de malts de base classiques[228].

Il y a deux façons de fabriquer les malts de spécialité : dans une touraille régulière [184] ou avec l'aide du même genre de baril rotatif que David Wheeler a introduit il y a longtemps [186] ; il s'agit alors de toujours garder le malt en mouvement pendant qu'il est chauffé, de façon à ce que la « cuisson » se fasse doucement et uniformément. Dans les deux cas, tout se joue avec la *température* et la *durée* du touraillage, ou une succession de *paliers* de température de diverses durées. C'est en modulant ces deux variables qu'il est possible de créer une panoplie de malts aux couleurs et saveurs différentes.

En essayant de décrire ces différents malts, on rencontre exactement les mêmes problèmes qu'avec les styles de bière. D'une part, il n'y a pas d'appellation contrôlée [169], ce qui fait qu'il est difficile de regrouper les malts sur la seule base des *noms* que les différentes malteries donnent à leurs produits.

D'autre part, de par la nature même du processus de production – où les variations possibles de temps et de températures sont très grandes – il n'y a pas de démarcation nette et précise entre une catégorie et une autre [190, 204, 210]. C'est comme pour la schizophrénie : quand on se penche sur les méthodes employées pour diagnostiquer cette maladie ou l'éventail des dysfonctions plus ou moins sévères qu'on distingue maintenant, on prend conscience que les êtres humains forment un spectre continu de schizoïdie, allant du pas du tout au beaucoup beaucoup, et que la frontière entre schizophrénie et normalité est relativement arbitraire...

De la même manière, les très nombreux malts sont répartis sur une longue échelle où seules les deux extrémités sont clairement définies : le malt très pâle et le malt très noir. Beau défi que découper des degrés entre les deux ! Bon... Faut pas devenir fou avec ça, alors je me contenterai de regrouper les malts de spécialité sous une poignée de catégories : les malts rôtis, les malts cristallisés et les malts torréfiés. Beaucoup d'autres produits passeront entre les mailles de mon filet !

231

J'aimerais porter un toast! Les malts rôtis et cristallisés ont une chose en commun : les deux sont déclinés à différentes intensités de couleur, allant du très légèrement au très intensément caramélisé. Ce qui différencie physiquement ces deux malts est l'état de l'enveloppe, selon qu'il soit très coloré ou pas, et l'état de l'albumen [figure 1.3], selon qu'il soit plutôt *farineux* ou *vitreux*. Tout cela aura bien sûr un impact sur la couleur et le goût de la bière.

Avant d'élaborer, révisons une fois *encore* les bases du maltage [17] : la première étape est le *trempage*, pendant lequel l'orge se gorge d'eau. Vient ensuite la *germination*. À la fin de cette étape, il va de soi que le grain d'orge est gorgé d'humidité (35-45 %). On dit alors du malt qu'il est *vert*, ce qui n'a rien à voir avec la *bière* verte [92]. Rien à voir non plus avec les pouces, les recrues et les « petits bonshommes » venus d'ailleurs...

Vient ensuite l'étape du touraillage. Habituellement, le malt vert est d'abord touraillé à basse température (45-50 °C), jusqu'à ce que le taux d'humidité soit abaissé à environ 10-20 %. La température de touraillage est ensuite augmentée – à différents degrés (55 à 120 °C) pour différentes durées – jusqu'à ce que la couleur et la saveur désirées soient atteintes. Dans cette deuxième partie du touraillage, les changements s'opèrent d'abord à la surface du malt. L'albumen finira par se transformer, mais tout en gardant les propriétés farineuses d'un malt ordinaire.

Ça, c'est pour ce que j'appelle les *malts rôtis*. Ce sont donc des malts de spécialités qui contiennent encore de l'amidon. En fait, j'inclus dans ce groupe les nombreux malts de base antiques qui sont utilisés *comme* malts de spécialité en petite proportion des céréales empâtées [229], notamment les plus colorés qui ont de toute façon un pouvoir diastatique douteux, par exemple les malts Munich les plus foncés [201] et les malts ambrés [187]. Qu'il leur reste du pouvoir diastatique ou non, tous ces malts touraillés à haute température sont en quelque sorte caramélisés sans être vraiment sucrés. Ils commencent plutôt par développer d'intenses saveurs maltées, parfois avec des touches de noisette. (En passant, si les Anglais disent parfois d'une bière qu'elle est *nutty*, comme dans le cas de certaines Milds ou Brown Ales [190], l'expression *nut brown* fait souvent uniquement référence à la *couleur* de la bière.)

Au fur et à mesure que les malts sont rôtis apparaissent des saveurs de biscuit et de pain sortant du four. Quand ils deviennent encore plus foncés, ils commencent à carrément goûter le pain grillé, voire un peu brûlé, parfois même avec des touches boisées ou de prune !

232

Messieurs, accueillez maintenant la séduisante Cristal… À présent, imaginez que le malt *vert* soit d'abord chauffé à 60-70 °C au lieu de 45-50 °C. Que se produit-il à cette température avec un grain encore bien humide ? Quelqu'un veut répondre ? Personne ? Ah ! Une main se lève au fond. Oui, vous là, la fille aux cheveux br… Brune !? Non, Brune… les conjointes de brasseurs n'ont pas le droit de participer. Quoi ? Tu aimerais savoir quoi ? Le sens du titre de la présente section…

Bon ! Oublions la participation du public… On sait que 60 à 70 °C est la température de prédilection pour l'activité des enzymes amylases [75]. Chauffé à ces températures, un malt encore plein d'eau verra son amidon se convertir en sucre, comme dans la cuve d'empâtage [21]. Si cette opération est optimisée, l'albumen sera complètement liquéfié

et *saccharifié*. Quand la température de touraillage est ensuite augmentée, la chair du grain se cristallise, elle devient dure et translucide. Protégée par l'humidité, l'enveloppe prend plus de temps à se colorer ; le malt se caramélise d'abord de l'*intérieur*, et ce n'est que lorsqu'il est plus fortement chauffé que les glumelles [9] commencent à montrer des signes de coloration.

C'est ainsi qu'est fabriqué le *malt cristal*, aussi nommé malt caramel, caramalt ou carastan. Alors que les malts rôtis ont en général une saveur sèche, avec des notes piquantes de farine grillée, le malt cristal est davantage rond et sucré. Avec leur chair cristallisée, les malts caramel sont donc comme autant de petits bonbons, emballés dans une enveloppe naturelle !

Les plus pâles des malts cristallisés sont ce qu'on appelle des *malts à dextrines*. Aussi commercialisés sous l'appellation « cara-pils », ils ne contribuent pas à la couleur et peu à la saveur, mais leur chair « dextrineuse » donne beaucoup de corps [69] et aide à la tenue de mousse [158]. Si leur albumen saccharifié est davantage touraillé, les malts cristal développent des saveurs de sucreries avec des touches de noix. Viennent ensuite le caramel anglais (*toffee*) et d'autres caramels de plus en plus prononcés ; ce sont les saveurs les plus souvent associées à ces malts de spécialité. Les malts caramélisés à l'extrême sont intensément colorés et savoureux, au point de présenter des notes bien définies de torréfaction et de sucre brûlé, voire de prune et de raisin. (Si, si – de raisin ! Je ne connais pas la recette de la fabuleuse *Trois-Pistoles*, brassée par Unibroue, mais je ne serais pas surpris d'apprendre que certains malts contribuent à son petit côté Porto.)

233

Back in black. Quand j'étais petit, il arrivait que, pour déjeuner, mon père mange une rôtie *intentionnellement* brûlée, garnie de beurre et de sucre blanc. Dans mon esprit d'enfant, c'était aberrant. Pas surprenant, puisque l'âcreté des aliments carbonisés est un goût d'adulte [209]. Aujourd'hui, je le comprends un peu mieux, sans manger de rôties brûlées toutefois…

Les *malts torréfiés* sont essentiellement des malts rôtis à l'extrême [231]. Ce sont donc des malts farineux, d'abord séchés dans la touraille puis torréfiés dans un baril rotatif [230]. On a déjà parlé du malt noir [186] ; il faut maintenant préciser que tout comme pour les malts rôtis et cristallisés, il existe pour les malts torréfiés un *éventail* de teintes foncées [figure 4.11, p. 223].

Pour un grain de malt torréfié, la différence de couleur n'est pas nécessairement évidente à l'œil nu. Cependant, dans une recette, on ne saura manquer la différence de goût et de couleur donnée par un malt noir, noir foncé ou noir très foncé. Il va de soi que malteurs et brasseurs ne s'expriment pas dans ces termes ; l'échelle de couleurs utilisée pour la bière, avec les degrés Lovibond, SRM ou EBC [204] s'applique aussi à *tous* les malts de spécialité.

Les malts torréfiés peuvent également être *moins* que noirs. On tombe alors dans la catégorie des *malts chocolat*. Vous serez peut-être déçus d'apprendre que le goût n'a rien à voir avec ce nom. Ces malts n'ont en commun avec le chocolat que la *couleur* ; c'est un brun très foncé, quoiqu'il y ait des descendants des malts bruns ancestraux aux tons plus pâles [180]. Une bière empâtée avec 5 à 10 % de malt chocolat [215] ne goûtera donc pas le bonbon, mais elle sera notablement moins âcre qu'avec une proportion égale de malt noir. Fait intéressant, une *très* petite fraction de malt chocolat peut apporter des saveurs de noisette, de la même façon qu'une grande proportion d'un malt légèrement rôti ou cristallisé [232, 241].

Pour fabriquer une bière *très* foncée sans le côté irritant du malt noir, il faudra plutôt se tourner vers l'*orge torréfiée*. On la place généralement dans le groupe des malts de spécialité même si ce n'est pas à proprement parler un malt, puisqu'il est fabriqué avec la céréale *crue*. Tout comme il n'est pas facile, visuellement, de faire la différence entre un grain d'orge cru et un grain de malt [18], l'orge torréfiée ressemble beaucoup au malt noir. Par contre, la différence au niveau du goût n'est pas négligeable. L'orge torréfiée est intensément savoureuse, rappelant un peu le goût du café, mais avec moins d'âcreté que le malt noir, ce qui permet d'en mettre beaucoup sans que cela ne devienne trop désagréable. C'est pour cette raison que l'orge torréfiée est le malt de spécialité de prédilection dans la fabrication des bières très foncées, en particulier les Stouts.

Un dernier petit détail : vous pourrez détecter la présence de malts torréfiés dans le collet de votre bière puisqu'ils sont les seuls capables d'affecter la couleur de la mousse. Alors que les autres malts de spécialité laissent au collet sa blancheur virginale, le malt noir – et encore davantage l'orge torréfiée – donne à la mousse une teinte beigeâtre.

234

Le petit-déjeuner du brasseur québécois. Si le cœur a ses raisons, le ventre en a d'encore meilleures. Quand il s'y met, le système gastrique peut être *très* convaincant... C'est pourquoi j'ai complètement abandonné le café il y a quelques années. Mais je l'aimais, le goût du café! Aussi suis-je très content d'avoir fait la découverte d'un *substitut* de café pas piqué des vers. Devinez ce qu'il y a dedans? En ordre d'importance: du malt d'orge torréfié, de l'orge torréfiée et de la chicorée. Quel bonheur! Ce n'est pas tout à fait comme une tasse de moût noir, et ce n'est pas du tout sucré [27], mais la parenté avec la bière est indéniable.

Pour ce qui est de la ressemblance plus ou moins réussie avec le café, le rôle de la chicorée y est pour quelque chose. La racine de chicorée torréfiée ajoute à la boisson une note d'amertume qui s'étire, lui conférant le même genre de longueur en bouche que le café.

Je sais, je viens d'arriver en ville avec cette histoire de succédané de café. Tous le connaissent très bien. Les plus vieux se rappelleront comme c'était populaire pendant la Deuxième Guerre mondiale. En fait, la racine de chicorée a remplacé le café pendant de nombreux conflits, aussi éloignés que le blocus que Napoléon a imposé à l'Angleterre en 1806. Et moi je viens tout juste de découvrir ça! Comme dirait ma Brune: vieux motard que j'aimais...

235

Pour mieux voir dans le noir. En général, les gens ne font pas qu'aimer les bières noires, ils les *adorent*. Comme pour les rôties brûlées [233], on a une dent pour ça ou on ne l'a pas, d'où le reproche que je fais à certaines bières noires: le manque d'équilibre. Le défaut est patent dans des produits concoctés par des fanatiques du carbonisé. Personnellement, j'aime beaucoup les bières très foncées, mais pas quand la saveur intense de torréfaction prend toute la place. C'est pourquoi j'ai un faible pour le Porter qui, souvenez-vous, est une bière bien équilibrée [183].

Dans la Stout [199], la façon traditionnelle d'équilibrer le goût torréfié est d'assurer une bonne quantité de houblon en début d'ébullition [35]. Comme dans mon succédané de café, l'amertume s'harmonise parfaitement avec les malts très foncés. C'est un peu étrange parce que l'âcreté et l'amertume, prises isolément, sont deux saveurs assez agressives; par une drôle de chimie, cependant, elles se complètent bien lorsqu'elles se succèdent. On dirait qu'une fois combinées, elles s'adoucissent mutuellement... Un autre cas de deux négatifs qui donnent un positif!

Bref, vous seriez surpris de constater combien il y a d'acides alpha amers en chiffres absolus [209] dans une *Dry Stout*. Si ces bières ne semblent pas *si* amères, c'est à cause de la forte présence de malts torréfiés [233] que le houblon vient contrebalancer.

Figure 4.11. Berliner Weisse. Cette fameuse Weisse de Berlin se boit soit telle quelle (dorée), soit ▶ avec du sirop d'aspérule (verte) ou de framboise (rouge). (Photo: Katharina Meißner)

En ce qui concerne les *Sweet* ainsi que les *Milk* Stouts – deux autres sous-styles qui se ressemblent beaucoup – ils ne sont presque pas houblonnés. Plutôt que l'amertume, on a choisi le sucre pour équilibrer l'âcreté; c'est l'option de mon père avec ses rôties. Le terme Milk fait référence à l'addition de *lactose*, un sucre présentant une faible sucrosité [68] et qui, pour la levure, est *non* fermentescible [69].

En terminant, je dois souligner l'*extrême* importance de la température de service pour les bières très foncées. On dirait que le froid est un peu sélectif quant aux saveurs qu'il masquera [134]. En tout cas, j'ai souvent observé que les Stouts, entre autres, sont rarement bonnes quand elles sortent du frigo; mais il suffit de les laisser prendre une dizaine de degrés pour que toutes les saveurs reprennent leur place. Je dirais que c'est surtout le cas pour les bières noires qui penchent vers le sucré ou le torréfié. Les Dry Stouts bien amères, il me semble, s'accommodent mieux du froid.

La Stout que j'ai le plus appréciée froide est une Dry Stout aux framboises que j'ai moi-même brassée. La framboise et la cerise noire sont deux parfums qui se marient *merveilleusement* à la Stout. C'est tout simplement divin! Il est seulement regrettable que les exemples commerciaux soient presque introuvables.

Bref, si vous tenez absolument à boire une Noire bien fraîche, la meilleure solution est d'en trouver une qui n'a presque pas de saveur de torréfaction… C'est une blague? Pas du tout.

236

Das Schwarze mit der blonden Seele. Si les Allemands sont de grands brasseurs, alors on peut s'attendre à ce qu'ils soient de grands malteurs également. C'est le cas. Je dirais même plus: ils sont des malteurs *ingénieux*. Avec toute la science qu'on leur connaît, ils ont su développer – particulièrement au cours du siècle précédent – des techniques de maltage très poussées et des produits souvent très particuliers.

Il faut dire que les malteurs allemands ont depuis longtemps un incitatif à l'innovation fort efficace – la *Reinheitsgebot* [226]. Obligés de ne recourir qu'aux quatre ingrédients de base, ils étaient dès lors motivés à développer des façons de se donner de la latitude, tout en respectant la loi. C'est ainsi qu'ils ont conçu des colorants liquides entièrement fabriqués à partir de malt, colorants qui peuvent être ensuite facilement intégrés à des pratiques de brassage industriel, au brassage à haute densité pour ne nommer que lui [140]. (Je me concentre ici sur le malt, mais un autre bon exemple de stratégie pour respecter la loi de la pureté est l'utilisation de maische acidulée [150] pour faire baisser le pH dans la cuve d'empâtage. C'est de cette façon que les brasseurs de Munich, aux prises avec une eau très dure qui se prête mieux aux bières foncées [177], ont réussi à développer la très pâle Helles [210].)

L'ascendant direct des colorants liquides est un type de malt torréfié qui

◂ **Figure 4.13. Malts de spécialité.** Difficile de trouver un plus bel échantillonnage de malts de spécialité qu'à l'entrepôt de la brasserie Dieu du Ciel! (Photo: Jacques Courtemanche)

apporte un maximum de couleur tout en ne fournissant que très peu de saveur. Ces produits très spéciaux – comme le célèbre *Carafa* de la malterie Weyermann, à Bamberg – sont fabriqués avec un malt dont *on a retiré l'enveloppe* [9]. C'est ce genre de malt de spécialité qui permet à certains brasseurs de *Schwarzbier* – une Lager noire (si ! si ! une *Lager* noire) – de produire des bières très foncées qui ne *goûtent* pas très foncé. La Köstritzer en est un bon exemple.

Le slogan de cette Schwarzbier étrangement douce est : « La noire qui a l'âme d'une blonde ». Le distributeur québécois de cette bière avait reproduit, sur un camion de livraison, l'image d'une publicité où on voyait une jolie Caucasienne aux cheveux blonds, assise derrière un piano et se donnant corps et âme à l'exécution d'une performance jazz – comme si l'on pouvait *voir* l'âme blonde d'une pianiste noire ! Sur le camion, on n'avait pas osé écrire la traduction du slogan « *Das Schwarze mit der blonden Seele* » de peur, j'imagine, d'offenser quelqu'un, rectitude politique oblige ! Par excès de prudence, le distributeur avait plutôt opté pour l'énoncé « La bière noire la plus vendue en Allemagne », phrase éminemment ennuyeuse, mais qui possède au moins la vertu d'être, pour ainsi dire, transparente...

237

Verres fumés. Avant l'invention de la touraille à chaleur indirecte et du coke [184], le malt et la bière étaient non seulement généralement bruns [180], mais aussi, plus souvent qu'autrement[32], *fumés*.

Selon le combustible utilisé dans la touraille et l'habileté du malteur, ce caractère fumé pouvait varier en saveur et en intensité, mais il était rarement apprécié. Non pas que la saveur fumée soit toujours désagréable, bien au contraire (pensez jambon, saumon, gouda et cuisson sur charbon de bois), mais on dirait que plus une chose est imposée, inéluctable, et plus elle nous tape sur les nerfs. (Insérez ici, à votre discrétion, une blague sur le mariage ; moi, je préfère m'abstenir...)

Au XVIIe siècle, les rares bières qui ne présentaient aucune trace de fumée étaient très prisées et servaient à rappeler aux buveurs combien leurs boissons habituelles étaient emboucanées. De nos jours, la situation est inversée : les bières à saveur de fumée sont l'exception, et nous sommes pleinement libres de les choisir et les apprécier.

C'est donc une sorte d'ironie historique que les *malts fumés* soient aujourd'hui considérés comme des malts de *spécialité*. J'aurais pu les mentionner dans ma folie des catégories [230], mais ils sont si peu nombreux et si rares que cela semblait injustifié. Pour la même raison, je ne m'étendrai pas sur toute la question aussi complexe qu'intéressante du fumé, de son histoire, ses techniques et sa chimie. Les passionnés du fumage et du BBQ avancé pourront se procurer les ouvrages spécialisés qui se penchent exclusivement et exhaustivement sur le sujet.

---

32. Le plus souvent, généralement.

238

De l'Allemagne à l'Alaska. En gros, il ne subsiste que deux grandes traditions de malt fumé : celle d'Écosse et celle d'Allemagne. Chez les Germains, c'est surtout aux environs de Bamberg que le style de la bière fumée, la *Rauchbier*, a été préservé. Dans cette région, le malt est fumé au-dessus d'un feu de bois de *hêtre*, ce qui lui confère une saveur relativement subtile. On peut mettre 10-15 % de malt fumé de Bamberg dans un brassin [215], et c'est à peine si on en distinguera le parfum. On verra qu'il y a un petit quelque chose d'agréable, mais il sera difficile de mettre le doigt dessus. À 25-30 %, le caractère fumé commence à vraiment gagner du terrain.

Puisque le malt fumé conserve tout son pouvoir diastatique [214], il n'y a *théoriquement* pas de limite à la quantité qu'on peut mélanger aux céréales empâtées. Seules nos papilles gustatives peuvent déterminer la valeur butoir. La proportion d'un tel malt dépendra d'abord de l'*intensité* de son caractère fumé, bien entendu, mais aussi beaucoup de ce qui compose le reste de la recette. Le seuil harmonieux de la saveur fumée ne sera pas le même dans une Lager cuivrée que dans un robuste Porter.

Force est de constater que les bières foncées se prêtent merveilleusement à une bonne touche de fumée. (Décidément, le noir va bien avec tout ! [235]) S'il est possible de dénicher des Schwarzbier qui présentent un peu de *rauch*, c'est à l'autre bout du monde que l'on trouvera l'archétype moderne de la noire fumée : l'*Alaskan Smoked Porter*, brassé dans la ville de Juneau par l'Alaskan Brewing and Bottling Cie. Née à la fin des années 1980, cette bière est rapidement devenue un grand classique, au point d'inspirer de nombreuses brasseries, à travers le monde, à produire leur propre interprétation. S'il est indéniable que la brasserie de Juneau a popularisé le Porter fumé, on ne peut pas dire qu'elle l'ait inventé.

Les premiers Porters ayant fort probablement été fumés [238], la création de l'Alaskan Smoked Porter marque plutôt la *re*naissance du sous-style. À cet égard, on peut se demander si le Porter fumé est un *sous*-style du Porter ou si c'est le contraire [198].

Ce qu'il y a de particulièrement intéressant avec l'Alaskan Brewing and Bottling Cie, c'est que cette brasserie fume elle-même son malt, dans les installations d'une entreprise de saumon fumé située de l'autre côté de la rue. Rassurez-vous, le fumoir à saumon est nettoyé de fond en comble une fois par année, avant qu'un lot de malt pâle y soit doucement fumé sur un feu de bois d'*aulne*.

Pour la petite histoire, les deux entreprises ont ouvert leurs portes presque en même temps. Chaque vendredi, les gens du fumoir avaient l'habitude d'apporter du saumon à la brasserie et on échangeait sur la semaine de travail en mangeant et en buvant des produits bien frais. C'est en observant que la brasserie ne produisait rien qui pouvait vraiment bien épouser le saumon fumé que l'idée du Porter fumé a germé. Amusante anecdote, non ?

239

De Scotch à Scotch Ale. Bien que le whisky écossais ne soit essentiellement que de la bière distillée [1], ce n'est pas parce que l'on est brasseur de l'un qu'on est automatiquement féru de l'autre. Pour mon bonheur, je suis effectivement un grand amateur de *Single Malt*. En fait, je suis un grand amateur de *toutes* les boissons alcoolisées. Je ne lèverai certainement pas le nez sur un bon Bourbon [137] pour la seule raison qu'il est fabriqué avec du maïs ou du seigle et non pas de l'orge.

Pour le Scotch, l'utilisation exclusive de malt d'orge est de rigueur et traditionnellement, au moins une partie de ce malt est fumé avec de la *tourbe* (*peat*). C'est la raison pour laquelle on dit de certains whiskies écossais qu'ils sont «tourbés» (*peaty*).

L'intensité de cette saveur varie grandement d'un produit à un autre. Personnellement, je ne suis pas trop friand des Scotch qui sont *intensément* fumés, comme le Bowmore. Bien que j'apprécie une petite touche de tourbe, ma dent sucrée a une préférence pour les produits qui misent davantage sur le caramélisé. Dans cette catégorie, l'excellent Macallan me vient immédiatement en tête. Du vrai bonbon!

Même quand la tourbe a été «récoltée» longtemps à l'avance et entièrement séchée, elle produit beaucoup d'une fumée au goût très prononcé. Pour cette raison, elle n'a jamais été un combustible de premier plan pour les tourailles [167]. Peut-être est-ce parce qu'ils n'avaient rien d'autre à brûler que les Écossais avaient pris l'habitude de l'utiliser... Chose certaine, le Scotch a de toute façon une saveur assez prononcée, ne serait-ce que par l'importante présence d'alcool – qui est, je vous le rappelle, une saveur *primaire* [84] – pour être capable de s'accommoder du goût de la fumée de tourbe.

Le malt à Scotch peut être utilisé dans la bière, mais avec parcimonie. Celui qui l'utilise dans les mêmes concentrations qu'un malt fumé au bois aura la désagréable surprise, au moment de l'empâtage [21], de voir toute sa brasserie sentir le vieux cendrier! Normalement, 2 à 3 % des céréales empâtées [215] suffiront pour donner un caractère tourbé, comparé aux 10 à 15 % d'un malt fumé au bois. Ce n'est que dans une bière bien goûteuse qu'on pourra se permettre d'augmenter la proportion.

Les *Scotch Ales* sont justement des bières capables d'en prendre[33]. Bourrées de malt caramélisé [231-232] et brassées pour laisser beaucoup de sucres résiduels [75], elles sont savoureuses et sucrées. Bien qu'on n'utilise pas nécessairement de malt fumé à la tourbe dans la fabrication de ces Ales profondément rousses et rondes, elles s'y prêtent fort bien, en particulier celles qui sont déclinées à très haute densité [70]. Avec leur taux d'alcool élevé, les 140 Shillings Ales – ou *Wee Heavy* – peuvent facilement s'agrémenter d'une bonne dose de malt à Scotch.

Dans les années 1970, les brasseurs d'Écosse ont fait revivre une vieille façon de catégoriser les bières. Au XIXe siècle, on modulait le prix des

---

33. Se dit au figuré de la capacité à absorber, comme de la capacité à encaisser les coups durs.

grands tonneaux appelés *hogshead* en fonction à la densité de départ, et donc du taux d'alcool [70]. C'est ainsi qu'il existe des Ales à 60, 70, 80 shillings, et ainsi de suite. Wee Heavy – ce qui se traduit par « un ti-peu forte » – est une expression pleine d'ironie pour désigner les Scotch Ales les plus alcoolisées.

240

Malts de spécialité ordinaires. Un esprit Classique aime bien classer, cela va de soi. Il n'est donc pas surprenant que la classification des Objets soit chez moi une inclination naturelle [154]. Le problème, c'est qu'on finit toujours par tomber sur des anomalies qui mettent en lumière le caractère arbitraire des définitions derrière la classification [63]. Plusieurs telles anomalies font surface au sujet des malts de spécialité [figure 4.13]. Prenons le temps d'en parler; ça me permettra de sombrer dans ma folie des catégories et, de votre côté, ce sera un bon prétexte pour faire un peu de révision !

Ce qui me tracasse présentement, c'est que mes « malts de spécialité » forment une catégorie plutôt confuse. Je suis obligé d'y inclure l'orge torréfiée, même si ce n'est pas du malt [233], et le malt fumé, même s'il a un bon pouvoir diastatique [238]. Que voulez-vous ? Ce serait tout aussi insensé de placer l'orge torréfiée avec les succédanés [213], et le malt fumé avec les malts de base [228].

Où classer les malts de seigle, d'avoine, etc., alors ? Faut-il les inclure dans les succédanés d'amidon ? Mais non, puisque ce sont des malts. Quand ces céréales se présentent en flocons, alors d'accord [figure 4.10], mais que faire de leur version maltée, dotée de pouvoir diastatique ? Faudrait-il les ranger dans la catégorie des malts de base ? Impossible. Primo, ce n'est pas de l'orge, et secundo, ils ne sont jamais utilisés comme fondation d'un brassin. Bof ! Allons-y pour les malts de spécialité, après tout, c'est déjà fourre-tout...

Tant qu'à y être, je vais même inclure le malt de blé [216] dans les malts de spécialité. Après tout, il ne forme pas toujours la majeure partie des céréales empâtées non plus, et souvenez-vous que le malt de blé est parfois incorporé en très petite quantité, comme les malts de spécialités – et dans toutes sortes de bières – afin de promouvoir une meilleure tenue de mousse [225]. Il m'apparaît que ce genre d'utilisation le qualifie résolument pour le camp des malts de spécialité.

241

Malts de base spéciaux. À l'université, j'ai eu un professeur d'histoire des sciences qui mentionnait souvent les saucisses *Hygrade*... Vous savez, celles que « plus de gens en mangent parce qu'elles sont plus fraîches et elles sont plus fraîches parce que plus de gens en mangent. »

Rien de surprenant que l'on parle de saucisses à l'université, car derrière ce slogan se cache un grand principe universel, celui de la *rétroaction* (*feedback*). C'est un concept à la fine pointe des sciences actuelles servant à modéliser des systèmes complexes, comme la météo ou l'économie. Au fond, ce n'est rien d'autre que le bon vieux Tao en action.

Il est à noter que si le Yin et le Yang peuvent se costimuler dans une spirale ascendante, l'effet d'entraînement peut aussi tirer les choses vers le *bas*. Par exemple, s'il arrive que grâce aux économies d'échelle un produit soit de plus en plus abordable quand il est de plus en plus utilisé et de plus en plus utilisé parce que de plus en plus abordable, le contraire est également possible. Prenez les malts de base colorés, comme le Vienne et le Munich [228]. Plus les brasseries se tournent vers l'utilisation de malts de spécialité mélangés à un malt pâle [229], plus les malts de base historiques coûtent cher. Plus les malts de base historiques coûtent cher, plus les brasseurs se tournent vers la combinaison malt pâle et spécialité.

L'importante question qui se pose alors est celle-ci : est-ce bien grave ? Y perdons-nous au change si les malts de base « spéciaux » sont abandonnés ? Formulons cela de la manière la plus simple et directe possible : Est-ce qu'il y a une différence de goût entre une bière 100 % Vienne et une autre dont le mélange de céréales empâtées [215] se compose de 85 % malt pâle et de 15 % de malt cristallisé [232] ? La réponse, j'ai le regret de vous dire, est *oui* – il y a une différence. C'est pour cette raison que la Belle Gueule Originale n'a qu'un *vague* lien de parenté avec les authentiques Viennoises [204].

Ceux qui ont eu la chance de prendre une bière sur une terrasse à Vienne (ou Munich, ou Prague, ou Londres, ou même Shawinigan, L'Assomption, Chicoutimi...) ont peut-être déjà eu cette expérience d'être complètement *subjugués* par une bière. On est renversé dès la première gorgée. Le temps s'arrête, et toutes les autres bières déjà goûtées tombent dans l'oubli.

Que s'est-il passé ? Pourquoi cette bière est-elle si bonne ? La fraîcheur du produit y est pour quelque chose, c'est certain [149], tout comme sa manipulation [150]. En amont, il va de soi que le savoir-faire du brasseur est un important facteur, mais il y a *d'abord et avant tout,* comme pour tout autre aliment, *la qualité des ingrédients*. Or, il n'est pas rare, en Europe ou ailleurs, de tomber sur des brasseries qui ont toujours refusé le moindre compromis à cet égard. La qualité des ingrédients fait souvent la différence entre une bonne bière, une meilleure bière et une *excellente* bière.

242

Le mème égoïste. Un mème est une unité d'évolution culturelle par analogie au gène, d'où l'accent grave. Le terme a été inventé par le biologiste Richard Dawkins et publié en 1976 dans son livre *The Selfish Gene*. Que vient faire ce concept d'évolution ici ?

Parmi les malentendus qui existent autour de la théorie de l'évolution, il y a, d'une part, la confusion entre la théorie de Darwin et de Wallace (mutations aléatoires suivies de sélections naturelles de traits *innés*) et la théorie de *Lamarck* (transmission des traits *acquis*). D'autre part, il y a cette idée qu'« évolution » rime avec « amélioration », alors qu'il n'en est rien. La sélection naturelle, qui avantage une espèce plutôt qu'une autre, ou un individu plutôt qu'un autre à l'intérieur de la même espèce, est une affaire de *contexte*. Un organisme n'est jamais supérieur à un autre d'une manière absolue, sinon dans un environnement précis, un écosystème particulier.

De la même manière, quoique je présente l'histoire du maltage et des styles de bières en terme « d'évolution », je ne veux surtout pas vous laisser avec l'impression que la Lager blonde est une sorte d'*aboutissement* historique et qu'elle est supérieure à toutes les bières qui l'ont précédée [210]. Cependant, vu l'incroyable popularité de cette bière – popularité *mondiale*, qui plus est –, on est en droit de se demander si elle ne représente pas un *certain* idéal. Force est de constater qu'il se passe quelque chose.

Les plus cyniques s'empresseront d'y voir l'abrutissement général causé par l'industrialisation, l'homogénéisation résultant de la logique des marchés, ou l'humaine, trop humaine tendance au nivellement par le bas. Voire, pour les plus audacieux, qui ont lu Tocqueville, un effet pervers de la démocratie... Tel est le sens de l'injustice chez les esprits nobles. Permettez que je prône un certain détachement intellectuel, un regard plus pragmatique.

Faut-il le répéter, la Lager blonde est un aboutissement en termes de *buvabilité*, et il répond à un besoin précis [212]. La Pilsener est la bière idéale dans un environnement particulier ; or il s'adonne que c'est un environnement très large, très étendu. La suprématie d'une bière n'est pas qu'une conséquence de ses qualités intrinsèques, mais aussi, sinon autant, de la primauté du besoin auquel elle répond. Cette distinction peut sembler subtile, mais elle m'apparaît importante. Elle explique pourquoi des bières de dégustation peuvent être excellentes, elles ne seront néanmoins jamais produites à grande échelle.

Soulignons également que la majorité des bières supplantées par la Lager blonde n'a pas complètement disparu et que celles qui se sont effectivement éteintes peuvent à tout moment ressusciter d'entre les morts, tels les dinosaures du Parc Jurassique (Les mèmes ont la peau dure, dirait Dawkins). Rappelez-vous du cas de la Blanche [218]. Ce qu'il faut comprendre, c'est que les niches écologiques des bières de spécialité – petites et néanmoins aussi nombreuses que variées –, ne sont pas près de disparaître.

243

La contrée des contrastes. Dans un sens, on pourrait considérer comme supérieur aux autres, l'organisme qui a su traverser les époques *sans* avoir besoin de changer, de s'adapter. La fougère et le requin, par exemple, ont hérité il y a longtemps de caractéristiques qui se sont avérées simplement parfaites, bien que parfaitement simples. Les organismes ayant le moins évolué seraient donc le couronnement de l'évolution...

Quel serait l'équivalent dans l'univers de la bière ? Ma réponse ne peut être que : le Porter [182]. Ce distant ancêtre de la bière moderne reste encore de nos jours un irremplaçable chef-d'œuvre. Dès sa naissance, ce requin londonien avait déjà tout pour réussir : le torréfié, le fruité, le caramélisé, l'amer et le sucré [183], le tout parfaitement dosé ;

une merveille d'équilibre entre pleine saveur et buvabilité.

Le Porter a bien sûr connu des années de vache maigre, alors qu'il a dû se terrer dans les profondeurs, mais c'était pour mieux refaire surface, prêt à faire succomber les surfeurs de pubs les plus téméraires. Et dans quelles eaux fraye-t-il aujourd'hui ? Où avez-vous le plus de chances de le rencontrer ? Dans le plus grand et le plus luxuriant océan de la planète, les États-Unis d'Amérique !

Il y en aura toujours pour dénigrer cette nation, l'*American bashing* semble ne jamais devoir se démoder. On a malheureusement tendance à oublier que nos voisins du Sud sont, comme l'humanité en général, capables du pire comme du meilleur. Pour chaque Ed Wood Jr, il y a un Woody Allen, pour chaque Kenny G, il y a un Gershwin, pour chaque roman Harlequin un Moby Dick…

Oui, je le concède, les grandes brasseries américaines ont peut-être un peu forcé la main des buveurs. *Oui*, si les États-Unis sont l'incarnation du capitalisme débridé, c'est peut-être là où le Yang de l'industrie en a le plus imposé au Yin du consommateur. *Oui*, l'implacable dialectique économique a peut-être favorisé une bière de plus en plus pâle et mince, au détriment des autres.

La Prohibition de 1919 est l'un des tournants dans l'histoire de la bière américaine. Du jour au lendemain, une myriade de petits joueurs sont rayés de la carte pour être remplacés en 1933 par de grandes entreprises, pour lesquelles la variété des produits va à l'encontre des économies d'échelle. *Cependant*, l'Esprit des *Founding Fathers* est impérissable ! Alors que l'Amérique peut être le royaume de l'homogénéité, c'est aussi là que l'individualisme, la liberté et la créativité peuvent atteindre leur paroxysme.

Si c'est aux États-Unis que le pendule industriel est allé le plus loin, c'est aussi là qu'il est reparti dans la direction opposée avec le plus de vigueur. Aujourd'hui, l'Amérique est le paradis de la bière ; y foisonnent nanos, micros et brasseries régionales, associations, festivals et publications, sans parler de ce qui se passe sur le *net*. Bref, peu importe la grande ville où vous vous trouvez, je suis pas mal certain que vous pourrez trouver un bon, un meilleur, ou peut-être même un *excellent* Porter !

244

Think big ! Après les fleurs, le pot. Les États-Unis, avec ses paysages variés à l'extrême, son immigration très diversifiée et ses libertés individuelles fortement encouragées, n'a pas une identité culturelle unique, de modèle culturel précis. Paradoxalement, le propre de l'identité culturelle nationale serait l'absence d'identité culturelle nationale.

Les peuples du Vieux Continent cachent souvent mal leur mépris face à l'habitude qu'ont les Américains de piger à droite et à gauche dans le buffet culturel international, juxtaposant sans vergogne des éléments disparates qui ne s'épousent que maladroitement. On les voit volontiers comme les nouveaux riches de la planète, aussi comblés de ressources que dénués de bon goût.

Or, leur propension au *cherry-picking* culturel a au moins un effet bénéfique :

celui d'aider à préserver pour la postérité les éléments naïvement recopiés. Il en est ainsi dans le monde des styles de bière ; la passion des Américains pour l'émulation fait de leur pays celui de *toutes* les traditions brassicoles. En Allemagne, vous aurez des bières allemandes, en Belgique des bières belges et en Angleterre des bières anglaises. Aux États-Unis, vous trouverez des bières allemandes, belges, anglaises, écossaises, tchèques, françaises, néerlandaises, japonaises, antillaises, mongoliennes et djiboutiennes. Grâce aux microbrasseurs américains contemporains, la bière la plus obscure ne risque pas de disparaître de sitôt.

Au fil des décennies, il s'est effectivement dessiné un style de bière propre aux États-Unis. En fait, ce n'est pas tant un style précis qu'une façon, une manière. Libres et créatifs tels qu'ils le sont, sans aucun sens de la pudeur ou souci du respect d'une tradition, les brasseurs américains vont essayer n'*importe quoi*. Toutes les mixtures inventées partagent un même attribut : celui d'être *extrême*. À défaut de connaître le Bon Goût, ils sont les experts de ce que ma Brune appelle le *Gros Goût*. S'ils décident de brasser une bière amère, ce sera la bière la plus amère que la planète ait connue ; s'ils brassent une bière au gingembre, ce sera aussi intense qu'un philtre d'amour africain ; s'ils visent le caramel, vous le verser sur votre crème glacée ; et inutile de vous dire qu'ils excellent dans la bière « impériale » [199].

Vous aurez remarqué, noble lecteur, que je n'abonde pas dans le même sens. Mon style de prédilection se résume à un tout autre mot : « équilibre ». Je suis ouvert, *grand* ouvert à toutes les expérimentations, à tous les ingrédients possibles et à tous les parfums imaginables, à condition que le résultat final dégage trois choses : l'harmonie, l'harmonie et, vous l'aurez deviné, l'harmonie !

Toute bonne bière a une fin
Conclusion

J'ai ressenti une drôle d'impression en terminant le dernier chapitre, le sentiment d'avoir oublié quelque chose, de ne pas avoir tout dit...

Que je suis bête ! Bien sûr que je n'ai pas tout dit, c'eut été impossible. Il y en a tout simplement trop ! Mon livre n'est ni le premier ni le dernier sur la bière. Il y a tant à dire. Tant mieux pour les auteurs qui s'y consacrent exclusivement (*beer writers*), mais je ne fais pas partie du groupe.

Bien que mon ambition était de faire le tour de la question, j'ai l'impression de n'avoir que gratté la surface. Je me suis retenu sur la largeur *et* la profondeur. Il faut bien s'arrêter quelque part. J'espère avoir au moins réussi à vous fournir des bases solides pour vous permettre plus tard d'approfondir les aspects plus intéressants. J'espère surtout vous avoir donné envie d'en savoir plus.

Les scientifiques vivants aujourd'hui sont plus nombreux que la somme de tous les scientifiques ayant existé depuis 2500 ans. Dans tous les domaines, l'état de nos connaissances avance à un rythme exponentiel (on a parfois l'impression que l'obscurantisme progresse à la même vitesse, m'enfin, c'est un tout autre débat...). Bref, on en a davantage appris sur la fermentation au cours des trois dernières décennies qu'au cours des trois millénaires précédents. Il en va de même pour tous les autres aspects de la production brassicole, du maltage à l'embouteillage. Je le répète, la bière n'a jamais été aussi bonne qu'aujourd'hui. C'est grâce à la science, indubitablement, mais cela ne fait pas de notre bière un produit *artificiel*. Même l'adjectif « industriel » a des connotations négatives que la bière mérite rarement. La science *optimise* la bière plus qu'elle ne la transforme. Ce que la bière d'aujourd'hui a de mieux que celle d'antan, ce n'est pas tant de nouvelles qualités que l'absence de défauts.

Nous aimons tous nous faire bercer par des histoires d'autrefois ; difficile de résister à l'attrait mythique des temps anciens, mais qui serait assez cinglé pour troquer sa bière parfaitement brassée contre une relique du passé ? Bien des brasseurs se plaisent à fouiller dans les archives, à la recherche de secrets perdus pouvant renouveler leur inspiration, mais ils ont toujours un œil tourné vers l'avenir, vers la promesse de nouveaux sommets. Qui sait tout ce qu'il reste encore à découvrir ?

La bière de demain sera meilleure, mais savez-vous quoi ?... ce sera toujours de la bière. La science et la technologie auront beau avancer, les brasseurs auront beau peaufiner, il y a quelque chose qui restera toujours pareil, quelque chose de simple, de primitif, de *naturel*. La nature et la technologie, le passé et l'avenir, la nouveauté et la tradition, la bière, c'est tout cela en même temps. Je dirais même que la bière se situe *en dehors* du temps. Dans sa propre bulle.

Il y a 20 ans, je concluais une recherche universitaire sur l'évolution des modes de production brassicole en observant deux tendances diamétralement opposées : la redécouverte, avec l'aide des micro-brasseries et du marché de l'importation, de styles de bière distinctifs et savoureux, ainsi que le développement de produits commerciaux de plus en plus monotones, comme la *Dry*. Je trouvais étrange de voir le marché se polariser de cette façon.

Avec le recul, je pense que cette conjoncture n'avait rien de surprenant. (C'est bien connu : la chope de Minerve ne se boit qu'à la tombée de la nuit...) Il semble y avoir une contradiction, mais les deux phénomènes s'expliquent par le même immense pendule historique : la *Dry* est le point culminant du mouvement vers la buvabilité et les micro-brasseries marquent le début du retour du balancier. Au Québec, à la lumière du nombre de brasseries artisanales qui se sont ajoutées ces dernières années – plantant leurs cuves aux quatre coins de la province, souvent dans de très petites localités – on constate que le pendule prend déjà beaucoup de vitesse...

Cette mouvance n'est pas exclusive au monde brassicole, bien au contraire !

De nos jours, force est de constater que la recherche de la qualité, l'originalité et l'authenticité est une tendance généralisée ; c'est un mouvement de fond, qui ne se limite ni à la bière, ni aux boissons alcoolisées, ni même à l'alimentation dans son ensemble. Si les micro-brasseurs ont pu s'imaginer être les moteurs du changement, la cause de « l'éveil » des consommateurs, je crois comprendre aujourd'hui que leur succès a plutôt été un effet. Ils n'ont pas créé la vague sur laquelle ils surfent, ce raz-de-marée dont la source est peut-être avant tout d'ordre… spirituel. Rappelez-vous comment la révolution industrielle nous a éloignés de ce qui nous entoure. Nous consommons quotidiennement des produits dont ignorons tout de l'origine et de la fabrication. Nous utilisons des outils et des appareils dont le fonctionnement nous échappe. Combien d'entre nous pourrait nommer l'essence de l'arbre qui pousse devant notre maison ? Or, l'être humain ne peut pas se déconnecter toujours davantage de lui-même et de son univers immédiat sans finir par en souffrir. N'avons-nous pas besoin, comme les arbres, de plonger nos racines dans la terre ?

Voilà l'impérieux besoin, la pulsion spirituelle qui est selon moi à l'origine de cette mouvance générale dont le retour à l'excellente bière est emblématique. Et n'est-il pas bon pour se réapproprier une chose que de commencer par la comprendre ? Et pour bien comprendre n'y a-t-il rien de meilleur que la science ? Tous les grands scientifiques vous le diront : mieux connaître le monde, c'est mieux l'admirer, c'est mieux l'aimer. C'est donc dans l'amour que les esprits classiques et romantiques se rencontrent ; c'est chez les humains l'ultime dénominateur commun. Et quand l'amour entre par la tête – par le savoir – c'est pour mieux descendre dans les tripes et nous réchauffer. J'espère donc que ce livre aura réussi à bien vous expliquer la bière et à vous aider à l'aimer, du bout du cerveau jusqu'à la pointe des pieds !

Bibliographie

ALLEN, Fal, et CANTWELL, Dick. *Barley Wine*, Classic Beer Style Series, Brewers Publications, Boulder, Colorado, 1998.

Brewers Publications, division de l'Association of Brewers, www.craft beer.com.

DAIGNAULT, Sylvain. *Histoire de la bière au Québec*, Éditions Trait d'union, Montréal, Québec, 2004.

DANIELS, Ray et Geoffrey LARSON. *Smoked Beers*, Classic Beer Style Series, Brewers Publications, Boulder, 2000.

DANIELS, Ray et Jim PARKER. *Brown Ale*, Classic Beer Style Series, Brewers Publications, Boulder, 1998.

D'EER, Mario. *La bière*, Éditions Trécarré, Montréal, 1998.

DORNBUSCH, Horst. *Bavarian Helles*, Classic Beer Style Series, Brewers Publications, Boulder, 2000.

DORNBUSCH, Horst. *Alt Bier*, Classic Beer Style Series, Brewers Publications, Boulder, 1998.

DORNBUSCH, Horst. *The Ultimate Almanach of Worldbeer Recipes*, Cerevisia Communications, 2010.

FOSTER, Terry. *Porter*, Classic Beer Style Series, Brewers Publications, Boulder, 1992.

FOSTER, Terry. *Pale Ale*, Classic Beer Style Series, Brewers Publications, Boulder, 1999.

FIX, George. *Principles of Brewing Science*, Brewers Publications, Boulder, 1999.

FIX, George et Laurie FIX. *Vienna, Marzen, Oktoberfest*, Classic Beer Style Series, Brewers Publications, Boulder, 2000.

GAUTHIER, Michel. *Cours avancé sur le brassage*, Laboratoire Maska, Saint-Hyacinthe, 2004.

HOLLE, Stephen R. *A Handbook of Basic Brewing Calculations*, Master Brewers Association of the Americas, Saint-Paul, Minnesota, 2003.

INSTITUTE OF BREWING AND DISTILLING. *Notes de cours du diplôme de brassage*, Version 1, Londres, 2008.

JACKSON, Michael. *Beer Companion*, Running Press, Philadelphia, 1997.

LEWIS, Michael J. *Stout*, Classic Beer Style Series, Brewers Publications, Boulder, 1995.

MILLER, Dave. *The Complete Handbook of Homebrewing*, Storey Publishing, North Adams, Michigan, 1988.

MILLER, Dave. *Continental Pilsener*, Classic Beer Style Series, Brewers Publications, Boulder, 1990.

NOONAN, Gregory J. *Brewing Lager Beer*, Brewers Publications, Boulder, 1996.

NOONAN, Gregory J. *Scotch Ale*, Classic Beer Style Series, Brewers Publications, Boulder, 1993

PAPAZIAN, Charlie. *2005 Beer Style Guidelines*, Brewers Association, Boulder, 2005.

PAPAZIAN, Charlie. *The New Complete Joy of Homebrewing*, Avon books, New York, 1983.

PAPAZIAN, Charlie. *The Homebrewer's Companion*, Avon books, New York, 1994.

RABIN, Dan et Carl FORGET. *Dictionary of Beer and Brewing*, Brewers Publications, Boulder, 1998.

RAJOTTE, Pierre. *Belgian Ale*, Classic Beer Style Series, Brewers Publications, Boulder, 1992.

RICHMAN, Darryl. *Bock*, Classic Beer Style Series, Brewers Publications, Boulder, 1994.

SIMPSON, Bill et John MAIRS. *The Beer Flavor Handbook*, FlavorActiV, 2005.

SNYDER, Stephen. *The Brewmaster's Bible*, Harper Perenial, Harper Collins, New York, 1997.

SUTULA, David. *Mild Ale*, Classic Beer Style Series, Brewers Publications, Boulder, 1999.

WARNER, Eric. *Kölsch*, Classic Beer Style Series, Brewers Publications, Boulder, 1998.

WARNER, Eric. *German Wheat Beer*, Classic Beer Style Series, Brewers Publications, Boulder, 1992.

Index

A

À l'abri de la tempête, 30
Acétaldéhyde, 90, 96
Acétobacter(s), 133
Achel, 100
Acide(s)
  acétiques, 134
  aminés, 26, 27, 67, 90, 169, 213
  gras, 68, 69, 90, 92
  lactique, 131, 133, 141, 172
  organiques, 90, 95, 131, 134, 169
  phosphorique, 172
Acide(s) alphas, 45, 199
  amers, 222
  isomérisés, 153,
  pré-isomérisés, 47
  taux d'extraction des, 198
Alaskan Smoked Porter, 227
Albumen, 23, 25, 29, 40, 173, 219, 220
Albumine, 107
Alcool, 89, 90, 134
  de fusel, 90, 92
  distillé, 84
  effet diurétique de l', 168
  taux d', 20, 77, 82, 83, 114, 125, 140, 182, 191, 193, 229
Ale, 80, 87, 98, 102, 107, 150
  et Lager, 78
  étymologie, 187-188
Alpha-amylases, 80, 81
Alpha-glucanes, 73
Aluminium, 47, 160
American Association of Brewing Chemists, 163
Amertume (voir Houblon)
Amidon, 23, 24, 28, 31, 37, 68, 73, 74, 179, 203, 205, 218, 220
  conversion de l', 32, 36, 57, 60, 80, 89, 132, 133, 205, 218, 220
  granule d', 26, 29
  succédanés d', 82, 190, 203, 205, 206, 211, 214, 215, 216, 218, 229
Amylases, 26, 27, 36, 37, 80, 171, 204, 205, 218
Anheuser-Busch, 92, 202
Aromates, 42, 86, 208, 210
Assemblage, 127
Association des microbrasseries québécoises, 142
Atténuation, 77
  courbe d', 115
Avoine, 203, 205, 229
Azote, 115, 123, 145, 154, 157, 158, 159, 160

B

Baril rotatif de torréfaction, 179, 218, 221
Barley wine, 39, 82, 84
Bass, 26, 96
Bavière, 98, 100
Becks, 201
Belle-Gueule Originale, 66, 196, 230
Bentonite, 107
Berliner Weisse, 131-132, 209, 224
Bêta-amylases, 80, 81
Bêta-glucanes, 73
Bicarbonates, 170-172 (voir aussi Carbonates)

Bière
- à succédanés, 212
- au goût sec (voir Dry)
- corps de la, 75
- d'abbaye, 100, 192
- de garde, 193
- de mars (voir Märzen)
- de table, 39
- Ice (Eisbier), 109
- économique, 212, 214, 216
- microbiologie de la, 26, 72, 97
- origines de la, 59-60
- petite, 168, 169, 175
- premium, 212, 216
- super-premium, 212, 215, 216
- sur lie, 114, 117,118, 130, 207
- trappiste, 100
- verres à, 150, 154
- vinaigre de, 134
- voilée, 135

Bittburger, 201
Bitter, 122, 181, 182, 201
Black Patent Malt (voir Malt noir)
Blanches, 152, 206, 207, 208, 231
Blé, 152, 206, 214
Bock, 82
Boréale, 148, 208
Bourbon, 133, 228
Bouteille(s), 144, 144, 147
- de plastique, 161
- de verre, 47

Brassage
- à haute densité, 124, 125, 153, 214, 225
- salle de (voir Salle de brassage)

Brasseurs de Montréal, 182
Brasseurs du Nord, 58, 216
Brasseurs GMT, 66
Brasseurs Illimités, 216
Brassin, 40, 57, 128
Brettanomyces, 135
Brown Ale, 182, 220
Budweiser, 91, 141, 202, 203
Burtonisation, 184, 186
Buvabilité, 121, 150, 201, 202, 203, 232

C

Calandre, 47
Calcium, 171, 172, 184, 198
Campaign for Real Ale (CAMRA), 146
Canette(s), 161, 161
Capsule flottante, 160
Carafa, 226
Caramalt (voir Malt cristallisé)
Caramel écossais, 94, 133, 181
Caramélisation, 47, 220
Carastan (voir Malt cristallisé)
Carbonates, 170, 171, 172, 186, 198
Carlsberg, 91, 97, 170, 192, 201
Cassure(s) des protéines, 42, 48, 67, 102, 108, 110
Centrifugation et centrifugeuse(s), 106, 107, 108, 109, 111, 117, 119, 123, 140
Céréales
- empâtées, 205, 217, 219, 227, 228, 230
- maltées, 37

Chardonnay, 94
Chenin blanc, 93
Cheval Blanc, 22, 148, 208
Chimay, 100, 148
Chlorure(s), 184, 186, 189, 198
Chouape, 30
Chouffes, 83
Clarifiant(s), 107, 146
CO_2 (voir Dioxyde de carbone)
Coke, 177, 178
Colorants, 125, 225
Composés sulfurés, 90, 93, 112
Concassage du malt, 23, 30, 31, 57
Conductivité thermique, 161
Contamination(s), 50, 131, 132, 133, 134, 135, 136, 144, 146, 168, 187, 188, 193, 210
- bactérienne, 95, 98, 141
- croisée, 135

Coup de Grisou, 215
Cream Ale, 158
Cuiseur à céréales, 210, 218
Cuve(s), 52
- cylindro-conique(s), 65, 66, 67, 85, 88, 89, 94, 101, 123, 125, 160
- d'ébullition, 41, 125, 140, 197, 212
- d'empâtage, 32, 80, 140, 171, 205, 211, 220, 225
- de fermentation, 61, 64, 65, 66, 67, 76, 93, 186
- de garde, 111, 112, 125, 128
- de maturation, 146
- de sédimentation, 49, 67, 77

filtre, 37, 41, 93, 110, 125, 140, 205, 206, 207
tampon, 111
Czechvar, 202

D

DAB, 106
Dark Ale, 176 (voir aussi Mild Ale)
Degrés
    EBC, 221
    Lovibond, 195, 221
    Plato, 76
    SRM, 195, 221
Densité, 75, 81, 199, 228
    de départ, 77, 82, 92, 124, 186, 203, 229
    finale, 77, 80
Dextrine(s), 73, 75, 80, 81, 153, 212
Diacétyle, 90, 93, 96, 133
Dioxyde de carbone (CO_2), 19, 63, 88-91, 93, 111, 112, 113, 114, 121, 123, 125, 130, 143, 145, 154, 157, 158, 160
    volume de, 118, 132
Disaccharide(s), 73, 78, 79, 115, 211
Distillation, 18, 109, 133, 183, 186, 228
Doppelbock, 82, 83, 101, 181
Dortmunder Export, 106, 201
Dow, 214
Drêche, 38, 40, 41, 69
Dreher, Anton, 192, 194, 195
Dry, 107, 184, 199, 200
Dubbel, 82
Dunkelbier (voir Münchener)
Dunkelweizen, 209

E

Eau de brassage, 167, 168, 183, 184, 198
    dureté de l', 170, 171, 172, 183, 186, 198
Ébullition, 30, 42, 47, 57, 93, 135, 168
Échangeur de chaleur, 50, 69
    à plaques, 130
Effet
    cheminée, 89, 159
    Crabtree, 211
Embouteillage, 30, 38, 40, 57, 128, 130, 132, 134, 140
Empâtage, 30, 32, 36, 80, 132, 228
    méthode d', 198
    régime d', 80, 81, 89, 218
Ensemencement (voir Levures)

Entire, 176
Enzymes, 26, 27, 36, 37, 79, 171
    activités des, 133
    destruction des, 28
    origine du mot, 26-27
    principe, 27-28
    production, 28-29
Esters, 90, 93, 135
Éthanol, 19
European Brewery Convention, 163

F

Fermentation, 18, 88, 113, 115, 138, 160
    active, 61, 65, 67, 72, 79, 87, 88, 96, 101, 107
    aérobie, 67, 72, 134
    anaérobie, 67, 72
    basse, 87, 90, 94
    double, 115
    haute, 87, 90
    lactique, 209
    période de latence, 67
    primaire, 87, 115
    secondaire, 115
    sous-produit(s) de, 86, 90, 91, 92, 112, 116, 124, 193, 197, 210
    spontanée, 61, 72
    température de, 89, 92, 93, 94, 112, 150
    triple, 116
    types de, 18
Fermentescibilité, 75, 80
Filtration, 107, 108, 109, 110, 111, 117, 135, 140, 152, 186
    à froid, 111
    appareil à, 120
    au charbon activé, 186
    pré-, 107
Filtre(s) de finition, 110, 130
Finings (voir Clarifiants)
Flaveur, 46
Fourquet, 35
Frambozen, 132
Fructose, 72, 73, 74, 84, 211
Fût(s), 142, 143, 144, 145, 182

G

Galactose, 78, 79
Gaz carbonique (voir Dioxyde de carbone)
Gazéification, 114, 118, 197

pierres de, 112
taux de, 112, 143, 145, 146, 157, 185
Gélatinisation, 211
Genuine Draft, 142
Germination, 25, 28, 29, 60, 68
Glucides, 23, 73, 74, 79, 134, 179
Glucose, 72, 73, 74, 211
Glumelles, 22, 29, 31, 38, 205, 207, 220
Glycogène, 68
Glyco-protéines, 153
Goût sucré (voir Sucrosité et Perception du sucre)
Griffon extra-blonde, 181
Grolsch, 201
Gruit, 43, 215
Guinness, 80, 133, 158, 160, 188

H

HANSEN, Emil, 97, 98, 99, 170, 192, 194, 198
Hefeweizen (voir Weisse), 208
Heineken, 96, 148, 201
Helles, 201, 225
Hoegaarden, 208
Houblon, 43-44, 45, 47, 51, 106, 146, 153, 181, 187, 188
    amertume du, 45, 69, 136, 181, 199, 200, 222
    bac à, 49, 50, 146
    cônes de, 44, 49
    de finition, 46
    excédent de, 69
    extrait liquide de, 125
    histoire du, 44-45, 187-188
    huiles essentielles du, 45, 49, 125, 153
    noble(s), 46, 197
    pouvoir antiseptique du, 187-188
    Saaz, 197
    utilisation du, 45-46
Houblonnage à froid, 146
House character, 94, 128
Hydromètre, 76, 83, 179

I

IBU (unités d'amertume), 199
Ichtyocolle, 107
India Pale Ale, 166, 188, 191
Industrialisation, 27, 77, 96, 168, 175, 178, 231
Iode, 36

J

John Labatt Classique, 213
Jupiler, 201

K

Kölsch, 149, 150, 166
Koningshoeven, 100
Köstritzer, 226
Krausen, 88
Kriek, 132
Kristalweizen, 209

L

Labatt, 87, 129, 165
    50, 185
    Bleue, 213
Laboratoire brassicole, 97
Lactobacilles, 99, 131, 132, 135
Lactose, 225
Lager, 80, 87, 98, 102, 212, 231
    étymologie, 102
    mixte, 192, 194
    nord-américaine, 122, 201
    pure, 192
    révolution de la, 194, 196, 202, 208
    viennoise, 192, 195, 230
Lambic(s), 131
Lederhosen, 37
Leffe, 100
Levain, 100, 134
Levure(s), 19, 26, 71, 83, 95, 106, 114, 115, 116, 135, 140, 160, 171, 209
    Ale, 88, 98
    autolysée, 64, 65, 130
    compte de, 116, 117
    cultures mixtes de, 98, 99
    cultures pures de, 98
    cycle de vie, 63-64
    division cellulaire de la, 68, 70
    ensemencement des, 61, 63, 67, 69, 71, 72, 89, 134
    famille de, 78
    floculante(s), 88
    floculation des, 64, 81, 87, 102, 107, 118
    fraîche, 62
    Lager, 88, 98, 196
    membrane cellulaire de la, 64, 68, 70

poudreuse, 107, 118
propagateur(s) à, 63, 107
récolte de la, 64
réensemencement des, 87, 99
reproduction, 68, 70
sauvages, 53-54, 60, 135
sèche, 62, 63, 64, 186
sédimentation des, 30, 64, 87, 96, 102, 107, 117, 207
variétés de, 75, 94, 98
viabilité des, 63, 117
vitalité des, 64, 68, 117
Lipides, 90, 153
London Ruby Red, 182
Lucky Lager, 213
Lupuline, 44, 45

M

Maïs, 203, 206, 210, 211, 212, 213, 214
sirop de, 211, 213, 214, 216
Maische, 32, 36, 38, 57, 132, 198, 207
acidification de la, 171, 172, 184
acidulée, 132, 133, 172, 225
Malt(s), 93, 132, 175, 179
à dextrines (cara-pils), 220
à Scotch, 228
ambré, 180, 192, 205, 219
brun, 174, 179, 205, 217, 221
caramélisé, 213, 228, 230
chocolat, 221
concassage du (voir Concassage)
cristallisé, 219, 220
d'orge, 153, 222
de base, 217, 218, 219, 229, 230
de blé, 229
de spécialité, 217, 218, 223, 229, 230
enveloppes du (voir Glumelles)
fumé, 226, 228, 229
modification du, 28
moût de, 73
Munich, 192, 219, 230
noir, 179, 217, 221
pâle, 179, 181, 196, 205, 206, 213, 217, 218, 230
Pale Ale, 181, 196
rôti, 219
torréfié, 172, 173, 183, 199, 213, 221, 222
vert, 174, 219, 220

Vienne, 192, 196, 230
Malta, 39
Maltage, 28, 173, 192, 219
principe du, 28-29
Maltbroue, 218
Malterie Frontenac, 218
Malteries, 29-30
Maltose, 73, 74, 80, 115, 211
Maltotriose, 73, 79, 81, 82, 94, 107, 115, 124
Märzen, 192, 193
Märzen-Oktoberfest, 195
Master Brewer Association of the Americas, 163
Maturation, 61, 64, 65, 101, 102, 107, 111, 117, 125, 153, 207
McAuslan, 50, 58, 94, 180
Mélibiose, 78, 79, 81
Mercaptans (voir Thiols)
Mésopotamie, 59, 99
Mild Ale, 176, 182, 217, 220 (voir Dark Ale)
Mitose, 68
Moines et monastères, 98, 100, 178
Moisissures, 60, 134, 174
Molson, 30, 31, 57
Export, 106, 212
Monosaccharide(s), 73, 78, 79, 84, 115, 211
Montée libre, 94
Moulin (voir Concassage du malt)
Mousse, 48, 109, 112, 125, 129, 152, 154, 157, 158, 185, 205, 214, 229
Moût, 20, 50, 72, 79, 179, 203
clair, 48
clarification du, 38, 42
composition du, 72-73
concentrés de, 172, 186
de fruit, 61
de raison, 84, 95
de seigle, 204
extrait original du, 203, 213
filtration du, 38, 49
noir, 222
premier, 38, 40
stérilisation du, 42, 167
turbulence du, 61
Münchener, 172
Mutation(s), 98, 230
spontanée, 99

Index - 245

N

Nucléation, point(s) de, 130, 157, 185

O

Oktoberfest, 192, 193, 201
Orge, 22, 23, 25, 33, 68, 113, 152, 205
- à deux et six rangs, 205
- avantages de l', 204-205
- composantes de l', 22-23
- cycle de vie de l', 25-26
- d'été de Moravie, 196
- torréfiée, 221, 222, 229

Orval, 100
Oxydation, 115, 136, 140, 141, 146, 161, 175, 183
Oxygénation, 54, 61, 67, 68, 125
Oxygène, 54, 67-68, 71, 72, 114, 115, 123, 134, 139, 141, 143, 160, 161

P

Pale Ale, 145, 148, 167, 172, 180, 183, 184, 185, 188, 208, 217
Papazian, Charlie, 133
Parti-gyle, 39
Pasteurisation, 142
- tunnel(s) à, 129, 130

Paulaner, 101
Pédiocoques (*Pediococci*), 133
Pfaffgen, 115
pH, 169, 171, 198, 225
Pilsener, 148, 175, 197, 200, 201, 212, 231
- étymologie, 196-197

Pilsener Urquell, 202, 203
Pirsig, Robert, 58, 148
Plumule, 28, 29
Polyphénols, 40, 169, 209
Pompes
- centrifuges, 62, 106
- positives, 63

Porter, 167, 172, 176, 179, 183, 184, 188, 217, 222, 231
- fumé, 227

Porto, 20, 84
Pouvoir diastatique, 205, 206, 217, 227, 229
Pouvoir enzymatique, 212
Profil glucidique, 79, 80, 82
Propagateur à levures (voir Levures)

Protéine(s), 152, 205, 207, 213
- coagulation des (voir Cassures)
- matrice de, 23, 26, 28, 29, 211
- teneur en, 204, 214

Pub, 147
PVPP (nylon polyvinyle polyprolidone), 108, 110

Q

Qualia, 73

R

Rauchbier, 227
Refermentation en bouteille, 114, 116, 130, 146
Réfrigération artificielle, 194
Refroidissement, 30, 50, 57, 61
Reinheitsgebot, 215, 225
Rendement (voir Salle de brassage)
Réservoirs d'acier inoxydable, 123
Respiration, 61, 67, 69, 101
Riz, 203, 206, 210, 212, 213, 214
Rochefort, 100
Russian Imperial Stout, 191

S

Saccharides, 74 (voir aussi Mono-, Di- et Trisaccharides)
Saccharomyces, 19, 99
- *Carlsbergensis*, 98
- *cerevisiae*, 98, 188
- *delbrueckii*, 209
- *uvarum*, 98

Saccharose, 73, 74
Salle de brassage, 25, 30, 34, 54, 171, 218
- rendement de la, 32, 40, 165, 178, 179, 217

Salvator, 101
Sarrasin, 203, 215
Schoune, 30
Schwarzbier, 226
Scotch, 17, 18, 228
- Ales, 228

Sedlmayr, Gabriel, 192, 193, 194
Seigle, 203, 229
Sels
- de cobalt, 214
- minéraux, 170, 184

Senne (vallée de la), 54, 132

Séparateur (voir Centrifugeuse)
Seuil de perception (voir Sucre)
Sherry (voir Xérès)
Silice (gel de), 108, 110, 125, 152
Simple Malt, 216
Sodium, 185
Sour mash (voir Maische acidulée)
Soutirage (voir Embouteillage)
Soutireuse(s), 128, 130, 143, 155
Spaten, 192, 193
St-Ambroise, 180
Stabilité
   colloïdale, 107, 108, 136, 140, 144, 165, 204, 214
   gustative, 136, 139, 140, 144, 165
   microbiologique, 130, 136, 140, 165, 187, 191
Steam beer, 91
Stella Artois, 96, 201
Stérilisation (voir Moût)
Stérols, 68, 69
Stout, 80, 133, 154, 157, 158, 166, 167, 172, 181, 188, 203, 221, 222
   Dry, 222
   Impériale, 191
   Foreign Extra, 191
   Milk, 221
   Porter, 188
   Sweet, 225
Succédané(s) (voir Amidon)
Sucre(s), 19, 20, 24, 26, 27, 72, 89, 90
   candi, 82
   de table, 73
   fermentescibles, 75, 116
   non fermentescibles, 75, 81, 225
   perception du, 73, 81, 84, 93, 199
   résiduels, 75, 77, 79, 80, 81, 82, 84, 99, 176, 200, 203, 228
   seuils de perception du, 87, 92
   sucré du (voir Sucrosité)
   texture du, 75
Sucrose, 73
Sucrosité, 73, 75, 185
Sulfates, 90, 183, 184, 186, 189, 198

T

Tanins (voir Polyphénols)
Température de service, 122, 225
Terre diatomée, 110

Thiols, 46
Three Threads, 175
Touraillage, 28, 173, 174, 205, 218, 221, 228
   à chaleur indirecte, 177, 178
Trippel, 82
Trisaccharide(s), 73, 79, 115
Trois-Pistoles, 220
Trouble, 42, 67, 102, 106
   à froid, 108, 109, 136, 140, 207
   colloïdal, 136
Tuborg, 201
Tunnel à pasteurisation (voir Pasteurisation)
Turbidité, 40, 116, 137, 152, 207

U

Umami, 213
Unibroue, 82, 220

V

Vapeur, 47
Verre(s) à bière (voir Bière)
Vieillissement, 54, 130-131, 136, 139, 142
   forcé, 140, 183
Vin, 17, 21, 61, 84, 92, 95, 102, 152
Vin d'orge (voir Barley wine)
Vinaigre, 134

W

Warsteiner, 201
Wee Heavy, 228
Weihenstephen, 165, 187
Weisse, 149, 208, 216
Weizen (voir Weisse)
Weizenbock, 208
Westmalle, 100
Westphalia, 105, 106
Westvleteren, 100
Whisky, 133
Wildcat, 213
Wit, 208

X

Xérès, 20, 84, 139

Y

Yogourt, 18, 131, 134

Nov -